개정판

글로벌경쟁시대의 국제통상협상

김 성 호 저

도서출판 두남

개정판에 부쳐

학부에서의 전공으로서는 어려운 분야인 협상론을 개설한 후 마땅한 교재가 없다는 명목으로 학문적인 천학(淺學)함에도 원고를 쓰고 교재로 사용해 온지 7년이 되었다.

대학에서 무역영어 및 무역실무에 관련한 과목들을 열심히 배웠던 제자들은 졸업한 이후 기업체에서 실무를 수행하고 경력을 쌓는 동안 다양한 업무에 참여하고 의사결정을 하면서 신경을 쓰고 집중을 해야 하는 분야는 계약서의 작성과 대금의 결제 그리고 관계 당사자들간에 분쟁이 발생할 경우 이의 해결방안 즉 '통상 협상에 관련한 업무'라고 고백을 하였다.

협상에 관련한 일반적인 이론의 소개와 함께 통상 관련의 업무에서 이의 필요한 내용들을 실무적인 차원에서 사례들을 중심으로 소개하려고 하였던 본래의 의도는 시간이 흐르면서 필요성은 더욱 커졌다.

이번 개정판에서는 잘못된 표기와 설명을 수정하는 동시에 내용이나 시사적인 차원에서의 진부한 사례들을 제외시키고 새로운 사례들을 새롭게 첨부하였다.

그럼에도 불구하고 여전한 설명 등에서의 부족이나 미흡한 내용의 전개는 전적으로 저자의 책임이다.

하지만 저자는 책을 처음 쓸 때나 다시 개정판을 내는 지금에도 국제 비즈니스에서의 협상이 갖고 있는 중요성은 아무리 강조해도 지나치지 않는다고 믿고 있다.

우리의 매일 매일의 삶인 인생이 협상인 것처럼 그곳에서의 경제활동인 비즈니스도 역시 협상이다.

마지막으로 요즘에 유행하는 말로 끝을 맺으려고 한다.

살아가면서 부딪치는 사소한 일에서나 가정과 사회 그리고 비즈니스에서도 이 책의 독자들 모두가 '협상(協商)의 달인(達人)'이 되기를!

Be a Best Negotiator in Your Life!

2011년 8월

김성호 교수
harveykim@hamail.met

차 례

제 1 장 협상의 의의와 개념

1. 협상의 의의

2. 협상의 개념

• 참고자료

제1장 협상의 의의와 개념

1. 협상의 의의

인간은 문화의 발달과 문명의 진화에 따라 만들어 놓은 사회 속에서 살아가려면 자신을 둘러싸고 있는 인물(people)이나 사건(event)에 대하여 매 순간마다 끊임없이 반응하면서 자신의 책임과 의무를 지는 가운데 대응을 하여야만 한다.

이는 곧 인간의 삶 그 자체가 끊임없는 협상의 연속 그 자체임을 말해 주는 것으로 협상이란 '인간관계를 조정하는 과정이며 나아가서는 인간은 협상을 통해 미래의 역사를 창조하는 것'이라고 할 수 있다.

협상(Negotiation)은 라틴어의 Negotiari에서 유래하였으며 처음에는 '일, 용무, 사업'라는 의미에서 시작하여 1300년대에 이르러서는 상거래(商去來)라는 뜻을 갖게 되었으며 이제는 정치, 경제, 사회 등 다양한 영역에서 확장된 용어로 사용되고 있다.[1]

---

1) 영어의 negotiate는 '협상하다'라는 뜻 이외에 '곤란에 대처하다'라는 뜻도 가지고 있으며, 영어의 경우 협상의 뜻을 갖고 있는 단어에는 bargain, debate, treat, discuss, concede 등이 있다. 今北純一 저(이왕호 역), Business Power Program, 지식공작소, 2003, p.17.

Negotiation 대신에 Bargain이라는 용어를 쓰기도 하나 이는 협상을 통한 창조(創造)적 측면보다는 양보(讓步)나 타협(妥協)을 도출하는 흥정적인 측면을 강조한 것이다. 때로는 담판(談判)이나 절충(折衷) 또는 논쟁(論爭)이라는 용어들도 사용되고 있다.

협상은 협상의 당사자들이 갖고 있는 갈등의 해소는 물론 의사의 결정, 상품의 매매, 그룹간의 대립된 의견조정 등 복합적인 관계당사자들 사이에서 발생하게 된다.

그러므로 협상은 '특정의 사안에 관련하여 당사자들간의 이해관계가 상충될 때 상호간 접촉을 통해 합의점을 도출해 가는 과정'이라고 할 수 있다.

협상의 궁극적인 목적인 합의를 이끌어 내기 위해서 협의나 흥정 또는 토의를 수행하려면 다음과 같은 전제조건이 성립되어야 한다.

첫째는 협상의 주체인 둘 이상의 협상 당사자가 존재하여야 한다.

둘째는 협상당사자간의 이해관계의 충돌이 있어야 한다.

셋째는 협상당사자들이 충돌 대신에 합의로서 해결하려는 공통인식이 있어야 한다.

넷째는 협상시 당사자들간에 양보, 교환, 타협으로 서로 주고 받는 것이 있어야 한다.

2. 협상의 개념

협상에 관련하여 Monsier François De Callier는 'On the Manner of Negotiating with Prince(어느 원로대신의 협상에 관한 충고)'에서 훌륭한 협상자(Negotiator)에게 필요한 자질은 "남의 말을 잘 듣는 태도, 자신에게 제기되는 모든 질문을 교묘하면서도 대수롭지 않게 응답할 것, 결코 서둘지 않으면서 자신의 정책을 밝히는 한편 감정은 드러내지 않을 것, 상대방의 진의를 파악하기 전에는 자신의 생각을 다 밝히지 않을 것, 다른 사람의 표정과 말에 따라 처신할 줄 아는 노련함"이라고 역설하고 있다.

협상은 일반적으로 경쟁적(競爭的) 협상과 호혜적(互惠的) 협상으로 구분되어진다.

전자는 협상의 한 당사자가 이기면(win) 다른 당사자는 지는(loose) 것이며, 후자는 영어의 integrative negotiation 또는 win－win negotiation을 말하는 것으로 상대방의 희생을 강요하거나 또는 희생이 없이 쌍방간에 만족을 하게 하는 것이다.

H. Cohen은 그의 저서 '협상의 법칙(You can negotiate anything)'에서 "우리가 살고 있는 이 세계는 거대한 협상 테이블이며 우리는 싫든 좋든 거기에 앉을 수밖에 없다"고 주장한 바 있다.[2)]

그는 협상을 '당신에게서 무엇인가를 원하는 상대로부터 당신에 대한 호의 그리고 당신이 원하는 무언가를 얻어 내는 일'이라고 정의하면서 그것이 명성이든, 자유이든 아니면 돈이나 정의 또는 사랑 · 사회적 지위 · 신체적 안전 등 무엇이든 간에 '우리가 누리고자 하는 온갖 것들을 협상을 통해 얻을 수 있다'고 강조하였다.

그가 주장하고 있는 협상에서의 3대 요소인 '정보'와 '시간' 그리고 '힘'에 관하여 살펴 보기로 하자.

첫째로 우리는 상대방에 대해 알고 있는 것보다 협상의 상대방이 더 잘 알고 있을 것이라고 생각하는 정보면에서의 오류를 갖고 있다.

둘째로 협상의 상대방은 우리가 갖고 있는 조직의 압력, 시간의 제약, 최종 기한 등과 같은 어려움을 갖고 있지 않다고 생각하는 시간적인 면에서의 오류를 갖고 있다.

셋째로 우리는 상대방이 더 많은 힘과 권위를 갖고 있을 것이라는 힘에서의 오류를 갖고 있다.

결론적으로 그는 '인간은 스스로 운명을 만들고 만들어진 것을 운명'이라고 보고 있다고 하면서 '세상의 모든 것들은 협상의 대상이고 우리는 운명을 협상할 수 있다'고 까지 주장한다.

둘 이상의 행위자 또는 협상에서의 행위자(actor)가 '가능한 서로간의 입장차이를 양보(讓步)함으로써 타협(妥協)하는 과정'인 협상에 관련한 표현들을 정리하여 보기로 하자.

---

2) H. 코헨, 협상의 법칙, 청년정신, 2001, pp.15－22

- Life is Negotiation.
- Negotiation is Power.
- Negotiation is to give and to take.
- 인간관계(人間關係)를 조정(調停)하는 것이다.
- 미래의 역사(歷史)를 창조(創造)하는 것이다.
- 공동의 이익 교환이나 실천에서 이해충돌(利害衝突)이 있을 경우 의사일치를 목적으로 분명하게 자신의 의사를 개진(改進)하는 과정이다.
- 긴장(tension)이 가득한 상황(狀況)속에서 정보와 힘을 사용하여 바람직한 결과를 가져오는 것이다.
- 다른 조직과의 상호작용에서 조직의 목적을 얻기 위해 또는 서로 다른 의견이 일치되도록 어떤 압력을 사용하는 과정(過程)이다.
- 자기가 원(願)하는 방향으로 상대방과 타협(妥協)하는 것이다.
- 타결의사를 가진 2인 또는 그 이상의 당사자간에 양방향 의사소통(communication)을 통해 상호 만족할 만한 수준합의(agreement)에 이르는 과정(process)이다.
- 개인간의 매매와 같은 상호작용을 흥정(bargaining)이라 한다면 협상은 기업, 국가 등 복합적인 사회 단위간의 다수 의제(agenda)에 대한 상호작용(interaction)이다.
- 당사자 일방에 의한 독립적인 의사결정(decision-making)이 아닌 당사자 상호간의 결합적인 문제해결과정(joint problem-solving process)으로서 결합적으로 결정된 행위의 창조를 목표로 한다.

참고자료

협상의 관계 당사자

협상의 당사자가 하나인 경우는 현실적으로 생각하기 어렵다. 물론 특정의 개인이 갖고 있는 개인적인 고민이나 갈등(internal problem or conflict)에 대한 의사결정도 중요한 사안임에는 틀림없으나 협상의 문제(issues)들은 어디까지나 개인적(personal)이면서도 개별적(individual)인 것으로 천차만별일 뿐만 아니라 해결방안 역시 개인적인 결정(合意)에 따라 달라질 것이기 때문이다.

일반적인 협상의 경우 둘 또는 그 이상의 당사자들이 존재하고 있다. 특히 국제적인 협상인 이해 당사국이 둘인 국가들간에 이뤄지는 양자협상(bilateral negotiation) 또는 다국간에 이뤄지는 다자간 협상(multilateral negotiation)의 경우 이해관계가 다중적이고 다층적이어서 누가 또는 어느 국가가 대표성을 갖느냐는 협상의 일정이나 장소 선정 못지않게 먼저 결정할 것으로 본격적인 협상이 이뤄지기 전, 즉 사전적인 협상이 중요하다.

이어서 협상이 구체적으로 진행되면 대표성을 갖고 실질적으로 협상에 임하는 협상의 주체자들(principals) 못지 않게 협상 전개의 전반에 걸쳐 영향을 미치는 제3의 당사자들(the third parties)이 있게 된다.

이들은 협상환경에 있어서 알선(good office), 조정(mediation), 중재(arbitration), 화해(conciliation), 협상조정(facilitation), 사실규명(fact－finding), 규정조절(rule manipulation) 등으로 직접적인 영향을 미치는 주요 구성요소가 되기도 하지만 때로는 독자적으로 결과에 영향을 미치기도 한다.

알선자(good office)의 경우에는 갈등해소의 수단이나 방법을 제시하는지만 조정자는 이보다 더욱 적극적으로 개입하면서 영향을 미치게 된다.

협상조정자(mediator)는 당사자들의 의도를 제약할 수 없으나 협상을 하는 것이 어떤 대안들보다 우월 또는 유리하다는 것을 인식시키면서 자율적으로 갈등을 해소할 수 있도록 유도하게 된다.

중재자(arbitrator)는 중재에 대한 정당성(justiciability)의 유무에 따라 다르기는 하지만 구속력(binding force)을 가지고 영향을 미치게 된다.

협상사실규명자(fact－finder)는 갈등해소에 결정적인 영향을 미치게 되어 협상의 규모가 커지면 커질수록 복잡하게 만드는 원인이 되기도 한다.

결국 협상이란 갈등을 풀거나 해결하기 위한 합의를 도출하는 과정이라 할 수 있는 것으로 갈등은 협상에서의 전제조건(premise)이 되는 동시에 원인(原因)되고 있다.

갈등(葛藤)은 칡(葛)과 등나무(藤)가 얽히고 설킨 형상을 나타내는 한자에서 비롯된 것이나 영어의 갈등(conflict)은 '함께'라는 의미를 가진 'con'과 '부닥친다'라는 의미인 'fligere'에서 나온 flict가 합쳐진 단어이다.

그러므로 갈등이란 개인이나 조직이 두 개 또는 그 이상의 목표에 직면하여 그들이 갖고있는 매력이나 힘이 대체로 비슷함에도 성격, 의견, 취향, 능력, 목표 등의 차이에 따라 해석이나 해결방법을 달리하면서 모두를 선택할 수 없는 상황에서 망설이는 가운데 겪는 불편함이나 긴장 또는 표면화된 불화나 충돌, 분쟁이 야기되는 상황이다.

따라서 성공적인 협상은 갈등의 성공적인 해소 또는 타결인 것이며 성공적인 협상가(negotiator)는 결국 성공적인 갈등의 해결사(解決士)라 할 수 있는 것이다.

낙타와 천막

어떤 몽고 사람 하나가 천막을 치고 잠을 자려고 하였다. 그때는 2월이었기에 밤이면 몹시 추웠다. 한참을 늘어지게 자고 나서 눈을 떠보니 밤은 아직 밝지 않았는데 밖에서 자던 낙타가 천막 속으로 머리를 들이밀고 있었다. 그 사람은 그 꼴이 하도 우스워 빙그레 웃고는 '왜 머리를 안으로 들이밀고 있어?'라고 물었다. 낙타는 '주인님, 바깥은 매우 춥습니다. 머리만 천막 속에 들이밀어 뜨뜻이 녹게 해주십시오.'라며 주인에게 애걸하였다. 그래서 주인은 낙타머리 하나쯤 천막 속으로 들이민다고 하여 그리 괴로울 일은 없겠기에 허락을 하였다.

그런데 조금 있더니 낙타는 다시 목을 천막 속으로 들이밀면서 '주인님, 이 목까지 머리와 함께 천막 속에 넣게 해 주십시오. 목이 서늘해 죽겠습니다.'라고 애걸하였다. 주인은 또다시 허락을 해 주었다. 그러나 또다시 낙타는 머리를 좌우로 흔들면서 몸이 불편한 듯 움직였다. 그리고는 주인에게 다시금 애걸을 하였다. '머리와 목만 천막 안에 있고 몸뚱이가 밖에 있으니까 몸이 아픈 것 같습니다. 주인님, 제발 덕분에 앞발까지 천막 안으로 넣게 해 주십시오.' 그래서 주인은 또다시 허락을 해 주었다.

그러자 천막은 큰 것이 아니어서 사람 하나와 낙타의 몸뚱이 반으로 천막 안은 꽉 들어차게 되었다. 낙타는 가만히 있을 수 없어서 다시 주인에게 이렇게 말을 하였다. '몸뚱이 반은 천막 속에 있고 반은 밖에 있으니 천막 앞쪽이 이렇게 터져서 찬바람이 들어오고 있습니다. 주인님께서도 퍽 추우시겠습니다. 제 몸뚱이를 천막 속에 다 넣게 하여 주시고 천막문을 단단히 잡아 매이시면 춥지 않으실 텐데요－－. 어떻습니까?'

이 말을 들은 주인이 채 대답을 해 주기도 전에 낙타는 천막 속으로 그대로 들어와 버렸다. 그리고는 아주 딱딱하게 '천막이 너무 작습니다. 주인님과 나 둘이서 들어앉아 있을 수는 없습니다. 주인님은 워낙 몸이 작으니까 밖에 나아가 계시더라도 얼른 얼거나 하지는 않을 것입니다.'하더니 주인의 말을 기다리지도 않고 주인을 떼밀어 밖으로 내 쫓고 자기가 천막을 차지하는 것이었다.

언덕 윗집과 아랫집의 협상

푸른 언덕 위에 그림 같은 집을 짓고 사는 부자가 있었다. 부자가 살고 있는 언덕 아래에는 가난한 사람이 판잣집을 짓고 소박하게 살고 있었는데 부자 집에서 매일 흘려 보내는 더러운 오물 때문에 곤욕을 치러야 했다.

가난한 사람이 부자 집에 찾아가 정중하게 부탁했다. "저는 언덕 아래에 사는 사람인데 여기서 매일 내다 버리는 오물 때문에 악취를 맡고 살아야만 합니다. 오물을 다른 쪽으로 흘려 보내시면 안되겠습니까?" 그 말을 듣고 부자는 "이런 무식한 사람 같으니, 물은 원래 위에서 아래로 흐르기 마련이거늘 그걸 모른단 말이오. 밑에 살면 그런 것은 감수하고 살아야지." 가난한 사람은 아무 말 못하고 돌아설 수밖에 없었다.

가난한 사람은 집에 오자 마자 지붕에 올라가 굴뚝을 새로 만들고 하루종일 각종 쓰레기를 태워 연기를 굴뚝으로 날려보냈다. 참다못한 부자가 가난한 사람을 찾아왔다. "연기 때문에 도저히 살 수 없으니 다른 곳에서 태우면 안되겠습니까?" 그때 가난한 사람은 이렇게 대답을 하였다. "당신은 나보다 더 무식한 사람이군요. 연기는 밑에서 위로 올라간다는 사실을 모르셨다는 말입니까?" 며칠 후 부자는 다른 곳으로 이사를 갔다.

신(神)과의 협상

아브라함이 롯에게 이르되 우리는 한 골육이라 나나 너나 내 목자나 네 목자나 서로 다투게 말자. 네 앞에 온 땅이 있지 아니하냐 나를 떠나라 네가 좌(左)하면 나는 우(右)하고 네가 우하면 나는 좌하리라. (창세기 13:8－9)

주께서 의인을 악인과 함께 멸하려 하시나이까. 그 성중에 의인 오십이 있을 지라도 주께서 그 곳을 멸하시고 그 오십 의인을 위하여 용서치 아니하시리이까. 주께서 이같이 하사 악인과 함께 죽이심은 불가하오며 의인과 악인을 균등히 하심도 불가하나이다. 세상을 심판하시는 이가 공의로 행하실 것이 아니니이까. 여호와께서 가라사대 내가 만일 소돔 성중에서 의인 오십을 찾으면 그들을 위하여 온 지경을 용서하리라.

아브라함이 말씀하여 가로되 티끌과 같은 나라도 감히 주께 고하나이다. 50 의인 중에 5인이 부족할 것이면 5인 부족함을 인하여 온 성을 멸하시리이까 가라사대 45인을 찾으면 멸하지 아니하리라.

아브라함이 또 고하여 가로되 거기서 40인을 찾으시면 어찌 하시려하나이까 가라사대 사십인을 위하여 멸하지 아니하리라.

아브라함이 가로되 내 주여 노하지 마옵시고 말씀하게 하옵소서 거기서 30인을 찾으시면 어찌 하시려나이까 가라사대 내가 거기서 30인을 찾으면 멸하지 아니하리라.

아브라함이 또 가로되 내가 감히 내 주께 고하나이다. 거기서 20인을 찾으시면 어찌하시려나이까 가라사대 내가 20인을 인하여 멸하지 아니하리라.

아브라함이 또 가로되 주는 노하지 마옵소서 내가 이번만 더 말씀하리이다 거기서 10인을 찾으시면 어찌 하시려나이까 가라사대 내가 10인을 인하여도 멸하지 아니하리라

여호와께서 아브라함과 말씀을 마치시고 즉시 가시니 아브라함도 자기 곳으로 돌아갔더라. (창세기 18:23－33)

지혜의 왕, 솔로몬

왕이 가로되 이는 말하기를 산 것은 내 아들이요 죽은 것은 네 아들이라 하고 저는 말하기를 아니라 죽은 것이 네 아들이요 산 것은 내

아들이라 하는도다 하고 또 가로되 칼을 내게로 가져 오라 하니 칼을 왕의 앞으로 가져 온지라.

왕이 이르되 산 아들을 둘에 나눠 반은 이에게 주고 반은 저에게 주라 그 산 아들의 어미 되는 여자가 그 아들을 위하여 마음이 불붙는 것 같아서 왕께 아뢰어 가로되 청컨대 내 주여 산 아들을 저에게 주시고 아무쪼록 죽이지 마옵소서 하되 한 여자는 말하기를 내 것도 되게 말고 나누게 하는지라.

왕이 대답하여 가로되 산 아들을 저 여자에게 주고 결코 죽이지 말라 저가 그 어미니라 하매 온 이스라엘이 왕의 심리하여 판결함을 듣고 왕을 두려워 하였으니 이는 하나님의 지혜가 저의 속에 있어 판결함을 봄이더라. (열왕기상 3:23－28)

memo~

제 2 장 협상의 이론과 연구방법

1. 협상이론

2. 협상론의 연구방법

• 참고자료

제 2 장 협상의 이론과 연구방법

1. 협상이론

협상이란 둘 이상의 행위자(actor)가 가능한 협조행위를 통하여 서로의 입장 차이를 양보함으로써 타협하는 것이다.

협상은 Alan Coddington이 '다수의 이해당사자들(concerned parties)이 가능한 복수의 대안들(alternatives) 가운데 이들 모두로부터 받아들여질 수 있는 특정의 대안을 찾으려는 동태적인 의사결정'이라고 정의를 내린 것처럼 협상의 관계당사자들이 개인 또는 일방의 협상목적을 이끌어 내기 위한 의사결정이라고 볼 수 있다.[1)]

협상론을 연구하는 학자들은 협상을 명시적 협상(explicit negotiation)과 암묵적 협상(implicit negotiation)으로 구분하고 있다.

전자는 이해관계가 보완 또는 상충되는 상황에서 당사자간에 공유되는 이익을 모색하기 위하여 명시적으로 구체적인 제안을 주고 받는 과정에 초점을 둔 것이며, 후자는 암묵적인 흥정(tacit bargaining)이나 갈등을 암묵적으

---

1) Alan Coddington, "A theory of the Bargaining Process:Comment reply",*American Economic Review*, Vol. 56, No. 3, pp.522－533

로 통제하는 경우로 묵시적 협상(implicit negotiation)이라고도 한다.

협상의 요소에는 다음과 같은 중요한 구성요소들이 있다.

첫째는 둘 이상의 의사결정주체나 당사자들이(concerned parties or sides) 존재하고 있다.2)

둘째는 상호간의 가치의 창출과 배분에 관련된 사안들이 집단적으로 선택되어 서로 이해가 상충되지만 전체적으로는 협상을 통해 공동관심사를 해결하게 되어 궁극적으로 모두에게 나은 결과를 가져 오게 한다.

물론 협상의 당사자들 상호간에 공통 또는 상반되는 목적이나 이해관계(common and conflicting goals or interests)의 존재는 협상의 필요성에 대한 근거가 된다.

<그림 1-1>은 협상이 이루어지는 부분(場)을 나타낸다. 먼저 I 부분은 협상의 당사자들간에 상호보완(相互補完)적인 여지 내지는 상황이며, II 부분

▌그림 1-1▌ 협상의 장(場)

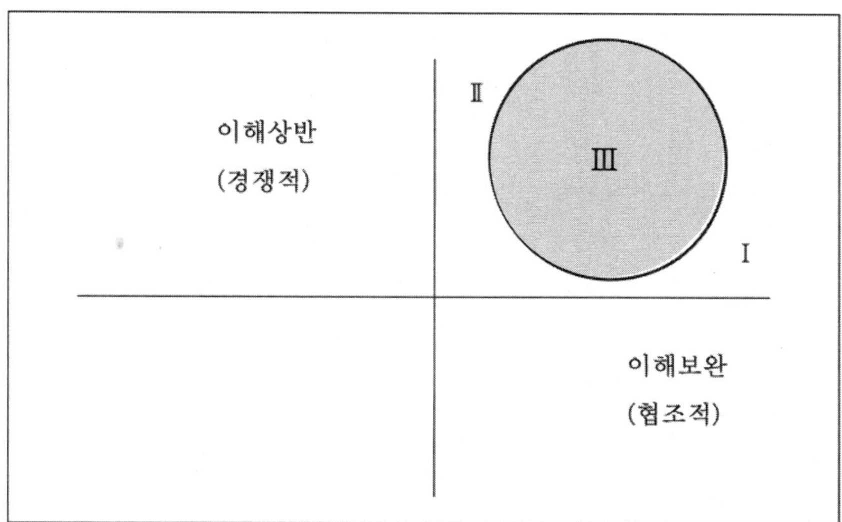

자료 : 이달곤, 전게서, 1995, p.17.

---

2) 이달곤, 협상론, 법문사, 1995, pp.14-20.

은 협상의 당사자들간에 경쟁적이며 투쟁적인 상황으로 협상과정은 갈등이 증폭되고 비효율적으로 진행되어 당사자들 모두는 불만을 갖게 될 가능성이 크게 된다. 그리고 마지막의 III 부분은 협상과정에서 흔히 전개되는 상황이다.

셋째는 협상에서의 자원으로 일컬어지는 경제적인 가치와 함께 자존심, 명예, 원칙, 신뢰, 대표성 등이 증진 또는 재배분되는 과정이 상호간에 교차되면서 상대방에 의존하는 결과 의존(outcome dependence)에 따라 협상결과가 도출된다.

넷째는 불완전한 정보속에서 상대방의 입장이나 상황을 동시 또는 순차적으로 탐색하는 정보의존(information dependence)의 특징이 있다.

다섯째는 협상의 상대방을 자신의 입장 또는 자신이 원하는 방향으로 이끌려는 협상력(negotiation power)이다.

F. Edgewoth는 협상을 '둘 이상의 행위자가 가능한 협조행위를 통하여 서로의 입장을 양보함으로써 타협한다'고 보면서 두 가지의 조건이 충족되는 것으로 협상을 설명하고 있다. 즉 파레토 최적(Pareto potentiality)의 가정에 의하여 양 당사자 모두를 만족시키는 교환은 불가능하다는 조건과 폐쇄적 경제(교역) 보다 무역에서의 효용이 더 크다는 개별적 합리성이라는 조건이 충족되어야 한다는 것이다.

한편 J. Nash는 협상결과를 미리 예측할 수 없다는 고전적 협상이론에서 착안하여 합의 가능한 영역집합의 변화에 따라 결과가 달라진다는 소위 '내쉬협상해결'(Nash bargaining solution)로 발전시켰다. 즉 합리적 행위자라면 지킬 것으로 예상되는 공리를 가져 올 수 있는 함수는 유일하다고 가정한 것이다. 물론 협상이 진행되면 당사자들은 제 각기 다른 입장에 있게 되거나 내부사양(inside option)에 따라 위협적인 결과를 초래하는 입장에 있게 된다.[3)]

또한 '게임협상이론'이라 하여 협상의 각 당사자가 수용할 수 있는 최대의 위험부담률을 비교하여 최종적으로 어느 당사자가 양보할 것인가를 예측하여 부담률이 높은 측이 양보를 하고 동일한 경우에는 협상에 도달한다

3) 유석진, 한국의 통상협상, 세종연구소, 1997, pp.38－45.

는 쥬텐(Zuthen)의 원칙이 있다.

Al Capone를 감옥에 투옥시키면서 적용되었다는 '죄수의 딜레마(Prisoner's dilemma)' 이론이 있다.

이는 범행을 저지른 2인의 죄수에게 자백이라는 방법을 통하여 협상한 것이다.

죄수 A는 자백을 하고 다른 죄수 B가 자백을 하지 않을 경우 A는 석방이 되지만 B는 최고형인 20년을 선고받고, 만일 둘 다 침묵을 하면 각각은 1년을 선고받게 되지만 둘 다 자백하면 적정 형량인 8년을 선고받게 된다고 미리 통고하는 것이다. 그러면 A의 경우 B가 자백을 하지 않으면 석방될 것이며 또 자백을 하더라도 8년을 선고받을 것이기에 자백을 하게 되는 것이며 B의 경우에는 자신은 침묵을 하더라도 A가 침묵을 하면 B는 둘 다 침묵할 때보다 유리할 것으로 판단한다는 것이다. 그리하여 A는 20년형을 선고받으나 자신은 자백을 하게 되어 결국 두 죄수는 자백을 하게 되며 판사는 적정 구형량인 8년을 선고할 수 있게 된다는 것이다.[4)]

또한 이론이라기보다는 협상의 기법(technique)이라 할 수 있는 R. Fisher와 W. Ury에 의한 소위 '협상합의에 의한 최적 대안, 즉 BATNA(Best Alternative to Negotiated Agreement)'가 있다. 이는 협상에서의 최적의 대안을 사전에 마련하고 합의내용을 평가하여 결과가 대안보다 좋을 경우(만족스러울 경우) 협상을 종료시키는 것이다.

위와 같은 노력에도 불구하고 분쟁이 발생할 경우에는 ADR(Alternative Dispute Resolution) 기법을 이용하기도 한다.

이는 기업에서 발생되는 분쟁을 재판과 연계시키지 않으면서 승자와 패자를 모두 황폐화시키는 소송을 피하여 시간과 비용을 절약하고 관계를 손상시키지 않을 수 있는 대안으로서 중재, 화해협의, 조정, 약식 배심원원리, 약식재판 등의 방법을 사용하는 것이다.[5)]

---

4) 김기홍, 한국인은 왜 항상 협상에서 지는가?, 굿인포메이션, 2002, pp.40－43.

5) Havard Business Review on Negotiation and Conflict Resolution, 1960－2000. 이상욱 역, 21세기북스, 2001, 2001, pp. 250－270.

2. 협상론의 연구방법

이제부터는 협상을 학문적으로 접근하여 왔던 연구방법들을 요약하여 살펴 보기로 하자.6)

먼저는 역사적인 접근법(historical approach)으로 협상의 결과가 나오게 된 시대사적인 맥락이나 당시의 사실을 규명(fact－finding)하는 것이다. 이와 관련한 접근법에는 주변환경이 협상전개 과정상에 미친 영향에 초점을 둔 맥락적 접근법(contextual approach)이 있다.

다음은 구조적 접근법(structural approach)으로 협상 관계당사자들의 수(數)나 상호관계 또는 주체들의 역할이나 조직구조에 초점을 둔 것으로 J. Nash는 파레토 최적(Pareto optimality)이론으로 '협상을 통해 결합이득이 증진된다'고 주장하였다.

전략적 접근법(strategic approach)은 협상 상대방의 선택유형(pattern of selection) 및 가치구조(structure of value) 등의 행동대안을 사전에 고려하여 협상시 최선의 방안을 모색하는 것이다. 이와 관련한 이론에는 미니맥스논리(minimax rationality), 메타게임(meta game), 하이퍼게임, 슈퍼게임 등이 있다.

행태적·기술적 접근법(behavioral－skill approach)은 협상당사자들의 성품, 태도와 같은 행동준칙이나 협상시 표출되는 위협(threatening), 경고(warning), 언약(commitment), 약속(promise) 등이 미치는 영향을 연구하는 것이다.

과정변수적 접근법(process variable approach)은 협상 중에 표출되는 제의(offer)나 반응의 수순(move)에 따른 응수(counter offer) 등의 상호작용과정에 초점을 둔 것이다.

마지막으로 협상의 목표를 달성하기 위하여 제안되고 수행하여야 할 내용들은 다음과 같다.

---

6) 이달곤, 전게서, pp.27－38.

• 협상목표의 달성을 위하여 제안하여야 할 것들

- 우리의 기본적인 목적은 무엇인가?
- 이를 달성하기 위한 이상적인 대안(alternatives)은 무엇인가?
- 재정적인 문제점은 무엇이며 결과에 대한 대안은 무엇인가?
- 우리의 경쟁자는 누구인가?

• 협상목표를 달성하기 위하여 하여야 할 것들

- 토론을 누가 이끌며 누가 행정을 검토하는가?
- 우리가 요구해야 할 질문은 무엇인가?
- 감정적인 문제는 무엇인가?
- 우리 또는 상대방이 갖고 있는 힘(影響力)은 무엇인가?
- 누가 긴장(緊張)을 줄이고 호의(好意)를 주고 있는가?
- 열망의 현재 수준 및 요구해야 할 수준은 어느 정도인가?
- 우리가 사용해야 할 협상상태, 전략, 수단은 무엇인가?

• 협상에서 실패할 경우 하여야 할 것들

- 우리는 재협상(再協商)을 할 것인가?
- 어떤 희생(sacrifice)과 기회(opportunity) 또는 이익(profit)이 중요한가?
- 이용할 새로운 전략은 무엇인가?

memo ~

제 3 장 협상의 유형

1. 협상유형의 종류

2. 협상유형에 따른 특성

• 참고자료

제 3 장 협상의 유형

1. 협상유형의 종류

협상은 '바람직한 미래의 창조'라는 표현과 같이 자신이 가지고 있는 정보와 힘을 사용하여 자신이 원하는 방향으로 상대방과 타협을 하려는 시도이다.

협상의 당사자(concerned parties in negotiation)가 되어 협상에 임하게 될 경우 네 가지의 협상유형을 보이게 된다.

첫째는 적극적 협상(Moving against) 유형으로 설명(說明), 솔선수범(率先垂範), 반복(反復), 명확(明確), 확신(確信), 감정확인(感情確認), 호소(呼訴), 판단(判斷), 반대의견(反對意見) 제시(提示), 공격(攻擊), 도전(挑戰), 계속적 압력(壓力) 등과 같이 협상주체가 상대방에게 적극적(積極的)인 행동으로 상대방의 관심을 이끌어 오게 하는 방법이다.

둘째는 반응적 협상(Moving with)유형으로 협상 상대방의 설명을 듣고 이에 대하여 찬성(贊成), 요약(要約), 동의(同意)를 하고 설명해 주고 비판을 구하는 동시에 공통점을 찾고 평가하면서 분위기도 살리고 칭찬을 하고 질문에는 개방적이며 다른 요구사항을 질문하기도 하고 이해하지 못하는 것을 인정해 주는 방법이다. 즉 상대방을 강압(强壓)하지 않으면서 부드럽게 하여 스스로 협상에 임하게 하는 것이다.

셋째는 후퇴적 협상(Moving away) 유형으로 정면충돌(正面衝突)이나 접촉, 이해의 대립 등을 피(避)하는 방법으로 주제를 변경시키거나 침묵(沈黙) 또는 질문에 대한 무응답(無應答)으로 수동적 자세를 보이며 숙명적(宿命的)으로 생각하는 등의 태도를 보인다.

넷째는 소극적 협상(Not moving) 유형으로 협상과정을 지켜보고 기다리면서 현재의 상황에 초점(焦點)을 맞추는 방법이다. 관조자(觀照者)로서의 태도를 보이면서 힘(雰圍氣)에 의지하는 등 소극적(消極的)으로 대처하는 방법이다.

또한 협상에서 얻게 되는 결과에 따라 분류하는 방법인 분배적 협상(distributive negotiation)과 통합적 협상(integrative negotiation)이 있다. 전자는 일방승리(一方勝利), 일방패배식(一方敗北式) 협상(win－lose negotiation)으로서 협상결과 어느 한 상대방이 이익(win)을 보게 되는 것은 다른 상대방의 손해(lose)를 의미하는 것이다.

협상의 당사자들이 서로 일정한 제한 또는 상황 속에서 자신이 얻으려는 몫(pie)을 더 많이 얻기 위하여 수행하는 경우이다. 이는 협상의 당사자들이 자신들의 이익만을 극대화시키면서 고정된 가치를 분배하려는 것이다.[1)]

후자는 협상의 관계 당사자들 모두가 호의적인 결과를 얻으면서 승리(win－win negotiation)하는 협상으로 당사자들간에 적대적이거나 방어적이 아닌 친화적 관계를 유지하려는 것으로 융화적(融和的) 협상이라고도 한다.

이는 자신의 입장 내지 이익을 우선적으로 중시하면서도 상대방의 이익까지도 포함한 공통이익을 고려하는 것으로 당사자들간의 협조에 의하여 가치를 창출시키려는 것이다.

협상을 위해서는 공통의 이익(common interest)과 공유된 이익(shred interest) 및 통합이익(joint interest)을 찾아 낼 수 있어야 하며 이를 실현시킬 수 있는 과정이나 절차를 만드는 것이 중요하다.

특히 협상의 관계 당사자들 전원의 협조와 화합을 이끌어 내는 통합적 협

---

1) 이달곤, 전게서, pp.135－136.

상을 위해서는 협상 당사자들은 상대방의 진정한 필요와 목적을 이해할 수 있어야 하며 당사자들간의 창의적인 생각을 자유롭게 주고 받을 수 있어야 하고 또한 공통된 기반(commonalities)과 유사점(similarities)에 초점을 두면서도 협상 당사자 전원의 목적을 실현시킬수 있는 해답을 얻으려는 노력을 기울여야 한다.

2. 협상유형에 따른 특성

'상대방과의 결합적 의사결정행위(jointly decided action)를 통하여 자신의 본질적 이해를 증진시킬 수 있는 수단'인 협상은 협상의 당사자들간에 다음과 같은 특성을 충족시킬수 있어야 한다.

첫째는 각자의 파이(pie)를 키우려는 것으로 이는 협상당사자의 자원부족(자금, 인적자원, 공간)을 제고시키기 위하여 상대방의 요구에 관련한 정보를 알아야 한다.

둘째는 불특정 보상(不特定報償)의 방법으로 자신의 요구를 수용하게 하고 상대방에게는 사안과 관계가 없는 보상을 해주는 것이다.

셋째는 로그롤링(logrolling)의 방법으로 자신에게는 낮은 순위(priority)에 있지만 협상의 상대방에게는 높은 순위에 있는 의제를 양보하면서 전체적인 효율성을 높이는 방법이다.

넷째는 한쪽의 요구를 수용해 주고 다른 쪽은 비용을 감축해 주는 방법이다.

다섯째는 최초의 요구는 충족시키지 않으면서 근원적인 이해를 접목(bridging)시키고 충족시키는 방법이다.[2)]

이제 협상을 수행하는 과정에서 보여(投影)지는 협상유형에 따른 특성을 다음의 <표 3 - 1>과 같이 정리하여 보기로 하자.

2) 곽노성, 국제협상론, 경문사, 1999, pp.85 - 87.

표 3-1 협상의 유형 및 특성

유 형	특 성
사실적 유형	• 세부적인 사항에는 끈기가 없다 • 제시한 자료가 정확하지 않다 • 실제적이 아니다 • 부정확한 정보에 의존한다 • 질문에 대답하기가 좋지 않다 • 직관적 유형과는 반대가 된다
직관적 유형	• 상상력이 결여되어 있다 • 결론에 도달하지 못한 채 지연된다· • 전체를 볼 수 없다 • 사전 경험에 너무 많은 의존을 한다 • 말이나 부호에 의미를 부여한다 • 사실적 유형과는 반대가 된다
분석적 유형	• 점검하지 않고 새로운 제안을 받아 들인다 • 논리적인 관점에서 유효성이 부족하다 • 생각, 사물, 사람이 혼돈을 일으킨다 • 상대방의 분석을 혹평한다 • 주관적이고 편견을 갖는다 • 규범적 유형과는 반대가 된다
규범적 유형	• 격렬한 논쟁과 정면으로 충돌하게 된다 • 재치가 부족하다 • 상대방과의 관계에서 문제를 갖게 된다 • 사고, 사물의 가치 평가를 잘못하게 된다 • 지나치게 감정적이다 • 분석적인 유형과는 반대가 된다

협상결과에 영향을 미치는 것은 협상 당사자들이 갖고 있는 협상력으로 기본적인 틀은 대칭적 상황일 경우이다.

Rubin과 Brown은 '당사자들의 협상력이 균형되어 있을 때가 협상의 가장 좋은 전제조건이 되며 협상결과와 과정이 가장 공정하다고 생각했을 때 가장 만족스러운 결과에 도달한다'고 하였다.

물론 이때의 협상력은 '협상의 결과를 처음에 예상한 대로 부합시킬 수 있는 능력'이나 또는 '자신이 원하는 방식으로 예상하는 목표를 달성할 수 있는 능력'을 의미한다.[3]

Dwyer와 Walker는 협상력이 대칭될 경우 '공동의 이익이 극대화되는 파레토 최적 해결점에서 합의를 이루게 된다'고 보았으며 이와는 반대로 협상력의 우열이 존재하는 비대칭적 상황에서는 '강경책의 딜레마(toughness dilemma)를 보이면서 양측은 착취적 태도 또는 복종적 태도를 취하게 된다'고 하였다.

물론 그렇다고 해서 강한 협상력을 가진 협상 당사자만이 더 많은 이익을 얻는 것은 아니다.

Fox는 '약소국은 강대국과의 협상시에 특정 쟁점에 모든 관심과 노력을 집중하는 반면에 강대국은 전체적인 국제관계에 관심을 집중하게 되어 오히려 약소국에게 유리한 결과를 가져 온다'고 하였다.

W.Zartman은 '약한 협상력을 가졌을 경우 비교가 되는 두 점(기대점 및 안전점)과 관련하여 현재 제안(offer)의 가치를 변경하거나 또는 신뢰감과 확신감을 주는 분위기로 강자로 하여금 그들의 제안을 수락하게 한다'고 주장하였다.

다음의 <표 3－2>는 협상력의 유형이 협상결과에 미치는 영향은 정리한 것이다.

---

3) 김지용, 무역계약에 있어서의 협상행위 및 협상성과 결정요인에 관한연구, 동국대학교 대학원 박사학위논문, 2001. 6. pp.40－42.

▌표 3-2 ▌ 협상력의 유형에 따른 협상에의 영향

	정보적 권력	보상적 권력	강압적 권력	합법적 권력	전문적 권력	준거적 권력
장 점	사실에 근거한 정보자체가 충분한 영향력을 줌	직접, 신속하게 영향과 반응을 줌	직접적이고 신속한 반응, 영향력 끼침	직위만으로도 영향력이 크고 범위도 넓음	빠르고 정확한 반응	빠른 반응과 양호한 분위기 형성
단 점	정보 획득에 시간과 노력이 필요	과용하면 역효과를 야기	과용시 역효과, 반발 초래	다른 권력과 병행시 효과큼	사용범위 좁고 개인적인 노력이 커야함	특정의 법칙 위반시 상대방 수용 불능
변화의 표적	상대방의 태도,행위를 변화 시킴	상대방에 중점적인 영향을 줌	상대방에 중점적으로 영향을 줌	상대방 태도, 행위에 변화를 줌	제한된 태도 /행위의 변화	일정한 관계내에서 태도, 행위 변화가능
쌍방에 미치는 영향	별 무영향	긍정적인 효과와 장기적 의존관계를 유지	부정적인 반응과 장기의 부정적 관계형성	중간정도의 영향력, 과용시 부정적 작용	긍정적 영향 내지 무영향	긍정적 영향과 관계형성

자료 : 이승영, 국제협상의 ABC, 일신사, 1992, p.38.

참고자료

우리는 왜 토론에 서툰가

나는 평생에 머리에 기름을 바른 적이 딱 두 번 있다. 한번은 장가 가는 날이었고 다음은 미국 병원에서 노사 협의 대표로 간 날이었다. 정장에 넥타이, 그 날은 커피도 못 마시게 했다. 흥분하면 안되니까. 일체의 감정은 집에 두고 냉철한 이성과 논리로 일관해야 한다. '목소리를 높이지 말라, 상대방의 말을 가로막지 말라, 상대의 입장을 이해하도록 잘 들어라, 공감이 가는 부분엔 인정하라, 상대의 권위를 인정하라, 우리 주장에 무리가 있으면 솔직히 사과하라, 피해의식을 버려라, 상대의 의견과 주장을 충분히 듣고 인정한 후 비로소 내 주장을 '조심스레' 펴라, 100% 달성하겠다는 생각은 말라, 손해다 싶은 선에서 절충하라, 절충이 끝나기 전에 먼저 일어서지 말라.' 선배로부터 받은 사전 교육의 내용이었다. 이를 회의에 참석한 모든 위원들이 철저히 지켜 낸다는 게 참으로 인상적이었다.

우리 노사 회의장은 분위기부터 공격적이다. 잠바 차림에 띠를 두르고 구호마저 결사쟁취(決死爭取)다. 거기에다 서로는 피해의식으로 잔뜩 성이 난 상태라 쉽게 감정이 격화된다. 노(勞)는 노대로 '우리는 혹사당한다'고 하고 사(使)는 '너희들이 어떻게 이럴 수 있어?'라고 한다. 이러니 그만 자존심 대결장이 되고 타협은 물 건너 간다. 억지, 오기가 발동하면 그만 흥분하여 파업이다. 초조하게 지켜보는 온 국민을 실망시킨다. 대형 사업장일수록 실망은 더하다. 그곳은 한국의 간판기업이요, 우리의 자랑, 우리의 자존심이 아니던가. 이건 그 사업장만의 문제가 아니다. 한국의 경직된 노사문화가 해외자본의 발길을 주춤거리게 한다. 게다가 국내기업 마저 해외로 유출돼 산업공동화가 더 커지고 있다. 끝내 그 사업장이 망하면 부담은 또 고스란히 국민의 몫으로 돌아온다.

우린 아직 토론에 미숙하다. 역사적으로 그렇게 해 본 적이 없기 때문이다. 마을엔 위계질서에 따라 어른의 한 마디로 만장일치다. 그게 화합을 중시해 온 우리 문화였다. 이런 풍토에서 민주주의와 함께 들어온 토론문화가 정착되기란 쉽지 않다. 가장 큰 장애물은 뭐니뭐니해도 감정적으로 되는데 있다. 내 주장만 하고 남의 말을 들으려 하지 않는다. 삿대질, 우격다짐 등 이다. 우리 국회는 그 전형이다. 토론을 통한 절충이 안 되면 다수결이 민주주의의 기본이다. 그리고 의결된 이상 싫어도 따라야 한다. 이게 잘 안 되는 게 우리 사회다. 고맙게도 노무현 대통령이 토론을 통한 의견수렴을 하려 애쓰고 있다. 워낙 권위주의적 정치 행태에 염증을 느낀 국민에겐 충격이다. 그렇다면 청와대 참모들이 유념해야 할 일이 있다. 토론에는 '위원 1인 평등의 원칙'이 지켜져야 한다. 참석하는 모든 사람은 지위여하를 불문하고 똑같은 권리와 책임을 갖는다.

그러나 지난번 평검사와의 토론은 좌석배치에서부터 기본을 벗어났다. 뒷줄에 말없이 앉은 검사들, 다리 뻘 테이블, 팔걸이도 없는 의자에 혼자 앉은 여성 장관, 이것을 생중계 하겠다는 발상, 끝난 후 누가 득을 봤느냐하는 등 씁스레한 기분을 지울 수 없었다.

토론이란 나와는 다른 의견이 있다는 걸 인정하는 자리다. 한데도 우린 나와 의견이 다르면 마치 인간적 공격을 받는 것처럼 흥분한다. 배신감까지 든다. 물론 토론 외적인 문제로 시비를 걸거나 상대의 감정을 일부러 자극하는 것은 비열한 짓이다. 제한된 시간에 자기 주장만 장황하게 펴는 것도 폭력이다. 토론의 목적은 절충과 타협을 위해서다. 거기엔 완승도 완패도 없다. 때론 자기 주장을 철회하고 상대를 받아들임으로써 더 존경을 받는다. 그게 진정한 승자다. 어떤 경우에도 나만 옳다는 주장은 독선이다. 여기엔 이념, 종교, 가치관에 이르기까지 예외가 없다. 다르다는 걸 존중하고 조화를 이룰 수 있는 모자이크 사회가 되어야 한다.

(이시형, 동아일보, 2003년 4월 3일)

죄수의 딜레마 - 금가는 LPG업체

2일 공정거래위원회가 액화석유가스(LPG) 6개 업체가 담합을 했다며 4093억원의 과징금을 부과하자 업체들 사이에 금이 가기 시작했다.

일부 업체가 과징금 감면을 위해 자진신고를 한 것을 두고 업계가 '죄수의 딜레마'에 빠졌다고 빗대기도 한다.

죄수의 딜레마란 공범 혐의가 있는 갑과 을이 서로 다른 방에서 신문을 받을 경우 묵비권을 행사하면 낮은 형을 받을 수 있음에도 보통은 두명 모두 자백해버린다는 경제학 이론이다.

사정은 이렇다. 공정위는 2008년 6월부터 업계 담합에 대해 조사를 했다. 그런데 이 조사가 막바지에 이른 올 8월 SK에너지와 SK가스가 담합 사실이 있다며 공정위에 자진신고 했다. 공정위는 이들이 시인한 내용을 근거로 6개사에 막대한 과징금을 부과했다.

그런데 1순위로 자진 신고한 SK에너지(1602억원)는 과징금을 100% 면제받고 2순위로 신고한 SK가스(1987억원)는 50% 감경됐다. 이른바 '리니언시(자진신고자 감면제)' 제도 때문이다. 지난해 SK가스의 점유율은 28.7%로 국내 1위, SK에너지는 18.3%로 E1(22.9%)에 이어 3위다. 다른 4개 업체가 거세게 반발하고 있는 이유다.

이들은 "있지도 않은 담합을 SK측에서 자진 신고했다"는 주장이다. 설령 담합한 것이 사실이라 해도 이를 통해 가장 큰 이익을 누렸던 1, 3위 업체가 과징금을 대폭 감면받는 것은 문제가 아니냐는 입장이다.

LPG 업계는 '수입사'와 '정유사'로 분류된다. 국내 6개 업체 중 E1과 SK가스는 해외에서 수입해 공급하는 수입사다. 나머지 SK에너지 · GS칼텍스 · S-OIL · 현대오일뱅크는 정유시설을 두고 LPG를 자체 생산하는 정유사다.

수입제품과 정유제품은 품질이 100% 같다. 이 때문에 수요가 많은 겨울에는 수입사가 정유사에 LPG를 팔기도 하고 수요가 적은 여름에는 수입사가 정유사로부터 LPG를 사들이기도 한다. 여름에 수입사가 LPG를 사들이는 이유는 정유사는 원유를 정제하면 반드시 LPG가 생기지만 LPG를 저장할 공간이 넉넉하지 않은 이유도 있다.

한마디로 품질이 똑같은 제품을 거의 비슷한 가격에 받았는데 담합으로 몰렸다는 주장이다. 업계 관계자는 "LPG는 품질이 모두 같기 때문에 가장 낮은 가격으로 수렴하는 경향이 있다"며 "공정위가 담합으로 판단했다고 해서 가격이 내려갈 여지는 별로 없다"고 말했다.

익명을 요구한 E1 관계자는 "임원 간 부정기적인 모임이 있었다고는 하지만 담합을 위해 만난 것은 아니다"며 "행정소송을 제기할 것"이라고 말했다. SK에너지 측은 "공식적인 입장 표명을 할 단계가 아니다"며 말을 아끼고 있다.

문제는 천문학적인 과징금 부과에도 불구하고 아직도 이들 업체가 파는 LPG 값은 1~2원 차이로 거의 같다는 점이다.

E1이 12월 중 충전소에 공급하는 가정용 프로판가스 값은 kg당 1003원으로 11월보다 78원(8.4%) 올랐다. SK가스도 kg당 1001.73원으로 11월보다 77.56원(8.39%) 올렸다.

memo ~

제 4 장 협상의 절차

1. 협상의 단계별 구분

2. 협상의 전개와 유의점

3. 협상의 결과

- 사례연구

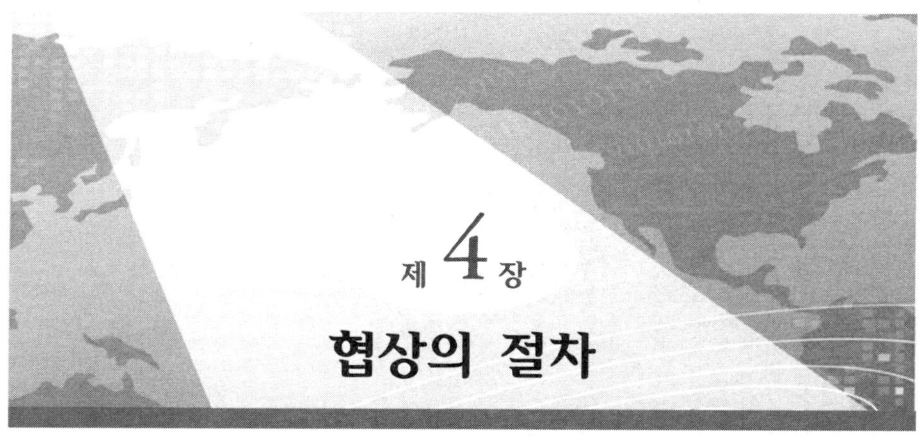

1. 협상의 단계별 구분

일반적으로 본격적인 협상이 시작되면 다음의 <표 4-1>에서와 같은 단계를 밟아가면서 협상 테이블에 마주한 당사자들간에 의사소통을 교환하여 상호간에 만족할 만한 수준 내지 정도에 이르기까지 합의점을 이끌어내는 과정을 거치게 된다.

협상에서 자신 또는 자신이 속한 집단의 이익을 극대화하거나 협상 상대방과의 갈등을 최소화하려면 몇 가지 사전적인 준비가 필요하게 된다.[1)]

첫째는 목표의 설정으로 협상에서 얻으려는 것이 무엇인지를 명확히 하여 목표를 세우고 개인적인 배경이나 환경에 대해 객관적인 시각으로 상대방의 관점이나 입장에서 생각하여 전투에서는 지더라도 전쟁에서는 승리한다는 각오로 협상에 임해야 한다.

둘째는 협상에 임하기 전에 우선 순위(priority)에 따라 구체적으로 요구할 수 있어야 한다.

셋째는 협상 상대방과 양보를 주고 받아야 한다. 이를 통하여 상호간에

---

1) 김병국, 협상기술, 더난출판, 2003, pp.64-122.

이견을 좁히는 가운데 유리한 공통점을 찾아내는 것이다.

넷째는 협상의 당사자들이 서로 이기는, 즉 당사자들간에 손실을 입히지 않고 더 많은 이익과 만족을 얻어 낼 수 있는 win-win 협상을 이끌어 내야 한다.

표 4-1 협상의 5 단계

제1단계	Analyzing Situation	• 무슨 상황인가 • 명확한가 모호한가 • 반대 / 지지세력은 누구인가 • 기회인가 아니면 위기인가
제2단계	Positioning	• 현재의 위치 • 어느 수준이면 만족하겠는가 • 장점(strength)은 무엇이며, 단점(weakness)은 무엇인가
제3단계	Define Object	• 협상을 왜 하는가 • 협상에서 얻게 될 결과는 어떨 것 인가 • 목적을 명확하게 인식하자
제4단계	Understanding	• 상대방은 누구인가 • 자신의 경험을 파악하라 • 공통의 관심사는 어떤가 • 극복해야 할 최대약점은 무엇인가
제5단계	Feed back	• 협상에서 실제적으로 얻은 것은 무엇인가 • 협상이 결렬되었다면 그 이유는 무엇인가 • 협상과정시의 문제점은 무엇인가 • 재협상의 여지는 있는가

2. 협상의 전개와 유의점

구체적이고 실질적인 협상의 진행을 위하여 먼저 협상을 제의(offer)하면서 자신에게 유리한 조건 내지 내용을 제안하는 것이기에 사전적으로 타협을 해야 하는 '타협의 원칙(rule of accommodation)'에 대하여 합의를 보아야 한다.

▌표 4-2▌ 협상의 전개 및 준비사항

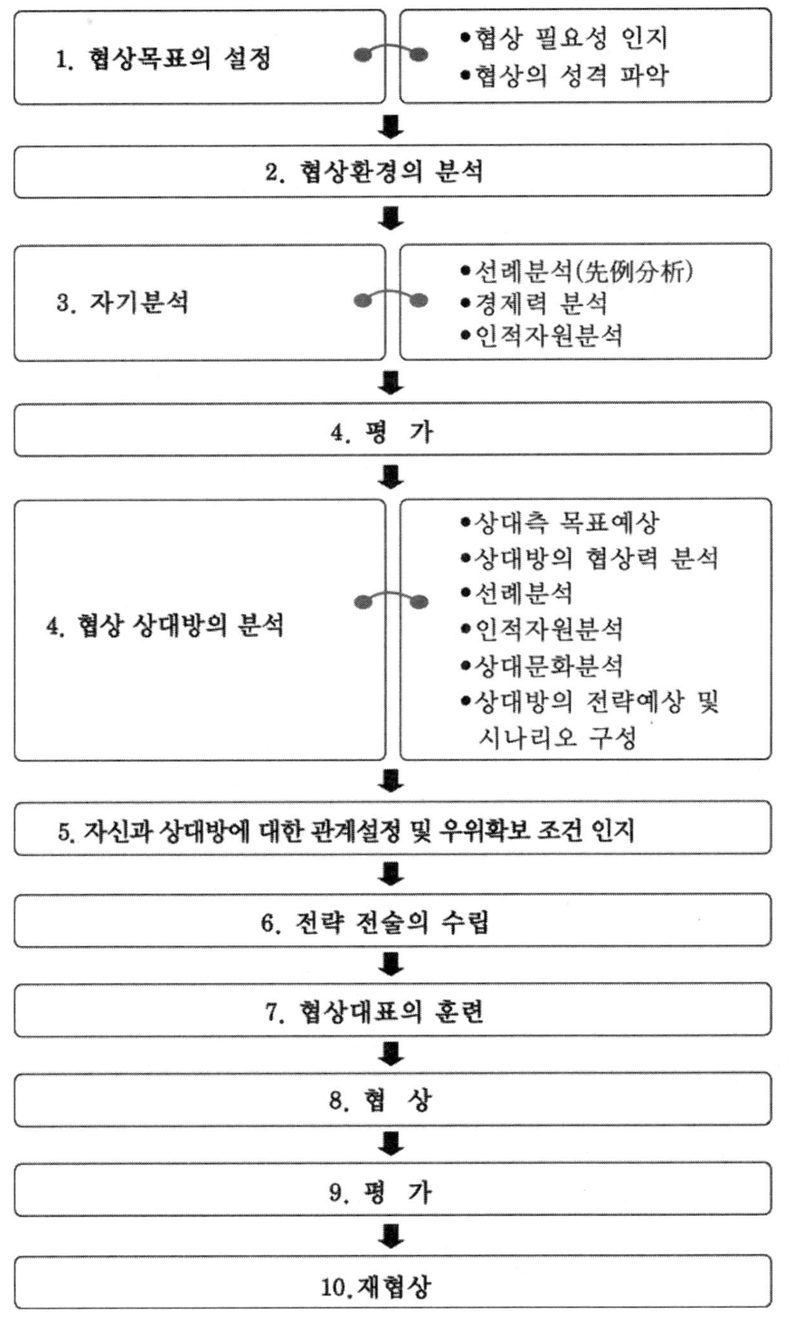

자료 : 장대환, 국제기업협상, 학현사, 1998, p.157

협상의 대표 내지 참가자들에 대한 신체적, 정신적 안전을 보장받을 수 있는 동시에 협상 참가자의 신분에 대한 논쟁은 삼가 할 수 있어야 하며 사전에 합의를 본 의제(agenda)에 대해서는 상호간에 존중하여야 한다.

<표 4－2>는 협상이 구체적으로 진행되면서 밟게되는 절차 및 준비사항을 정리한 것이다.

다음에는 상대방의 양보에 반응을 보일 수 있어야 하며 진실성으로 감정적인 대응이나 무례를 피할 수 있어야 하고 협의과정에서 합리적이고도 순조로운 진행이 이뤄지도록 노력하는 자세와 함께 공통의 문제와 갈등을 해결한다는 공동체의식을 가질 수 있어야 한다.

3. 협상의 결과

협상 테이블에서 협상의 당사자들간의 의사표시와 제안이 오고 가는 동안 당사자들이 의도하고 있는 목표가 달성되면서 협상은 종결되어지게 된다.

물론 협상의 각 당사자들은 협상과정 중에 지향 또는 목적하는 바가 서로 다를 수 밖에 없다.

그리하여 개인주의적 협상자들은 상대방의 이익에는 상관이 없이 자신의 목표만을 최대화하려고 할 것이며, 경쟁적 협상자들은 성과의 차이를 최대화시키려고 노력을 하고, 협력적 협상자들은 성과가 최대한 동등하거나 성과의 차이 역시 최소화시키려고 노력하게 될 것이다.

Pruitt & Carnevale은 협상의 결과에 대하여 다음과 같이 구분하여 설명하고 있다.2)

첫째는 '일방적 승리'로서 한쪽이 상대방보다 월등히 많은 이익을 얻기 위하여 상대방으로부터의 많은 양보를 받아 내는 것이다.

둘째는 '타협(compromise)'으로 협상 최초의 요구 수준을 절충하여 중간 수준에서 합의를 하는 것이다.

---

2) D. Pruitt, Negotiating Behavior, New York, Academic Press, 1981.
________ & P. Carnevale, Negotiation in Social Conflict, Buckingham, Open University Press, 1993.

셋째는 '통합적 합의(win－win)' 로서 협상의 당사자 모두에게 이익이 되는 협상결과를 얻어 내는 것이다.

넷째는 '협상결렬'로 협상 중에 합의점을 도출하지 못하고 결과는 커녕 진전도 없이 협상 테이블을 떠나면서 협상을 포기하는 것이다.

따라서 가장 이상적인 협상결과는 세 번째의 서로 간에 이익이 되는 통합적 합의이고 네 번째의 협상결렬이나 첫 번째의 항복을 받아 내는 경우 등은 최악의 상황이 되는 것이며, 두 번째의 경우처럼 양보를 한 경우는 차선책으로 인식하게 될 것이다.

그러나 협상을 성공적으로 이끌어 내는 전문가라면 어느 한 결과가 다른 경우에 비하여 항상 좋다는 고정관념을 가져서는 안 된다.[3)]

---

3) 김병국, 협상기술, 더난출판, 2002, p.111.

 1 

한국과 미국간의 협력 가능한 산업분야 및 협력 형태

한국은 미국과의 통상마찰은 물론 떠오르는 시장(BEM)이라는 중국을 포함한 동남 아시아시장 및 아시아 태평양 시장에서도 다양한 양상으로 전개되고 있다.

그러나 상호간에 상생(相生)할 수 있는 여건 내지 환경은 여전히 존재하고 있으므로 장기적인 안목에서 적극적이고 다양한 방법들을 모색하여 상호 보완할 수 있는 Win－Win의 대안을 찾아야 할 것이다.

▌한국과 미국의 협력 가능한 산업분야 및 협력 형태▐

Field of collaboration	Types	Target Industries
Capital	• Joint Venture • M&A • Sole Invest. in FDI	• Loader Machine • Control System • Coil Center • Commuter Plane
Technology	• Licensing • Technical Assistance • Technology－sharing	• Machine Tools • Computers • Construction Machinery
R&D	• Multi－party Research Consortium • Joint Venture • OEM	• Personnel Computer Chips • Airplane Body • Large Color TV Chips
Marketing	• Joint Mkting Agreement • Marketing Agreement	• Automobile & Parts • Communication Equipments
Others	• Franchising • Management contract	• Use of foreign firm's sales network • Hotel Management

자료 : 김완순·김성호 외, Korea－US Industrial Cooperation in the Global Era, 세계경제와 국제통상, 무역경영사, 2000, pp.271－294.

다음은 한국과 미국 간에 협력 가능한 산업분야 및 협력 형태(alternative modes of collaboration between Korean and US Firms)를 단계별로 정리한 것이다.

	Korean Firms	US Firms
Common Interest	• Enhancing and enlarging the M/S in the world market	
Conflicting Interest	• Concentration of economic power • Low technology • Receiving substancial flows of inward FDI	• IPRS(Intellectual Property Rights) • T/T(Transfer of Technology)
Criterion	• Globalization(Borderless) • Competitive in marketing. management,manufacturing	• Regionalism(ASEAN/ NAFTA/AFTA/SAPTA)
Compromise	• To promote strategic industrial cooperation(OEM → Joint－venture→FDI)	
Advantages	• Diffusion of Globalization • Development in transportation, telecommunication	
Disadvantages	• Increased investing cost • Shortening of PLC • Weakening of NIES	• Emerging of WTO • Shrinking Int'l B/P • Outflowing of High－Tech
Motives (Background)	• Government's support • Chaebol's positive mind • Resource & market seeking • Circumvent trade barrier • Japan's reluctant to transfer technology	• Opportunity to enter the emerging Asian markets (BEM)
Alternative modes	• To reduce R&D cost through the strategic alliance, to confront the fast－changing of high－technology industry, and to enhance the efficiencies of collaboration both advanced American firm's technology and skillful Korean firm's producing capability	

자료 : 김완순 · 김성호, 전게서, pp.286－287.

 2 

스크린 쿼타제와 관련한 한국과 미국간의 협상 방안

1998년에 한국은 영화시장의 개방문제를 두고 미국의 영화산업계와 격렬한 논쟁과 시위를 거듭한 바 있으나 협상을 마무리하지 못하고 있다. 참여정부가 들어선 2003년에는 문공부장관이 SQS의 도입을 고려하고 있지 않다고 주장하고 있어 귀추가 주목되고 있다. 본 사례연구는 SQS와 관련한 협상안을 정리한 것이다.

	Korean Firms	US Firms
Common Interest	• Enhancing and enlarging the M/S in Korean Film Market	
Conflicting Interest	• Prortecting domestic market	• Diffusing of Overseas market in Film Industry
Criterion	• Keeping present SQS	• Globalization of Us Film Industry
Compromise	• Negotiating and implementing SQS	
Advantages	• Develpoing Korean Film Industry	
Disadvantages	• Korean Government's indolencing moving against attitudes	• Shrinking exporters of US Film in Asian market
Motives	• Closing SQS(Mexico) • Modifying SQS(Canada)	• Entering and enlarging of US film in Asian market
Alternatives	• Finishing Korean Cultural Film • Reducing taxes & subsides to promote the National Film Industry • Reforming the structure of Film distribution system • Sequence of Government's policy	

자료 : 김완순, 2000년 밀레니엄 라운드 서비스협상과 스크린 쿼타제, 전게서, pp. 297－309.

SQS는 1966년 국내에서 1년에 협정한 기준 일수 이상 반드시 국산영화를 상영하도록 만든 제도이다. 이는 국내영화산업의 보호와 육성을 위한 것으로 극장에서는 전체 상영 일수의 40%, 즉 연간 146일 이상 한국영화를 상영하게 한 것이지만 문화부장관, 시, 구청장 등이 20일씩의 재량권을 감안하면 106일이 의무상영일수가 된다.

GATT 제4조에서는 SQS를 자국의 문화적 상황에 따라 신축적으로 운영할 수 있는 예외조항을 명시하고 있으며 WTO의 서비스분야협정나 OECD 자유화규약에서도 SQS는 문화적 예외조항으로 되어져 있다.

1985년 미국영화수출협회에서 한국정부의 불공정한 무역규제와 과도한 검열을 빌미 삼아 통상부에 제소한 것을 시작으로 논쟁이 가열되기 시작하였다.

특히 1997년 IMF 이후 국제경쟁력의 제고를 위해 첨단기술을 보유한 미국과 생산능력 및 아시아지역의 마케팅 노하우를 갖고 있는 한국 간의 전략적 제휴를 요청하는 과정에서 다시 SQS 문제가 떠올랐고 한국이 양보하려는 입장을 보이면서 국민적 관심을 끌게 되었다.

SQS의 찬성론자들은 문화적 균질성, 메이저국의 지배, 민족 정체성 보호와 자국산업육성을 주장하고 있으며 반대론자들은 SQS는 과거 유물일 뿐이며 국제통상환경의 무시와 과보호로 경쟁력의 저하를 가져온다고 하면서 경쟁을 통한 질적 제고의 필요성을 주장하고 있다.

사례연구 3

친구에게 빌려준 돈 회수하기

나는 친구에게 빌려준 돈 20만 원을 돌려 받지 못하고 있다. 그동안 우리는 서로의 속 마음까지도 얘기할 수 있었던 친한 친구였다. 이 일이 있기 전에는 1개월간 그 친구의 집에서 지내 적도 있었다. 우리는 현재 2학년으로 대학에 입학한 이후부터 만났다. 지난 겨울방학 때 빌려준 20만 원은 나에게 결코 적은 돈은 아닐 뿐더러 아르바이트를 하며 힘들게 모은 돈이다. 친구는 대화 중에 내게 거금(?)이 있는 줄을 알게 되었고 곧 갚는다고 해서 빌려 주었으나 지금까지 갚지도 않고 있으며 오히려 친구들에게 여유를 부리면서 돈을 쓰고 다닌다는 말도 들린다. 요즘은 나를 피하는지 얼굴을 보기도 어렵다. 언젠가 친구의 어머니를 만나 사정을 얘기했더니 너희들끼리 해결하라고만 하셨다. 나의 고민은 이렇다. 먼저 돈을 그것도 이번 학기가 끝나기 전에 되돌려 받고 싶다. 그러나 친구와의 우정을 깨고 싶지도 않다. 물론 때로는 포기하고 싶은 생각이 들 때도 있지만 경영학도로서 더구나 「협상론」을 수강하고 있는 나로서는 이 문제를 협상을 통해 잘 해결하여 내지 못할 경우 졸업 후 사회에 나가 더 많은 큰 건수(件數)와 더 많은 금액(去來額)을 취급할 때 자신 있게 처리, 해결, 협상해 낼 수 없을 것 같은 생각이 나 자신을 더 힘들게 한다. 과연 어떻게 해결하면 좋을까?

위의 사례에 관련하여 「협상론」을 수강하고 있는 학생들은 다음과 같은 협상방안을 제안하였다.

1. Money VS Friendship

상 황 파 악	• 친한 친구가 20만원을 빌려가 오랫동안 못 받고 있는 상황
자 신 파 악	• 힘들게 아르바이트를 해서 번 돈을 친구에게 빌려 줌 • 이번 일로 친구와의 우정에 금이 가는 것은 원하지 않음
명확한 목 적	• 빌려준 돈을 되돌려 받는 동시에 친구와의 우정도 지킬 수 있어야 함
상대방 파 악	• 마음을 열어놓고 스스럼없이 대화를 나눌 만큼 친했던 친구 • 현재는 여유 있게 돈을 쓰고 있으며 20만원 때문에 본인을 피하는 기색 마저 있어 보임

o **적극적 협상**(Moving against) : 친구에게 수시로 20만원을 갚으라고 직접적으로 말하는 것이다. 그 친구를 만날 때 아니면 전화나 이메일을 통하여 한다. 그러나 이 경우 말하는 사람의 태도가 중요하다. 상대방이 어떻게 받아들이느냐에 따라 승패가 달려있다. 너무 진지해서도 안되지만 장난스러워서도 안된다. 일상적인 대화 중에 자연스럽게 이야기가 흘러나오도록, 그래서 결국에는 어쩔 수 없이 갚게 끔 해야 한다. 감정적으로 호소한다. 친구에게 빌려준 돈은 힘들게 아르바이트를 해서 번 돈이라는 것을 부각시켜 친구에게 돈을 갚게 한다.

o **반응적 협상**(Moving with) : 친구의 말을 들어 본다. 절친한 친구임에도 돈을 안 갚고 있다면 우선은 친구에게 무슨 특별한 사정이 있는지를 알아볼 필요가 있다. 물론 친구가 여유롭게 돈을 쓰고 나를 피하는 기색도 있다고는 하나 내가 직접 묻거나 본 것이 아닌 이상 당사자의 의견을 들어 볼 필요가 있다.

o **후퇴적 협상**(Moving away) : 돈을 받지 않고 같이 쓰는 방법이다. 이는 친구에게서 돈을 직접 받는 대신 만날 때마다 그 친구로 하여금 밥을 사게 하거나 영화표를 예매하게 하는 식의 방법을 쓰는 것이다. 비록 돈을 돌려 받지는 못하나 돈을 함께 사용하면서 우정을 깨뜨리지 않으면서 지속시킬 수 있고 친구 또한 20만원을 한꺼번에 다 갚아야한다

는 부담에서 해방될 수 있는 것이다.

o **소극적 협상**(Not moving) : 친구의 반응을 살피며 언제까지고 기다린다. 사실 이는 방법이라고 하기에는 우습지만 친구와의 우정을 포기하고 싶지 않다면 어쩔 수 없는 최후의 수단으로 이 방법을 쓸 수 밖에 없다. 이 방법은 어쩌면 친구와의 우정은 그럭저럭 지킬 수 있겠지만 돈을 되돌려 받을 수 있는지의 여부는 불투명하다.

2. 급우의 상황을 나의 상황으로 가정하여 나의 협상방안을 전개한다.

1단계 : 상황분석(Analyzing situation)	
무슨상황인가?	친한 친구에게 20만원을 빌려주고 오래 시간이 지났는데도 돌려받지 못함
명확한가? 모호한가?	우정을 깨지 않고 빌려준 돈도 받고 성공적인 협상을 직접 경험하고 싶다
반대혹은지지세력은누군가?	친구 어머니에게 상의했지만 반응이 없고 친구는 갚는다고 시큰둥하게 말만하고 있다

2단계 : 자기파악(Positioning)	
현재의 위치	친구의 마음을 상하게 하지 않고 돈도 받아 성공적인 협상을 해내고 싶다
어느 수준이면 만족할까?	금년내에 돈을 되돌려 받고 우정에는 금이 가지 않았으면 좋겠다
장 점	꿔준 돈을 받고 성공적인 협상으로 사회(직장)에 대한 자신감을 갖게 된다
단 점	자칫하면 친구의 마음을 상하게 하여 우정이 깨질 수도 있다

3단계 : 문제인식(Define object)	
협상은 왜?	친구와의 우정을 지키며 돈을 돌려 받기 위해서 이다
협상의 결과는?	돈을 돌려 받는 것과 사회에서도 협상을 잘 해내리라는 자신감의 획득
정확한 목적 인식	친구와의 우정을 지속하고 돈은 회수하며 성공적인 협상으로 얻는 자신감

4단계 : 상대방 파악(Understanding)	
상대방은 누구?	대학에 들어와 가장 친해진 친구
자신의 경험을 파악하라	전에는 이렇게 큰돈을 빌려준 적이 없으며 작은 돈을 빌려 주고 못 받은 적도 있다. 그러나 이제는 우유부단하지도 않고 돌려 받을 수 있을 것 같다
공통의 관심사	친구에게 빌려 준 20만 원 / 우정
극복해야 할 것	친구와의 우정이 깨지는 것 그러나 친구는 대수롭지 않게 생각하는 점

5단계 : 협상후의 결과 검증(Feed back)	
협상에서 내가 얻은 것은?	가정이지만 나는 돈을 돌려 받았고 친구와의 우정도 지켰고 졸업 후 사회에서도 일을 잘 처리할 수 있다는 자신감의 획득
협상과정	친구에게 돈을 되돌려 받고 싶다는 의사를 전달하기 위해 약속 후에 친구를 만났다. 가벼운 식사를 하면서 빌려준 돈 얘기를 꺼냈다. 친구는 갚고는 싶은데 지금은 없으니 조금 더 기다려 달라고 했다. 그래서 나는 제안을 했다. 한번에 갚기 어려울 테니 하루에 3000원씩 모아 함께 저금을 하자고 했다. 3개월이 지나면 40만 원 이상을 모을 수 있을 것이고 너는 부담없이 돈을 갚을 수 있을 것이라고 했다. 친구는 재미있겠다고 하면서 매일 저금을 하면서 자주 만났고 얘깃거리도 많게 되었다. 또한 쉽게 써버릴 돈 20만 원이 더 생겼으니 친구에게 맛있는 것을 사주겠다고 했다. 그러자 친구는 웃으면서 그러자고 했다. 돈을 한꺼번에 받지는 못했지만 돈을 돌려 받을 수 있어 마음이 편했고 친구와의 우정은 깨지지 않았으며 협상력을 발휘하여 성공할 수 있다는 점이 크게 기뻤다.

눈길 좀 그만 보내세요

저희 과장님이 저를 좋아하는 것 같아요. 그 사람은 유부남인데 저에게 계속 노골적으로 호의를 베풀고 얼마 전에는 둘이서 같이 영화를 보자고 제안을 했답니다. 저는 그 영화를 봤다고 이야기하고 그냥 웃으면서 정중하게 거절했지만 앞으로도 대시가 계속 된다면 딱 잘라 거절 못할 것 같아요. 저는 조금 있으면 대리 승진 시험을 보게 되고 시험 결과와 함께 인사고과가 정말 중요합니다. 어떻게 하면 좋을까요..

위의 사례에 대한 본 과목을 수강한 학생의 협상안은 다음과 같다. 참고로 이 사례를 작성한 연구자는 여학생이다.

먼저 <법적인 강경책>이다. 이러한 경우엔 협상의 목적이 될 수 없다. 이것은 엄연한 직장 내 성희롱에 속한다며 이와 유사한 사례를 예시하였다.

안녕하세요? 현재 계약직으로 일하고 있습니다. 제가 헷갈리는 이유는 나이 50이 넘은 사장님은 계약직으로 일하고 있다고 해서 걱정하지 말아라… 일하긴 어떠냐…는 걸 물으시면서 처음에 상당히 친절하고 자상하셔서 별 생각없이 배려에 감사했었는데요… 차츰 예쁘다… 너무 예쁘다를 (사실 전 그렇게 예쁘지 않습니다. 정말) 연발하면서… 종종 들리라고(업무상 전혀 갈 일이 없어 사람들 시선도 신경이 쓰이는데요) 하시며 때론 손을 살짝 잡으시며 예쁘다고 하시는 겁니다. 처음엔 제가 계약직이어도 정규직 자리가 나면 정식 직원이 될 수 있으니 너무 개의치 말라고 격려해 주시는 게 감사하고 또 예쁘다는 얘기도 딸처럼 귀여워하시는 거라고 믿었는데요. 점차... 눈빛도 너무 진지하고... 출장

다녀와서 회사 밖에서 술 한잔하고 싶다고 하십니다. 너무 신사적이신 분이라 헷갈리구요… 회사 내에서도 이성적이고 합리적인 분으로 존경받는 분이라… 게다가 어제는 회사 직원 전체 교육에서 성희롱에 대한 브리핑도 간단히 하셨습니다. 상당히 점잖으신 분이신데… 제가 긴장하며 문제를 만들고 싶지 않다고 하니까 비밀이라며 어디까지나 제 선택이라고 하시는데… 그냥 가볍게 생각할 일인데 괜히 긴장한 건지 아니면… 행동을 어떻게 해야 잘 하는 것인지 너무 걱정이 되네요… 오해하는 건 아닌지… 단호하게 거절하지 않아 문제가 생기는 건 아닐지… 걱정이 됩니다.』

이는 다음의 제 11조 [업무상 위력 등에 의한 추행]에 속한다.

① 업무 고용 기타 관계로 인하여 자기의 보호 또는 감독을 받는 사람에 대하여 위계 또는 위력으로써 추행한 자는 2년 이하의 징역 또는 500만 원 이하의 벌금에 처한다.

② 법률에 의하여 구금된 사람을 검호하는 자가 그 사람을 추행한 때에는 3년 이하의 징역 또는 1천 500만 원 이하의 벌금에 처한다.

사례는 직장 내 성희롱, 특히 조건형(대가형)의 성희롱에 해당한다. 그 이유는 다음과 같다.

첫째, 정식직원이 될 수 있다는 것을 말하며 접근해 온 점이다.

둘째, "문제를 만들고 싶지 않다고 하니까 비밀이라며 어디까지나 제 선택이라고 하시는데..." 하는 표현으로 짐작하여 과장의 구체적인 요구가 있었지 않았나 판단된다.

셋째, 예쁘다며 손을 잡는 행위, 출장 갔다 와서 술 한잔 하자고 한 행위 등은 상황에 따라서 성희롱이 될 수 있다.

위와 같은 상황은 사장의 행동을 호의적으로 보아야 하는지 아니면 성희롱 행위로 보아야 하는지 의문을 갖고 있는 것 같다.

서로의 동의에 의하여 사귀는 사이에 일어난 일들을 성희롱 행위라 할 수 없다. 또한 친절한 행동, 호의적 행동을 성희롱으로 몰아 부칠 수는 없는 노릇이다. 다만 중요한 것은 본인이 어떤 느낌을 가졌는지, 상대방의 의도와 관계없이 본인이 어떤 감정을 느꼈는지가 성희롱을 판단하는 일차적 기준이 된다.

보통의 상식을 가진 사람이 그런 상황에 처했을 때 느꼈을 기분을 고려하여 판단하게 된다. 물론 호의적 행동과 성희롱은 명백히 구별된다. 열심히 일하라고 격려하고 예쁘다며 귀여워하는 것은 호의적 행동일 수 있다. 그러나 업무상 연관이 없는데도 종종 들리라고 한다거나 출장 갔다 와서 술 한잔하고 싶다는 등의 표현, "문제를 만들고 싶지 않다고 하니까 비밀이라며 어디까지나 제 선택"이라고 말한 것 등은 단순히 호의적인 행동만으로 보기 힘들다.

최근 국내에서 일어난 고위 공직자들의 성희롱과 관련된 사건이나 국내외의 여러 보고서를 보면 성희롱 가해자들의 경우 사회적 위치나 인품이 높다고 하여 성희롱과 거리가 멀다고 볼 수만 없다.

위의 상담사례나 교수님이 내어 놓은 사례가 거의 유사한 상황이라고 생각한다. 이러한 성희롱에 대한 협상 대처방법은 Moving against(적극적 협상) 방법을 택해야 한다. 위와 같은 사례처럼 처음에 단호하게 거절하지 않아 문제가 더욱 커지는 경우들이 많다. 지위를 이용하여 노골적인 호의를 계속해서 베푼다면 웃으면서 거절하는 방법도 무용지물이 될 것이다.

"No!", "can't", "don't". 이 세 가지는 협상에서 쓰여선 아니 되는 말들이다. 하지만 이러한 경우엔 위의 세 가지도 협상의 방법으로 적절히 쓰여야 한다.

한편 위의 같은 사례에 대하여 같은 클래스의 다른 여학생은 좀더 적극적인 협상방안을 제시하였다.

① 과장의 마음은 어떤 것인지 확인하라.

네고시어터인 제 입장에서는 우선 과장님이 '어떤 생각을 가지고 있나?' 그것부터 명확히 해야 된다고 생각합니다. 과장님이 노골적으로 호의를 베풀었다고 하는데 과장님의 원래 성격일수도 있는 것입니다. 여자들한테는 아무런 감정이 없어도 유달리 친절한 사람이 있기 마련이니까요. 우선은 그의 제안에 무조건적으로 거절할 필요는 없다고 생각합니다. 그냥 직장 상사로써의 호의일수 있으니까요.

② 과장님의 약속에 직장동료와 함께 하라.

그렇다면 같은 사무실 다른 여직원과 함께 동행하는 것이 어떨까요. 상사로써의 호의였다면 그는 아무렇지도 않게 그것을 허락하고 좋은 시간을 보내게 될 것입니다. 그런데 직장 상사가 그 시간 내내 불쾌하게 보냈다거나 후에 다시 대시를 하면서 혼자 나오라든가 하는 이야기를 꺼낸다면 이것은 직장 상사로써의 호의만은 아닐 것입니다. 이럴 때 당신의 태도는 정말 중요합니다.

③ 과장의 마음이 당신의 생각대로라면 당신의 태도는 정말 중요하다.

이런 말이 있습니다. 남자들은 모르는 여자가 자기를 보고 한번만 웃어줘도 나를 좋아한다고 착각한다는... 과장은 당신을 직장 여직원으로서가 아니라 한 여자로써 당신에게 호감이 있는데 그것은 알고 있는 상태에서도 모르는 척 초대한 자리에 나간 것은 그로 하여금 착각을 더 크게 만들어 줄 뿐 입니다.

④ 과장의 초대에 거절하라.

과장이 영화표를 들고 혹은 서류철에 음악회 티켓을 넣어서 당신에게 주었다고 생각해 봅시다. 이때 당신은 어떻게 할 것입니까? 여러 가지 핑계를 대면서 몇 번은 피해 갈 수 있겠지만 그것도 한두 번 일 것입니다. 자, 이런 방법은 어떨까요?

⑤ 소문을 내라.

사무실이나 회식자리에서 어떤 영화에 대한 얘기가 한창이었다고 합시다. 마침 이 영화가 며칠 전 과장이 내밀던 영화라면 아주 자연스럽게 "어! 그거 과장님이 며칠 전에 나 보여준다고 했던 영환데…"라고 말하면서 "그런데 내가 남자친구랑 이미 본 영화라서 못 간거 있지?" 라는 말을 빼먹지 맙시다. 내가 그 자리에 나가지 않았다는 것과 내가 남자친구가 있다는 것을 만인에게 알릴 필요가 있습니다. 그렇다면 직원들은 그 과장을 어떻게 생각할까요? 여직원한테 영화를 단둘이 보자는 제안을… 그것도 남자친구가 있는 여직원에게... 과장은 어떨까요? 눈치없는 여직원에게 다음 번 대시를 할 때 "다른 사람에겐 말하지마" 라고 말할 수 있을까요?

⑥ 그래도 안될 때는 마지막 히든카드를 내밀어라.

만약 과장이 “다른 사람에게 말하지마”라고 노골적으로 표현을 한다면 그때는 이런 방법은 어떨까요? 형이랑 동생이 있다고 생각해봅시다. 형이 자꾸만 나쁜 일은 하는데 그 사실을 다 알고 있는 동생이 아무리 하지 말라고 해도 형은 말을 듣지 않습니다. 이때 동생이 “형 그럼 엄마한테 이른다!” 이러면 얘기는 달라집니다. 그렇습니다, 과장이 ‘가장 무서워하는 사람이 누구일까?’를 생각해봅시다. 그는 남자입니다. 그리고 유부남입니다. 바로 과장의 와이프입니다. 그렇다고 과장에게 “사모님에게 이를 꺼에요.”하고 협박하라는 얘기가 아닙니다. 동생들이 형에게 엄마한테 이른다고 했다가 얻어맞는 경우가 더 많을 테니까요. 조용히 과장의 와이프를 만납시다. 여자 대 여자로 와이프에게 상황을 설명하는 것은 어떨까요. 나의 상황이나 입장을 충분히 설명하는 것도 잊지 맙시다. 나머지 일들은 과장의 부인이 모든 것을 해결하지 않을까요?

사례연구 5

61초 도둑

단 1분만에 골프용품점의 첨단 경비시스템을 뚫고 물건을 훔쳐 달아난 '신출귀몰' 도둑으로부터 당한 피해에 대해서 경비회사에 책임을 물을 수 없다는 판결이 나왔다.

골프용품 판매점을 하는 C모씨는 경비를 위해 A경비업체와 최첨단 경비시스템계약을 맺었다. 점포 내부에 자석감지기 2대와 음향탐지기 3대, 열선감지기 5대를 설치했다. 그런데 지난해 6월 새벽 도둑이 들었다. 열선감지기가 1차 이상 신호를 내자 점포에서 3km 떨어진 곳에서 순찰 중이던 경비업체 직원에게 출동지시가 내려졌으며 이후 다시 2차로 이상 신호가 나오자 자동적으로 경찰 112 상황실에 신고가 됐다.

신고접수 후 6분 이내에 경찰이, 8분내에 경비업체 직원이 현장에 도착했지만 이미 도둑은 진열대에 있던 3150만원어치의 고급 골프채 35자루를 훔쳐 달아난 뒤였다. 경비업체가 확인한 도둑의 철수시간은 1차 이상 신호가 울린지 1분초 만이었다.

C씨는 경비업체를 상대로 손해를 배상해 달라며 소송을 제기했다. 그러나 담당판사는 9일 "6분 내에 경찰을, 8분 내에 경비직원을 도착시킨 경비회사의 긴급대응조치는 모두 적절했다"며 C씨에게 패소판결을 내렸다.

(조선일보, 2003년 7월 10일)

 6

협상 미스테이크 1

SK 텔레콤의 결정적인 실수 때문에 국내업체의 브라질 이동전화 시장 진출이 사실상 무산됐다. 브라질 정부는 휴대폰 서비스업체 선정에서 사업계획서 영문 회사명을 잘못 표기한 SK 텔레콤의 입찰자격을 박탈한데 이어 이의신청도 『이유 없다』며 기각했다. 이에 따라 삼성전자와 컨소시엄을 구성, 리우데자네이루-파라나 등 4개 지역 휴대폰 서비스시장 진출이 좌절될 전망이다.

SK 텔레콤이 입찰에서 조차 탈락한 것은 사업계획서 서류에 자사의 영문 이름을 두개로 표시했기 때문이다. SK 텔레콤(구 한국이동통신)은 사업신청서에는 회사명을 「KMT CORP」로, 회사연혁에는 「KMT INC」로 틀리게 적는 실수를 저질렀다.

이후 SK 텔레콤은 「KMT CORP」와 「KMT INC」가 한 회사임을 증명하는 정보통신부장관의 서신과 법률자문회사의 증빙서류 등을 브라질 정부에 제출했으나 이의신청은 결국 기각이 됐다.

그동안 정보통신부와 국내 휴대폰 업체들은 『브라질 시장이 중국과 함께 CDMA(부호분할다중접속) 휴대폰의 가장 유망한 시장 중 하나』라고 홍보해 왔다. 한편 SK 텔레콤은 『브라질 법원에 SK 텔레콤에 대한 자격심사에 문제가 있다는 내용의 행정재심사청구를 제기했다』고 말했다.

(조선일보, 1977년 7월 8일)

7

협상 미스테이크 2

복권 당첨금 2,000만 원의 주인은 누구일까. 지난 2월 20일 오후 서울 중구 K다방을 찾은 단골손님 신모씨(40)는 다방 여종업원 김모씨(36)에게 2,000원을 주고 즉석식 월드컵 체육복권을 사오도록 했다. 신씨와 김씨, 또 다른 다방 종업원 안모씨, 다방 주인 윤모씨 등 4명이 복권을 한 장씩 나눠 동전으로 복권을 긁으며 당첨 여부를 확인했다.

김씨와 안씨의 복권이 1,000원에 당첨됐다. 4명의 '복권동지'들은 당첨된 복권을 판매소에 가져가 새 복권으로 바꿔왔다. 신씨와 안씨의 복권은 '꽝'이었다. 그러나 윤씨와 김씨 복권이 각각 2,000만 원에 당첨됐다. 마침 토요일 오후여서 처음 돈을 낸 신씨가 "월요일에 내가 돈을 찾아 오겠다"고 했고 나머지 3명은 반대하지 않았다. 신씨는 22일 은행에서 세금을 제하고 3,120만 원을 찾았다. 신씨는 윤씨에게 600만 원을, 김씨와 안씨에게 각각 100만 원을 나눠줬다. 윤씨와 안씨는 고맙다며 돈을 받았지만 김씨는 거부했다. 김씨는 "내가 확인한 복권이 2,000만 원에 당첨됐으니 2,000만 원의 주인은 나"라고 주장했고 신씨는 "처음에 복권을 살 돈을 댄 내가 주인"이라고 맞섰다.

김씨는 결국 신씨를 경찰에 횡령혐의로 고소했고 사건을 넘겨받은 서울지검 서부지청 박경호검사는 동료 검사들의 의견을 구했다. 지청 검사들의 의견은 셋으로 나누어졌다. 우선 4분설이다. 복권 당첨금은 현장에 있었던 4명의 공동소유라는 견해다. 일부 검사들은 당첨금 2,000만 원은 돈을 댄 신씨와 복권을 확인한 김씨의 공동소유라는 2분설을 내놓았다. 또 다른 검사들은 "신씨가 처음 복권을 샀지만 두 차례 복권을 건네주는 동안 이미 기부행위에 의해 증여의 효력이 발생했다"며 "2,000만 원은 김씨 소유"라는 의견이 있었다. 고민끝에 박검사는 '김씨 소유설'을 토대로 지난 19일 신씨를 횡령혐의로 불구속 기소했다. 박검사는 "법원의 판결이 무척 기다려진다"고 말했다.

(스포츠 투데이, 1999년 10월 22일)

협상 미스테이크 3

포드의 대우자동차 인수 포기 파문이 확산되고 있다. 매각지연에 대한 경제적 손실도 문제이지만 대우자동차는 물론 자동차 부품사 등 한국 자동차 산업 전반에 대한 정보유출이 더 큰 손실이라는 지적이 나오고 있다.

Ford는 6주간에 걸친 정밀 실사작업을 하면서 비용 1000만 달러 이상과 인원 200여 명을 투입해 총 180개 파일, A4 용지 7만쪽 분량의 자료를 통해 대우차 국내법인은 물론 11개 국외 공장과 25개 국외 판매법인에 대한 계약현황, 재무제표, 5개년 사업계획 심지어는 가격과 품질 등에 대한 모든 자료를 낱낱이 파악했을 뿐만 아니라 대우 캐피탈, 대우차판매, 쌍용차 등 매각대상 관련회사와 협력업체 300여 부품의 중소기업들에 대한 정보까지 얻은 것으로 알려졌다.

Ford가 인수를 포기한 데 따른 국가 경제적 손실이 크지만 아무런 대응을 할 수 없는 것은 대우차 매각협상 곳곳에 구멍이 뚫렸기 때문이라는 분석이 대두되고 있다. 즉 입찰참여 안내서를 발송할 때 인수예정 금액의 5%(정부주도의 경우)를 입찰보증금으로 하는 등의 제재조항을 넣지 않은 점이나 우선 협상대상자로 Ford를 단독 선정한 것이 최악의 상태를 야기시켰다는 것이다.

(매일경제, 2000년 9월 29일)

사례연구 9

뜨거운 감자, 기업형 슈퍼마켓(SSM)

1. 어떤 상황인가?

경남 마산시 석전동 소상인들이 삭발투쟁까지 하면서 대기업의 기업형 슈퍼마켓 입점 저지에 나섰다. 탑마트 입점저지 마산 석전동 상인대책위와 대형마트 및 SSM 입점저지 중소상인살리기 경남대책위는 23일 창원 경남지방중소기업청 앞에서 기자회견을 열어 "소상인들의 생존대책조차 마련되지 않은 상황에서 탑마트가 점포공사를 강행해 골목상권과 중소상인이 다 죽어간다"며 "중소기업청이 나서 소상공인들의 어려움을 해소해 달라"고 호소했다. 석전동 상인대책위의 공동위원장 3명은 기자회견을 마친 뒤 삭발을 하고 중소기업청에 대책 마련을 촉구했다. 주택가가 밀집한 마산 석전동 일대는 전통시장과 소규모 점포들로 구성된 전형적인 골목상권 지역으로 최근 탑마트 석전점 공사가 진행되면서 지역상인과 마찰을 빚고 있다. 탑마트는 중소기업청으로부터 사업일지 정지권고를 받았으나 개점준비를 계속 진행해왔다.

또한 강릉시와 재래시장번영회, 소상인연합회 등이 SSM의 입점 저지를 위해 강력 대응하기로 했다. 그동안 강릉에는 이마트와 홈플러스 등 2개의 대형마트가 개점하면서 전통시장이던 포남시장과 대한통운 코렉스마트가 폐점했으며 시내의 전통시장 4개소와 인근 상가의 경기가 심각하게 침체된 상황이다.

특히 조사 결과 강릉지역 최고 중심가인 옥천동 오거리에 지난해 12월 홈플러스가 개점한 이후 1년이 채 되지 않은 현재 중앙시장, 성남시장 등 전통시장의 매출액이 30% 정도 감소했으며 빈 점포가 늘어나고 있는 것으로 집계됐다. 또 중앙시장 일대인 금성로 상가의 경우도 의류매장들을 중심으로 매출액이 30~40%까지 감소하고 있는 것으로 조사됐다.

이 같은 상황에서 SSM이 추가로 입점할 경우 지역의 전통시장은 물론 골목 상권까지 완전히 붕괴될 것이라는 우려가 확산되고 있다.

위의 신문 기사들은 대기업에서 운영하는 기업형 슈퍼마켓에 관한 내용이다. 기사의 내용에 의하면 현재 SSM에 대한 대기업과 중소상인, 소비자의 입장이 서로 충돌하여 심각한 사회적 문제를 야기하고 있다. 또한 SSM에 대한 정부의 해법도 논란이 되고 있다.

이러한 상황에서 우리가 할 수 있는 협상의 5단계, 협상의 유형 등 지금까지 배워온 협상방법으로 어떠한 해법이 있는지 살펴보려고 한다.

2. SSM(Super Supermarket)의 정의

대기업에서 운영하는 '기업 형 슈퍼마켓'을 뜻한다. 연면적 990~3300㎡(300~1000평) 규모로 대형마트에 비해 출점이 용이하고 가공품을 주로 판매하는 편의점과 달리 채소, 생선 등 농축산물도 판매한다.

동네 슈퍼보다는 크고 대형 할인점보다는 작은 소매점으로 롯데슈퍼, 홈플러스 익스프레스, GS 슈퍼마켓, 이마트 에브리데이 등이 대표적인 SSM이다. 2010년 6월 SSM은 772개로 2007년 말 353개에서 2배 이상 늘었다.

2-1. SSM 진출배경

1. 1996년 유통시장 개방이후, 대형 쇼핑몰 확대
2. 2000년 중반 이후 성장세 둔화되고 있으며 현재 대형마트는 270개로 포화 상태임에도 중소유통업 분야에 대기업들이 진출하려고 함
3. 새로운 성장 동력으로 SSM 등장

2-2. SSM 논란의 배경

대기업들이 슈퍼마켓에 처음 진출한 것은 어제 오늘의 일이 아니다. 지난 1960년대부터 대형마트들의 유통업 진출은 시작되었으며, 초기에는 동네 상점들과 크게 충돌하지 않았다. 그러나 2000년대 들어 포화된 대형마트 시장이 한계에 다다르면서 대형 유통업체들은 자신들과 동네 슈퍼마켓 사이의 틈새시장인 기업형 슈퍼마켓(중형 슈퍼마켓) 사업에 진출하면서 지역 중소 상인들과 갈등을 빚게 되었다. 지역 중소 상인들의 생존권 보호를 위해 기업형 슈퍼마켓을 허가제로 바꿔야 한다는 법적

규제론에서부터 소비자의 편익을 위해 규제가 완화되어야 한다는 주장까지 상반된 견해들이 충돌하고 있다.

2-3. SSM의 장점(유통업체에서 제시하는 장점)

편리한 시설, 높은 서비스 수준, 다양한 상품을 갖추고 있음.

2-4. SSM의 단점(문제점)

1. 지역경제의 황폐화로 주변 소매업체 79%가 경기악화 상태이며 하루 평균 고객 수가 37%나 감소되어 매출액은 34% 감소되었고 66㎡ 이하인 소형 점포들의 매출 감소폭은 이전과 비교할 때 63.4%나 되었음.
2. 지역 부의 역외 유출로 지역상품 구매 비율은 10% 내외에 불과함.
3. 지역 점포의 폐점과 고용 약화로 일자리 감소 현상이 심각하며 재래시장 취업자 수는 36만 2960명이고 대형마트 취업자 수는 11만 3607명으로 대형마트의 고용효과는 재래시장의 31%에 불과함.

2-5. SSM의 개점현황

- GS 슈퍼마켓의 경우 2005년에는 84개의 점포수가 파악되었으나 계속 늘어나 2008년에는 전년도 보다 19개가 더 늘었으며 2009년에는 132개로 점포수가 증가했다.
- 롯데슈퍼의 경우 2005년에는 47개, 2006년에는 52개, 2007년은 전년도 보다 더 많아진 79개로 점포수가 파악되었다.
- 홈플러스 익스프레스의 경우 2005년에는 GS슈퍼마켓과 롯데슈퍼와 비교했을 때 상당히 낮은 점포수를 보유하고 있었으나 2007년에서 2008년 사이에 점포수가 급등하여 GS 슈퍼마켓과 롯데슈퍼보다 월등히 증가한 점포수를 보유하고 있다.

▌업체별 슈퍼마켓 점포수 추이▐

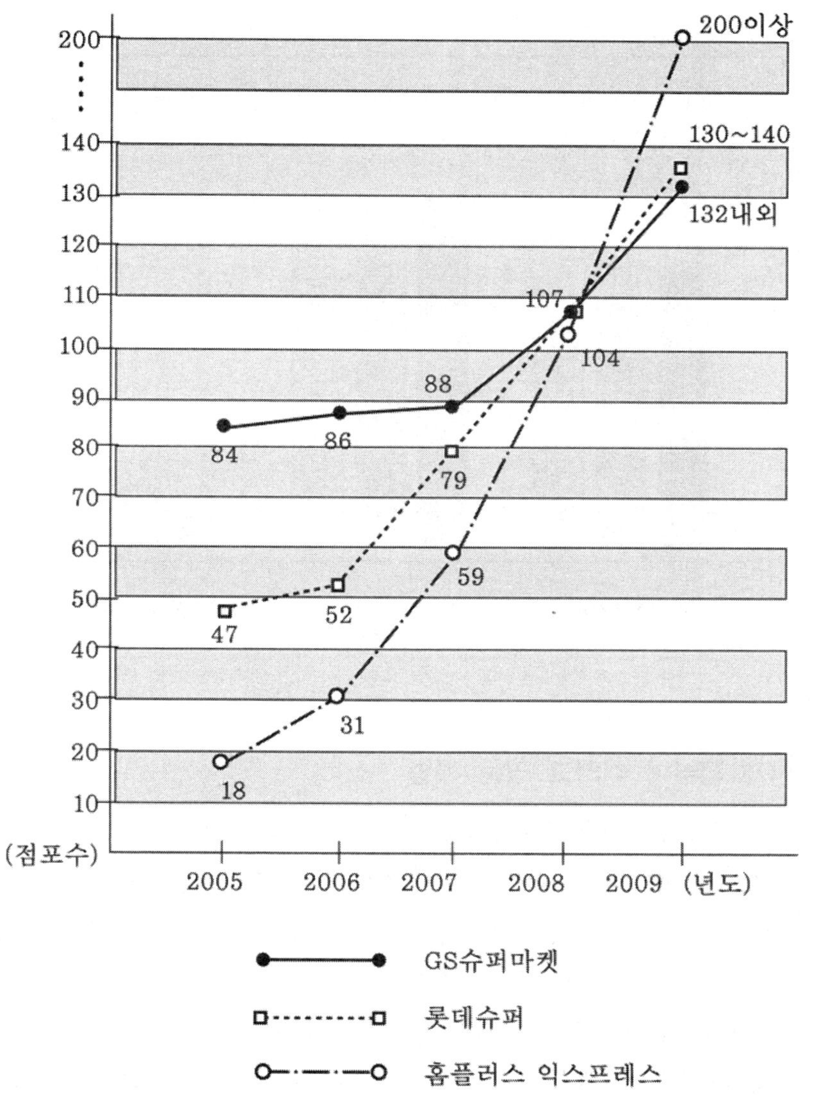

(2006년은 12월초 기준, 2009년은 예상치)

| 주요 SSM 개점현황 |

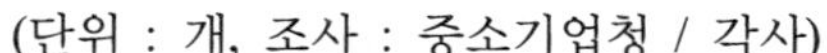

(단위 : 개, 조사 : 중소기업청 / 각사)

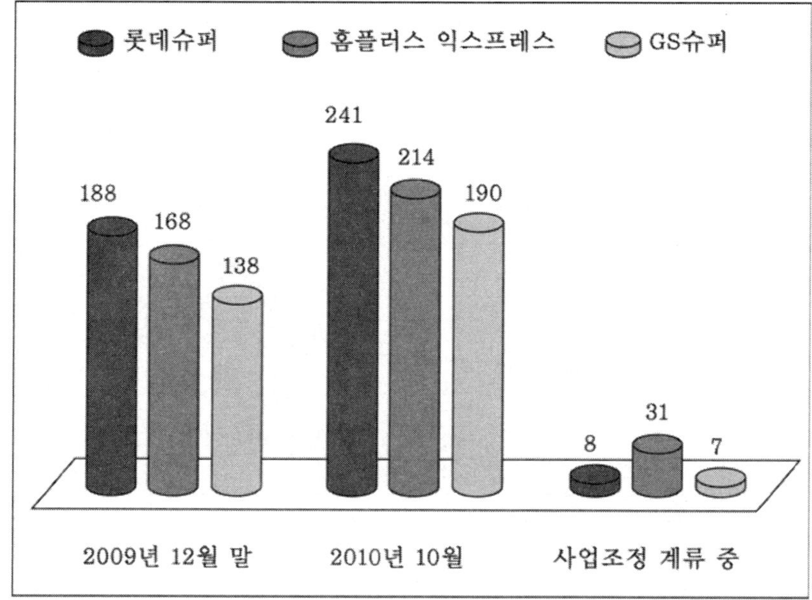

3. 현재 정부가 취하고 있는 해법

사업조정신청제도를 통해 갈등 개선에 나섰다.

- **사업조정신청제도** : 대기업이 중소기업의 영역에 진출해 해당 기업의 경영을 위협할 가능성이 있는 경우, 정부가 대기업의 사업진출을 연기하거나 생산품목, 수량 등의 축소를 권고하는 제도이다.

  사전조사신청제도는 대기업의 출점계획에 대한 내용을 미리 알 수 있고, 사업조정신청을 하면 시도 관계자로 구성된 사전조정협의회에서 조정을 위한 대화의 장을 마련하여 자율조정을 유도한다. 합의 실패 시 중기청에 설치된 사업조정심의회에서 조정권고안을 심의하고, 이를 기준으로 시도지사는 사업조정을 권고하는 제도로서 최고 6년까지 대기업의 진입과 확장을 제한할 수 있어 실효성있는 중소상인 보호방안으로 보여진다.

• **정치권 상황**

- 민주당 : 허가제 도입 주장
- 한나라당 : 당론 결정 못함
- 정부 : WTO 위반 등을 거론하며 반대 입장을 명확히 하고 있다.

• **외국은 규제 사례**

- 프랑스 : 허가제(연면적 300m2 이상), 현재 파리에는 대형마트가 하나도 없음, 대형마트 대부분 도시 외곽에 자리잡고 있다.
- 독 일 : 10% 가이드 라인을 제시하고 인근 소규모 상가들이 기존 매출 10%가 넘을 경우 대형마트 진출은 백지화하고 대형마트 입점에 대한 철저한 검증(교통혼잡, 환경영향평가 등)을 하고 있다.
- 미 국 : 주별로 상이(뉴욕시에서는 월마트 입점 보류)하다. 영업시간의 경우, 독일, 이탈리아, 프랑스, 영국 등은 일요일 폐점을 원칙으로 하고 있다.

• **정부의 규제 개입에 관한 논의점**

- 신 유통 구조에 역행하는 SSM 규제- 정부의 개입이 정당한가?
- 정부가 개입한다면 수퍼 뿐 아니라 주유소, 서점 등 대형 회사의 독점도 제한해야 하는가?

  정부가 개입하여 SSM을 규제하는 것이 정당한가에 대한 논의가 있어야 한다. 정부가 개입하여 대기업의 SSM 진출을 규제하는 것은 공정 경쟁을 막고, 타 업종에서 대기업 진출을 제한하지 않는 것과는 구별된다는 것이다. 하지만 주유소와 같은 대기업의 독과점은 상품의 특수성으로 인해 일반 중소상인이 개인사업으로 운영을 하지 않는 경우가 일반적이다. SSM으로 인하여 질 좋은 제품이 낮은 가격에 제공되는 것은 좋은 현상이지만 골목상권까지 진입하여 중소상인의 생존권을 위협한다면 국가적 차원의 문제라고 할 수 있다. 중소상인은 공급자의 입장이기는 하나 곧 소비자의 입장이기도 하기 때문에 중소상인의 몰락은 소비자의 몰락이라고도 볼 수 있다. 대기업과 중소상인의 영향력이 균등하게 이루어지지 않은 상황에서 정부는 중소상인이 최소한 생존권은 보호받을 수 있는 안전장치를 마련해야한다.

4. 소상인 vs 유통 대기업 vs 소비자 vs 정부의 입장

- **소상인 입장**

1. SSM을 통해 대기업이 골목 상권까지 침투하면 인근 상인들이 버틸 수 없다.
   (대형마트 하나가 입점하면 골목 슈퍼마켓은 수 십개가 문들 닫게 되고, 이로인해 실직자가 늘어난다. 또한 대형마트보다 작은 규모로 고용효과도 높지 않으며 또한 SSM의 독과점으로 물가인상을 초래할 수 있기 때문이다.)
2. 대기업의 독과점으로 지역 상권이 왜곡된다.
3. 소상인 보호를 위해 과도한 출점을 규제하는 법안은 꼭 필요하다.
   - 유통산업발전법안
     재래시장 반경 500m 이내를 '전통시장 보존구역'으로 설정할 수 있으며 구역은 지방 자치단체가 조례를 통해 SSM 등록을 제한하거나 입점조건을 부여하는 방식으로 규제할 수 있다.
   - 대·중소기업 상생협력촉진에 관한 법안(상생법) 제정
     자영업자가 투자한 SSM 프랜차이즈 점포라고 하더라도 대기업 지분이 51%이상일 경우 사업조정 신청대상에 포함시키는 내용을 골자로 한 법으로 인근 영세업자들이 사업 조정을 신청하면 해당 점포는 개점을 미루거나 영업을 중단하고 협의를 해야 한다.

- **대기업 유통업체 입장**

1. 대기업 점포가 진출하면 오히려 지역 상권이 활성화 된다.
2. 고용효과도 생겨 소비가 늘어난다.
3. 최저가 정책으로 물가안정 효과가 있다.
4. 출점 규제는 WTO의 공정경쟁 정책에 위배된다. 소상인들은 스스로 경쟁력을 확보해야 한다. 즉 기업의 입장에서는 기업형 슈퍼

마켓이 진출하면 오히려 주변 상권이 활성화 되며 유동인구 증가에 따라 꽃집이나 빵집 등이 새롭게 생겨나기도 한다. 또한 SSM의 진출로 규모에 따라 최소 10명에서 30명에 이르는 고용창출 효과가 발생하기 때문에 피해가 크지 않을 것이라고 한다. 대기업이 SSM에 진출하는 이유는 백화점이나 대형마트 시장이 포화상태에 이르고 있어 매출이 감소추세를 보이기 때문이다.

• **소비자 입장(고객의 입장)**

1. SSM의 동네 입점을 반김(찬성하는 입장)
2. 선호 이유는 포인트제도, 편리한 배달, 청결한 식품 문화(깔끔하고 편리한 쇼핑 환경)때문이며 주민 중 노인과 어린이가 많아서 멀리 있는 재래시장에 접근하기 어렵다,
3. 대기업의 운영으로 체계적인 유통시스템과 유통원가의 절약 및 원스톱쇼핑을 가능케 하므로 SSM을 이용하는 소비자들은 기존 소상공인이 운영하던 재래시장에 비해서 가격면에서나 편리성에서 편리하다.
4. 양질의 신선식품과 값싸고 질 좋은 상품을 구매할 수 있는 선택권이 확대된다.

• **정부의 입장**

- 정부의 입장은 여당과 야당으로 나누어진다. 여당인 한나라당은 처음에는 유통법안과 상생법안을 동시 처리하는 방안에 동의하였으나 현재로서는 SSM 규제에 반대를 하는 입장이다. 야당인 민주당은 유통법안과 상생법안의 동시 처리방안에 강력한 의지를 보인다.
- 정부의 입장이 갈리게 된 이유는 SSM 규제에 반대하는 외국계 대형업체 중 영국계 홈플러스의 영향이 크다. 홈플러스의 경우 영국정부가 자유무역협정을 두고 우리 정부에 SSM 규제를 하지 못하도록 압력을 넣고 있다는 사실이 폭로 되었다.

5. 중소상인과 대기업의 입장에 대한 반론

• **대형 유통업체에서 주장하는 규제 반대론의 주요 근거**

- 자유로운 경제활동을 제한하는 것은 헌법위반
- SSM의 직업선택의 자유와 소비자 선택권을 침해
- 중소 자영업자들의 보호는 대형 유통점을 규제하는 소극적 방식이 아니라 중소 유통점이 자생적으로 경쟁력을 가질 수 있도록 지원하는 것
- WTO 위반이며 제소당할 수도 있다.
- 외국의 규제는 효율적 토지 이용과 지역공간 활동 등 비경제적 이유
- 반면 한국에서의 SSM 규제는 경제적 이유
- 인위적인 진입장벽은 소비자 후생감소, 고용 감소, 물가상승 등을 야기
- SSM 규제는 더 큰 경제적 손실을 야기
- 중소유통점을 보호하기 위해서는 규제가 아니라 중소유통점의 장점을 살릴 수 있는 SSM과의 차별화된 경쟁 유도
- 지역상권 활성화를 위한 제도적인 물적 지원이 필요

• **규제 반대론에 대한 재반론**

1. 헌법 제123조 제2항과 3항
   - 국가는 지역 간의 균형있는 발전을 위하여 지역경제를 육성할 의무를 진다.
   - 국가는 중소기업을 보호·육성해야 한다. 즉 사유재산을 인정하지만 개인의 무한한 탐욕을 인정하지는 않으며 자본주의 모순을 극복하기 위한 국가적 규제를 인정하는 시장경제 질서를 유지하여야 하며 대규모 점포 제한은 장기적으로 지역상권을 보장해 소비자의 자유로운 선택권을 보장하는 것이기 때문이다.

2. WTO 위반이 아니다.
   - 허가제, 영업시간 규제 등이 제소된 적은 한번도 없으며 프랑스 법원은 정부의 허가제를 합법으로 인정한 바 있다.

6. 중소상인의 입장에서의 협상의 5단계/ 협상의 유형/ 윈셋

• 협상의 5단계

1단계 : 상황분석(Analyzing situation)	
무슨 상황인가?	소상인의 생존권을 위협하는 대기업의 SSM의 진출을 규제하고자 한다.
명확한가? 모호한가?	SSM으로 인한 우리 소상인들의 피해가 너무 커서 반드시 규제해야 한다.
반대 혹은 지지 세력은 누구인가?	대기업들과 소비자들은 반대한다. 하지만 정부는 규제 방안을 모색 중이다.

2단계 : 자기파악 (Positioning)	
현재의 위치	이미 SSM이 골목 상권까지 진입하여 소규모 슈퍼들이 문을 닫는 등 소상인들의 생존권이 위협 당하고 있다.
어느 수준이면 만족할까?	SSM의 동네 상권 진출을 규제하여 소상인들의 생존권을 보호해 주어야한다.
장 점	대기업의 독과점을 막고 가격 경쟁을 줄일 수 있으며 소상인이 실직자가 되는 것을 방지할 수 있다.

3단계 : 문제인식 (Define object)	
협상은 왜?	기하급수적으로 증가하여 골목 상권까지 진입하는 SSM의 진출을 규제하고 상인의 생존권을 보호하기 위해서이다.
협상의 결과는?	지역 소상인들이 SSM의 진출로 인해 폐점을 해야 하는 경우가 없어지고, 이에 따라 실직자도 생겨나지 않으며 대기업의 독과점을 막을 수 있다.
정확한 목적 인식	SSM의 진출을 규제하여 소상인의 생존권을 보호한다.

4단계 : 상대방 파악 (Understanding)	
상대방은 누구?	SSM 진출에 관한 규제 방안을 모색하고 있는 정부
자신의 경험을 파악하라	작은 규모로 장사를 하는 소상인이지만 이윤을 위해 수많은 고객과 중간유통업체들과 협상을 해왔다. 생존권이 걸린 만큼 정부와도 확실히 협상을 할 것이다.
공통의 관심사	SSM 진출 규제와 소상인 생존권 보호

5단계 : 협상 후의 결과 검증 (Feed back)	
협상에서 내가 얻은 것은?	소상인들의 생존권을 보호 받는다.
협상과정	소상인들이 SSM 진출로 인해 얼마나 피해를 입게 되었는지에 대한 통계자료와 소상인들의 SSM 진출 규제를 촉구하는 서명을 모아 우리들의 간절한 마음을 전하였다. SSM으로 인해 당장 눈에 보이게 피해를 입는 것은 소상인들이지만 소상인들만의 위험이 아니라는 것을 설명하였다. SSM이 낮은 가격으로 질 좋은 제품이 제공될 수 있는 것은 소비자에게 좋은 일이다. 하지만 SSM에서 계속해서 더 낮은 가격으로 판매하기 위해 하청제조업체에게 생산비를 줄이도록 한다면 결국 소비자들은 저품질의 제품을 구입해야 될 것이다. 이러한 주장에 정부는 대기업의 SSM 진출에 적절한 규제의 필요성을 느껴 소상인들의 생존권이 보호받을 수 있는 방안을 고려하겠다고 하였다.

• **중소상인 입장에서의 협상의 유형**

적극적 협상 (Moving against)

중소상인들의 SSM 진출 규제를 촉구하는 서명과 SSM으로 인한 지역 중소상인들의 피해 실태를 낱낱이 조사하여 줄 것을 요구한다. 또한 중소상인들과 함께 집회를 여는 등 적극적으로 행동하여 SSM 진출 규제를 강력하게 촉구한다.

반응적 협상 (Moving with)

정부는 현재 SSM 진출 규제 여부를 두고 여·야당이 대립 중이다. 정부가 현재 검토 중인 법안들에 대해 찬성하는 입장을 보인다. 또한 진출 규제를 반대하는 입장에는 그러한 의견도 있을 수 있겠지만, 지역의 소비자이기도 한 중소상인들의 생존권이 위협당하면 결국 지역 경제에 악영향을 미칠 것이라며 규제를 반대하는 여당을 설득하려고 한다. 무조건적으로 규제만을 주장하지 않고 정부의 각 입장에 동의를 표하면서 동시에 우리 입장을 드러내는 것이다.

후퇴적 협상 (Moving away)

영국계 대기업의 로비로 영국 정부로부터 압력을 받아 규제를 반대하는 것인지에 대한 의문 등을 잠시 숨기고, 일개 업체의 정부에 대한 압박은 있을 수 없다며 SSM 규제 방안을 통과시켜야 한다는 의견을 제시한다.

소극적 협상 (Not moving)

정부가 규제를 하면 중소상인들에게 좋은 것이고, 규제를 안하면 안하는대로 따르는 것이다.

7. 대기업 입장에서의 협상의 5단계 / 협상의 유형 / 윈셋

- **협상의 5단계**

1단계 : 상황분석 (Analyzing situation)	
무슨 상황인가?	소상인들이 생존권을 주장하면서 기업형 슈퍼마켓인 SSM의 진출 규제를 주장하여 이에 대한 제도가 검토 중이다.
명확한가? 모호한가?	SSM의 진출 규제는 역차별적인 처사이다. 규제를 막고 자유롭게 경쟁하고 싶다.
반대 혹은 지지 세력은 누구인가?	지역주민들은 저가격 고품질의 제품을 추구하므로 SSM을 지지한다. 하지만 지역 소상인들은 생존권을 이유로 SSM 진출을 반대한다.

2단계 : 자기파악 (Positioning)	
현재의 위치	SSM 규제방안들이 논의되어 SSM진출이 어렵다.
어느 수준이면 만족할까?	역차별적인 규제를 막고, 자유롭게 경쟁할 수 있어야 한다.
장　점	고품질의 제품을 저렴한 가격으로 제공할 수 있으며, 동네 상권을 활성화시켜 고용창출 효과가 있다.
단　점	SSM 진출로 인해 동네 상권의 슈퍼들이 문을 닫을 수 있다.

3단계 : 문제인식 (Define object)	
협상은 왜?	역차별적인 SSM 진출규제를 막고 자유롭게 경쟁하기 위해서이다.
협상의 결과는?	고품질/저가격의 제품으로 동네상권을 활성화시킨다.
정확한 목적 인식	정부의 SSM 진출규제를 막고 시장에서 자유롭게 경쟁하는 것이다.

4단계 : 상대방 파악 (Understanding)	
상대방은 누구?	SSM 진출 규제를 하고 있는 정부
자신의 경험을 파악하라	그동안의 경험으로 정부와도 협상할 수 있다.
공통의 관심사	SSM 진출과 규제
극복해야 할 것	소상인들의 SSM 진출 반대

5단계 : 협상 후의 결과 검증 (Feed back)	
협상에서 내가 얻은 것은?	규제가 없어져 자유롭게 경쟁할 수 있다.
협상과정	소상인들의 강력한 반대로 SSM의 진출을 규제하는 제도가 제기되고 있다. 그러나 SSM 진출의 규제는 역차별적인 처사라는 점과 SSM 진출의 장점을 설명했다. SSM은 대형마트보다 동네 상권에 인접해 있어 주민들은 쉽게 고품질/저가격 제품을 구입할 수 있다. SSM진출은 집객력이 높아 미용실, 빵집 등이 생겨나는 등 동네 상권을 활성화시킨다. SSM 진출을 규제하여도 소비자들은 고품질/저가격의 제품을 추구하고, 인터넷 쇼핑몰이나 홈쇼핑 등을 찾을 것이라고 주장했다. 정부는 무조건 대기업이기에 SSM 진출을 규제하는 것은 바람직하지 않다고 하면서 SSM 규제법안을 재검토하기로 하였다.

• **대기업 입장에서의 협상의 유형**

적극적 협상 (Moving against)
정부에 SSM 규제를 반대하는 명확한 근거들을 제시하며 역차별적인 규제를 강력히 반대한다는 의사를 표명한다. 정부가 임의로 개입하여 대기업들의 시장 진출을 막는다면 그것은 슈퍼마켓만의 문제는 아닐 것이다. 굳이 SSM의 진출에만 규제를 가하려고 하는 것은 부당한 처사이다. 대기업도 국민의 하나로서 자유롭게 경쟁할 권리가 있다고 주장한다.

반응적 협상 (Moving with)
정부가 규제 방안을 두고 고민하는 것을 들어본다. 정부도 현재 규제를 찬성하는 입장과 반대하는 입장이 나뉘어진 상태이다. 규제를 반대하는 여당의 의견에 찬성하는 태도를 보이며 공통점을 찾고, 규제를 찬성하는 야당의 의견에는 뜻은 알겠으나 우리의 입장도 있으니 이해를 해달라며 반대 의견을 제시하여 설득하려고 노력한다.

후퇴적 협상 (Moving away)
SSM 진출 규제에 반대하는 소비자 대표를 앞세워 대기업의 뜻을 전하게 한다. 기업이 직접 나서기 보다는 소비자 대표가 SSM 진출 규제를 반대하도록 정부를 설득하게 하고 이에 따른 결과를 수긍한다.

소극적 협상 (Not moving)
정부가 어떠한 선택을 하던지 수용하는 것이다. 정부가 규제 방안을 처리하여 SSM 진출 규제를 한다면 점포는 내지 않는 것이고, 규제를 하지 않는다면 점포를 내는 것이다.

8. 소비자 입장에서의 협상의 5단계 / 협상의 유형 / 윈셋

- **협상의 5단계**

제 1단계 : 상황분석 (Analyzing situation)	
무슨 상황인가?	각 지역마다 대형 유통업체가 운영하는 SSM이 진출한 상황이다.
명확한가? / 모호한가?	청결한 식품 문화, 포인트제도, 편리한 배달 등을 이용할 수 있어서 SSM 진출을 선호하는 명확한 이유가 있다.
반대 혹은 지지 세력은 누군가?	반대 세력은 중소상인으로 생존권이 위협당한다는 이유로 SSM 진출을 막고 있다. 지지 세력은 대기업과 유통업체 등으로 이들은 소비자의 선택권이 확대된다는 주장을 하며 SSM 진출을 지지하고 있다.

제 2단계 : 자기파악 (Positioning)	
현재의 위치	청결한 식품 문화, 포인트제도, 편리한 배달 등을 이용할 수 있어서 기업형 슈퍼마켓의 동네 상권 진입을 찬성하고 있다.
어느 수준이면 만족하겠는가?	기업형 슈퍼마켓의 동네 상권 진입이 신속하게 이뤄지는 수준이면 만족한다.
장점(strength)은 무엇인가?	포인트제도, 편리한 배달, 청결한 식품 문화 등을 이용할 수 있는 장점들이 있다.
단점(weakness)은 무엇인가?	소비자의 이웃 주민이 지역 소상인이여서 그들과의 마찰이 발생하고, 대형 유통업체들의 독점으로 인한 가격 담합의 문제가 발생할 수 있다.

제3단계 : 문제인식 (Define object)	
협상은 왜 하는가?	기업형 슈퍼마켓의 동네 상권 진입으로 소비자가 원하는 청결한 식품 문화, 포인트제도, 편리한 배달 등을 이용할 수 있게 되지만 반대 세력으로 인해 상권 진입이 어렵기 때문이다.
협상에서 얻게 될 결과는 어떨 것인가?	멀리 있는 재래시장을 이용할 수 없는 노인과 어린이들이 많기에 이를 해결할 수 있고 양질의 신선식품과 값싸고 질 좋은 상품을 구매할 수 있는 선택권이 확대된다.
목적을 명확하게 인식하자	청결한 식품 문화, 포인트제도, 편리한 배달 등을 이용할 수 있다.

제4단계 : 상대방 파악 (Understanding)	
상대방은 누구인가?	생존권이 위협당한다는 이유로 SSM 진출을 막고 있는 반대 세력의 중소상인
공통의 관심사는 어떤가?	대형 유통업체가 운영하는 SSM의 동네 상권 진출
극복해야 할 최대약점은 무엇인가?	동네상권을 피폐하게 만든다고 주장하는 지역 소상인들의 반대 극복

제5단계 : 협상 후의 결과 검증 (Feed back)	
협상에서 실제적으로 얻은 것은 무엇인가?	포인트제도, 편리한 배달, 청결한 식품 문화(깔끔하고 편리한 쇼핑 환경), 양질의 신선식품과 값싸고 질 좋은 상품을 구매할 수 있는 선택권이 확대된다.
협상 과정	소비자 입장에서 생존권이 위협당한다는 이유로 SSM 진출을 반대하는 세력인 중소상인들에게 아무리 좋게 말한다고 한들 소용이 없다. 먼저 반대세력인 중소상인들의 입장을 생각하고 그들의 주장을 들어본다. 그들과 소비자, 지지 세력인 대기업의 입장에서 장점이 무엇인가를 고려하여 협상을 한다. 협상 방안은 SSM의 가맹 점주를 중소상인에게 주는 것이다. 즉 프랜차이즈를 해서 중소상인들이 생존권을 지키게 하는 것이다. 이로써 소비자가 원하고 있는 청결한 식품 문화, 포인트제도, 편리한 배달 등을 이용할 수 있는 장점이 생기고 대기업은 중소상인들로 인해 상권의 진입이 어려움에 처하게 되는 것을 어느 정도 막아 동네 상권으로 진입이 가능해 진다. 중소상인들은 생존권을 지킬 수 있고 동네 슈퍼를 운영했을 때보다 소비가 더 이루어져 보다 나은 이익을 추구할 수 있게 된다. 이러한 협상 방법을 통해 모두가 좋아질 수 있는 기회를 마련할 수 있게 된다.

• 소비자 입장에서의 협상의 유형

반응적 협상 (Moving with)
이 방법은 반대세력인 중소상인들의 입장을 생각하고 그들의 주장을 들어보는 것이다. 즉 그들과 소비자, 지지 세력인 대기업의 입장에서 장점이 되는 것이 무엇이 있는지 생각을 하고 방안을 마련해 협상을 하는 것이다. 협상의 방안은 SSM의 가맹 점주를 중소상인으로 하는 것이다. 즉 프랜차이즈를 해서 중소상인들이 생존권을 지킨다는 것이다. 이 방안은 소비자는 소비자가 원하고 있는 청결한 식품 문화, 포인트제도, 편리한 배달 등을 이용할 수 있는 장점이 생기고 대기업은 중소상인들로 인해 상권의 진입이 어려움에 처하게 되는 것을 어느 정도 막아 동네 상권으로 진입을 가능하게 한다. 중소상인들은 그들의 생존권을 지킬 수 있고 동네슈퍼를 운영했을 때보다 소비가 더 이루어져 이익을 추구할 수 있게 된다. 반응적 협상은 협상의 유형 중에 가장 좋은 방법이라고 할 수 있다.

적극적 협상 (Moving against)
소비자 입장에서 SSM이 동네 상권에 진입하는 것은 단점보다 장점이 더 많다고 생각하는 찬성의 입장이다. 소비자의 입장만 생각해서 대기업과 제휴를 해서 SSM이 동네 상권에 진입하도록 적극적으로 협상을 하는 방법이다. 중소상인들에게 SSM이 동네 상권에 진입했을 때의 장점을 계속 이야기를 해주는 것이다. 그래서 그들이 SSM이 들어올 수밖에 없는 찬성의 입장으로 만드는 것이다. 그러나 이 협상 방법은 소비자의 이웃 주민이 중소상인인 경우 마찰이 생길 수 있으니 주의해야 한다.

후퇴적 협상 (Moving away)
한 발자국 물러나는 방법이다. 즉 소비자 입장에서 중소상인과 대기업의 입장을 떠나 다른 대형할인점이나 재래시장을 이용하면 그만이라는 식의 협상방법이다.

소극적 협상 (Not moving)
아무런 조치를 취하지 않는 방법이다. 즉 나는 소비자이니까 SSM문제에 대해 별다른 큰 문제가 없다는 태도를 보이는 것이다. 소비자 입장에서는 SSM이 가까운 지역에 있으면 좋겠지만 SSM이 없으면 점포가 생길 때 까지 기다리는 방법이다. 이는 소비자의 이웃 주민이 중소상인인 경우가 많으니까 그들과 마찰이 생기지 않았으면 하는 생각으로 발생하는 협상 방법이다.

9. 정부의 입장에서의 협상의 5단계/ 협상의 유형/ 윈셋

- **협상의 5단계**

1단계 : 상황분석 (Analyzing situation)	
무슨 상황인가?	대기업의 SSM 진출을 두고 대기업과 중소상인의 이해관계가 대립되고 있다. 중소상인의 생존권 보호를 위해 SSM 진출을 규제해야 한다고 주장하고 있으나 대기업과 소비자는 이에 반대한다.
명확한가? 모호한가?	SSM의 진출로 인한 좋은 점도 있지만 중소상인의 생존권이 위협당하는 것, 확실하여 이에 따른 보호가 필요하다.
반대 혹은 지지 세력은 누구인가?	대기업과 소비자들은 규제를 반대하지만 중소상인들은 규제에 찬성한다

2단계 : 자기파악 (Positioning)	
현재의 위치	SSM 진출로 인해 중소상인들의 생존권이 위협받고 있으나 이를 보호하기 위한 SSM 규제 방안은 논쟁의 중심으로 해결이 필요하다.
어느 수준이면 만족할까?	SSM의 적절한 규제를 통해 중소상인들의 생존권을 보호하고 SSM의 진출도 어느 정도 허용한다.
장　점	소비자이기도 한 중소상인들이 생존권을 보호받음으로써 지역경제의 침체를 막을 수 있다.
단　점	소비자와 대기업의 반발이 예상되고, SSM 규제로 인해 주변 상권의 활성화를 기대할 수 없다.

3단계 : 문제인식 (Define object)	
협상은 왜?	SSM 진출로 인한 중소상인의 생존권 위협을 막고 SSM과 중소상인의 상생 방안을 찾기 위해서이다.
협상의 결과는?	SSM 규제로 중소상인의 생존권이 보호된다.
정확한 목적 인식	중소상인의 생존권을 위협하는 SSM의 진출을 규제하는 제도를 마련한다.

4단계 : 상대방 파악 (Understanding)	
상대방은 누구?	대기업과 중소상인
자신의 경험을 파악하라	정부는 국내 뿐만 아니라 국제적인 협상에도 많은 경험이 있다. 여러 나라들과의 협상도 성공하였으니 국내의 대기업, 중소상인과의 협상도 성공적으로 해낼 수 있을 것이다.
공통의 관심사	SSM 규제와 중소상인 생존권 보호
극복해야 할 것	대기업의 반발

5단계 : 협상 후의 결과 검증 (Feed back)	
협상에서 내가 얻은 것은?	늘어나는 SSM을 규제함으로써 대기업의 독과점과 물가 인상을 방지할 수 있다. 중소상인들의 생존권을 보호함으로써 중소상인들이 대기업과 동등하게 경쟁할 수 있게 되었다.
협상과정	현재 논의되고 있는 SSM 규제에 대해 대기업과 중소상인들의 의견을 수렴하였다. 대기업의 경우 SSM의 규제에 대해 반대하는 입장이기는 하나 특정업체(홈플러스)를 제외하고는 크게 반대하지 않고 있기 때문에 무조건적인 규제가 아닌 최소한 중소상인의 생존권이 위협받지 않는 선에서 규제를 하기로 협의하였다. 대기업의 경우 상생법을 적용하여 직영점이 아닌 가맹점으로 운영을 하여도 이윤이 직영점에 버금가기 때문에 무조건적인 규제가 아니라면 어느 정도의 규제는 수용하겠다고 하였다. 중소상인 또한 최소한 생존권이 보장된다면 더 나은 서비스 등 자체적인 개혁으로 동등하게 경쟁할 수 있는 방안을 찾겠다고 하였다. 따라서 정부가 대기업과 중소상인이 최소한의 차이로 경쟁을 할 수 있는 제도를 마련함으로써 SSM 규제 방안에 대해 협상을 마쳤다.

• **정부의 입장에서의 협상의 유형**

적극적 협상 (Moving against)
정부의 결정을 공포하고 결정을 내린 것에 대한 충분한 설명을 하며 기업, 소비자, 중소상인들의 비판에 상응하는 반대 의견을 제시하여 정부의 주장을 확고히 한다.

반응적 협상 (Moving with)
대기업, 중소상인, 소비자의 의견을 모두 수렴하여 그들의 의견과 정부의 의견 사이의 공통점을 찾고, 상충되는 의견에는 비판 또는 반대 의견을 제시한다. 강압적인 태도를 취하지 않고 각각의 입장을 모두 고려하여 서로의 의견을 절충하여 협상한다.

후퇴적 협상 (Moving away)
대기업, 중소상인, 소비자 양 당사자들의 스스로 협의점을 찾도록 하고 정부는 결과에 따른다는 후퇴적인 태도를 취하는 방법이다.

소극적 협상 (Not moving)
정부는 아무런 간섭이나 조치도 하지 않는 방법이다. 즉 대기업, 중소상인, 소비자들의 양 당사자들이 서로 협의점을 찾도록 하는 방법이다. 후퇴적 협상과는 달리 협의점에 대한 결과에 따르지 않고 기다리는 방법이다.

10. 협상의 4C

• **소비자 vs 중소상인의 입장에서의 협상의 4C**

Common interests	지역경제의 활성화
Conflicting interests	소비자는 선택권의 확대, 중소상인은 생존권 보호
Criteria	SSM과 중소상인의 상생
Compromise	소비자의 재래시장 잦은 이용과 중소상인의 가격인하

• **중소상인 vs 대기업의 입장에서의 협상의 4C**

Common interests	SSM 진입으로 유동인구 증가로 인한 이윤 증가
Conflicting interests	중소상인은 생존권 보호, 대기업은 이익창출
Criteria	적절한 SSM 규제와 중소상인의 최소한의 생존권 보장
Compromise	SSM의 적절한 규제

• **정부 vs 중소상인의 입장에서의 협상의 4C**

Common interests	중소상인의 몰락을 막아 지역상권의 침체를 방지
Conflicting interests	중소상인은 생존권을 보호, 정부는 실업자 방지
Criteria	중소상인 생존권 보호 및 SSM 규제
Compromise	최소한의 생존권 보장

• **정부 vs 대기업의 입장에서의 협상의 4C**

Common interests	사회경제 발전
Conflicting interests	기업은 이익창출, 정부는 국가 재정 강화
Criteria	SSM의 진입을 통한 이익
Compromise	세금 납부

11. SSM의 협상 대안

- SSM이 개점하기 위해서는 정부로부터 허가를 받아야한다. SSM은 반경 800m 이내에 다른 SSM이 있어서는 안 되며 유통법에 따라 전통 상업 보존구역인 반경 500m 내에서 개점할 수 없다. 이 조건을 충족시켜야 정부로부터 허가를 받을 수 있다.
- SSM의 점포수 제한으로 현재 SSM의 점포가 기하급수적으로 늘어남에

따라 정부는 SSM 점포수를 제한한다. 기업 당 점포 200개로 한정하며 현재 200개가 넘는 SSM은 초과된 수만큼의 점포를 폐점하거나 지역 중소상인을 가맹주로 하는 프랜차이즈로 전환하여야한다.

단 가맹점으로 전환하여 200개가 넘은 경우에는 그대로 영업할 수 있다. 예를 들어 2010년 10월 기준으로 롯데슈퍼는 241개의 SSM을 개점한 상태이다. 롯데슈퍼는 제한된 수를 넘은 41개의 점포를 가맹점으로 전환하거나 폐점을 해야 할 것이다. GS 슈퍼의 경우 점포수가 190개로 앞으로 10개의 점포를 더 개점할 수 있다.

제 5 장 협상과 커뮤니케이션

1. 커뮤니케이션의 개념

2. 협상과 커뮤니케이션의 역할

• 참고자료

제 5 장 협상과 커뮤니케이션

1. 커뮤니케이션의 개념

협상의 당사자들이 자신 또는 자신이 속한 조직이나 집단의 뜻을 전달하고 협상의 목적을 달성하기 위해서는 먼저 상대방의 말을 듣고 자신의 의견을 전달하는 과정을 거치게 된다. 여기에서부터 협상은 시작되는 것이며 협상 결과도 미리 예견 할 수 있는 단계이기도 하다.

커뮤니케이션(communication)은 '의사전달', '의사소통'이라고 번역하고 있으나 단순하게는 '개인과 개인간의 정보를 교환하는 과정'이라고 정의할 수 있다.

우리가 살고 있는 시대는 어느 때 보다도 커뮤니케이션의 필요성이 더욱 커지고 있다.

첫째는 기업규모의 확대로 인한 관리의 복잡성에서 비롯된 것으로 계층간의 효과적인 의사소통이 크게 요구되기 때문이다.

둘째는 노동조합의 활성화에 따라 기업경영의 실태를 정확하게 알려 불필요한 오해를 사전에 제거할 필요성이 커졌기 때문이다.

셋째는 인간관계에 대한 인식의 발전에 따라 기업의 경영관리면에서의 중요성이 커졌기 때문이다.

F.Danse와 K.Larson은 문헌조사를 통하여 커뮤니케이션의 정의를 126개나 찾았으나 보편적인 지지를 받는 정의는 없음을 발견하였다. 그럼에도 불구하고 커뮤니케이션이 갖고 있는 의미 내지는 기능은 매우 크다.[1)]

다른 사람과의 접촉은 놀라운 결과를 가져오게 한다. 신체적이든 심리적이든 다른 사람과의 만남이 곧 커뮤니케이션이다. 그러나 누군가가 내 말을 듣고 반응했다고 해서 무조건 커뮤니케이션이 잘되었다고 할 수 는 없다.

이러한 특성을 갖고 있는 커뮤니케이션은 세 가지로 분류하여 볼 수 있다.

첫째는 '하고 싶은 얘기를 하는 것'으로 보는 말하는 사람 중심의 일방적인 것이다. 듣는 사람의 역할은 거의 무시되거나 수동적이며 따라서 성공적인 커뮤니케이션이란 말하는 자기가 하고 싶은 말을 잘 정리해서 전달하면 된다는 생각에 빠지게 된다. 이를 운동경기에 비유하면 볼링에 해당된다. 볼을 굴리는 사람은 말하는 사람이고 핀은 듣는 사람이며 굴러가는 볼은 메시지이고 레인은 메시지의 전달통로이다. 이때 볼이 빗나가면 메시지의 전달이 제대로 이뤄지지 않은 것이고 스트라이크를 쳤다면 기대한 대로 청중의 반응을 얻었다고 할 수 있다. 이러한 관점에서 커뮤니케이션의 승부는 전적으로 굴리는 자에게 달려 있다.

둘째는 '서로 주고 받는 것'이며 자극과 반응의 상호작용(interaction)으로 첫째 관점과의 차이는 듣는 자의 반응을 인정한다는 것이다. 그러나 이것도 말하는 자 중심이어서 듣는 이의 능동성을 완전히 인정하지 않는다. 말하는 사람은 원인이고 듣는 이는 결과로 취급되기 때문이다. 이는 운동경기의 탁구로 비유될 수 있어 공을 보내는 사람과 받는 사람이 있어야 하는 것처럼 받아 넘기는 자의 역할이 커뮤니케이션의 반응과정과 맞아 떨어지는 멋진 비유이지만 커뮤니케이션의 실제와는 커다란 차이가 있다. 탁구는 일정한 방향으로 보내면 받지만 인간은 이야기를 나누기도 하지만 자신과도 이야

1) 커뮤니케이션과 인간과 갖고 있는 관계를 시사해 주는 좋은 사례가 있다. 14일이나 중환자실에서 투병하다 숨진 54세의 환자의 경우 생애 마지막은 무의식의 혼수상태였으나 간호사의 격려의 말과 함께 쓰다듬어 줄 때면 심장박동은 강해졌다는 것이다.

기하게 된다. 탁구경기는 승자와 패자가 있게 되지만 성공적인 커뮤니케이션에는 승패가 없다. 진정한 커뮤니케이션은 두 사람 모두가 승자가 될 때 이뤄지는 것이다.

셋째는 자신의 말과 함께 이미지를 담아 낼 뿐만 아니라 상대의 이미지를 인식하여 변화하는 역동적인 교호작용(transaction)으로 보는 시각이다. 이때의 커뮤니케이션은 말하는 자의 일반적인 행위도 아니고 주고 받는 자극과 반응의 교호작용도 아니다. 전달하는 자의 말에는 자신의 이미지가 실려 있고 상대의 반응에도 이미지가 담겨 있다. 이 두 가지 이미지가 계속되는 교호작용으로 서로 일치되는 이미지로 변화 발전되어 간다는 것이다. 이는 TV오락관 등의 제스처 게임으로 비유할 수 있다. 예를 들어 '하늘은 스스로 돕는 자를 돕는다'는 메시지를 상대방에게 전달하려고 온갖 노력을 다한다. 커뮤니케이션은 이런 과정으로 다른 사람의 마음속에 이미지가 떠오르게끔 도와주는 지속적인 창조의 과정인 것이다.

커뮤니케이션과 언어를 생각해 보자. 언어는 입을 통해 나오는 말만이 아니라 오히려 단어라는 의미가 강하다. 언어는 인간의 사고와 연결되어 외부의 사건이나 사물을 인식하는데 영향을 미치고 있다. 언어를 통해 불확실성을 감소시키고 추상적인 개념을 표현하며 서로간의 접촉을 증진시키게 된다. 언어에는 목소리의 질과 속도와 같은 비언어적 요소도 포함된다. 약속시간에 늦게 나가거나 아예 나가지 않는 것은 좋은 예가 된다. 이런 면에서 존재한다는 것 자체가 커뮤니케이션이며 협상의 경우에는 협상 테이블에 나간다는 것 자체가 커뮤니케이션이 되는 것이다.[2)]

C. Redfield는 효율적인 커뮤니케이션의 운영을 위해서는 몇가지의 원칙이 지켜져야 한다고 했다.

첫째는 명료성의 원칙으로 이는 보편타당성이 인정되는 범위내에서의 간결한 문장과 평이한 단어가 필요하다는 것이다.

둘째는 일관성의 원칙으로 수시로 변경된 지시나 명령 등은 사항은 오히려 혼선을 가져 온다는 것이다.

셋째는 적기적시성의 원칙으로 신속한 처리를 위한 제때, 또는 적시(適時;

---

2) 박영근, 빛과 소금, 2－3월호, 1996.

just－in－time)의 중요성을 말한다.

넷째는 수용의 원칙으로 전달내용의 관심도와 이에 대한 수용태세가 있을 때 효율적으로 이뤄진다는 것이다.

A. Bavelas는 특정의 집단에서 성립될 수 있는 커뮤니케이션의 네트워크 형태를 제시한 바 있다.(<표 5－1>참조)

▌표 5-1▐ 커뮤니케이션 네트워크의 유형

평가기준	커뮤니케이션 네트워크의 유형			
	연쇄형	성좌형	원형	전 경로형
집 중 도	중 간	높 음	낮 음	아주 낮음
신 속 도	중 간	빠름(단순업무/평상시)	느 림	빠 름
정 확 성	높 음	높음(단순업무/평상시)	낮 음	중 간
리더의 예측성	중 간	매우 높음	낮 음	매우 낮음
구성원의 만족도	중 간	낮 음	높 음	매우 높음
예	라인 권한의 명령체계	여러 부하를 둔 리더	프로젝트팀	비공식 의사소통

이는 집단의 구성원들에게 동일의 단편적인 정보를 주고 과제를 해결하는 실험을 통해 집단의 구성원들간에 교환되는 언어 및 비언어적 흐름은 네트워크의 크기, 용량, 분포 등에 따라서 문제해결, 만족도, 정보배분, 업무의 조직화에 영향을 미치고 있음을 밝혀 낸 것이다.

즉 능률적인 면에서는 바퀴형이 가장 빠르고, 만족도의 경우 전 구성원이 평등한 위치에 있는 원형이 가장 높았으며, 기타 다른 형에서는 중심적 위치에 있는 구성원은 높지만 주변적 위치에 있는 매우 낮은 결과가 나왔다.

성좌형은 주변적 위치의 구성원의 만족도가 낮아 처음에는 능률적인 네트워크인 것처럼 보여도 장기적으로는 오히려 능률의 저하를 가져와 결국에는 원형과 같은 비중심화 구조가 가장 바람직하다는 것을 보여 주고 있다.

2. 협상과 커뮤니케이션의 역할

조직구성원의 동기유발을 기초로 연구된 D. McGregor의 X이론과 Y이론의 내용을 <표 5-2>를 통해 알아 보기로 하자.

표 5-2 Mcgregor의 X이론 및 Y이론

X 이 론	Y 이 론
• 대부분의 사람들에게 일은 싫은 것이다. • 사람들은 야망이 없고 책임감도 없으며 지시받기를 좋아한다. • 대개의 사람들은 조직의 문제를 해결하는데 창의력을 개발할 만한 능력을 갖고 있지 못하다. • 동기부여는 물질적·경제적 수준에서 이뤄진다. • 사람들은 엄격히 통제되어야만 하고 조직의 목표를 달성하도록 강제되어야 한다.	• 조건만 알맞다면 일은 노는 것처럼 자연스러운 것이다 • 자기통제는 조직목표달성을 위해 필요한 것이다. • 조직의 문제를 해결하는데 필요한 창조적 능력은 인간에게 광범위하게 분산되어 있다. • 동기부여는 물질·경제적 수준 뿐만 아니라 심리적·사회적 수준에서도 이뤄진다. • 사람들은 적절히 동기가 부여되면 일에 있어 자기지향적이고 창조적일 수 있다.

협상의 당사자로서 테이블에 마주 앉은 경우 개인 또는 특정의 집단이나 조직에 대한 대표성에 상관없이 적극적으로 자신의 의견을 표현하는 정도가 아니라 유리하게 이끌어 갈 수 있어야 한다. 다시 말해 협상에서의 리더이어야 한다는 것이다.

협상의 리더들에게 요구되는 것들은 다음과 같다.3)

첫째는 끊임없이 혁신(improvement after improvement)으로 리더는 그가 속하거나 대표하고 있는 구성원들의 필요사항(requirements)들을 지속적으로 인식하고 있어야 하는데 이런 분위기는 다른 구성원들에게 영향을 미치기 때문이다.

둘째는 누구나 의견을 제안(everyone speaks) 또는 표현하는 것으로 모든 구성원들의 의견이나 제안을 수렴할 수 있어 궁극적인 협상목표의 달성을 위하여 이들로부터의 지지와 협조를 얻을 수 있어야 한다.

셋째는 비난은 금지(do not scold)되어야 하는 것으로 이것이 지켜지지 않고 비난과 힐난이 일상화되면 협상과정에서의 실수나 잘못은 오해를 가져와 결국에는 협상에서의 성공 가능성은 적어지게 된다.

넷째는 확신을 줄 수(make sure others understand your work) 있어야 하는데 리더가 계획하고 있는 의도나 전달은 협상에서의 성공을 가져오는 지름길이 된다.

다섯째는 협상의 종료 시점을 지정(a negotiation without a deadline is not a negotiation)하는 것으로 협상의 종료 시한이 없다면 성공적인 협상의 마무리에 대한 가능성은 적어진다.

여섯째는 예행연습(rehearsal is an ideal occasion for training)의 필요성으로 성공적인 협상을 위해서는 사전연습이 반드시 필요하다. 이를 통해 문제점이 노출되고 목표는 더욱 확실한 것으로 구체화되기 때문이다.

일곱째는 모범(inspection is failure unless top management takes action)을 보여야 하는 것으로 협상의 참여자인 리더가 협상에서의 성취라는 목표를 위하여 모범을 보이지 않을 경우 실패의 가능성은 커진다.

---

3) A. Hiam, The Vest－Pocket CEO:Decision－making tools for executives, Prentice Hall, 1990, pp.57－58.

여덟째는 협조(ask subordinates, 'What can I do for you')를 하는 것으로 과정보다는 결과만을 중시하게 될 경우 구성원들은 협상의 리더가 생각하고 있는 목표를 중요한 것이 아닌 것으로 인식하게 된다. 리더가 협상과정에서의 문제점을 인정하고 해결하려는 적극적인 자세를 보이게 되면 구성원들은 협상 목적에 대하여 적극적 생각을 갖게 되고 결국에는 목적은 달성되는 것이다.

흔히 훌륭한 협상가로 일컬어지는 사람들은 커뮤니케이션의 달인(達人)으로 이들은 '순발력(瞬發力)이 좋다'든가 '상대방에게 호감을 주고 있다' 또는 '팀을 아주 잘 활용하는 사람'이라는 평을 듣게 된다. 이는 커뮤니케이션을 잘한다는 뜻이며 뛰어난 협상 전문가라는 얘기가 된다.

커뮤니케이션에는 표정이나 눈 마주치기(eye contact), 제스쳐, 침묵과 같은 비언어적(visual)인 것과 억양이나 음량 등의 음성적(vocal)인 것 그리고 대화를 하는 언어적(verbal)인 커뮤니케이션이 있다.

다음은 언어적 커뮤니케이션, 즉 대화를 나눌 때의 주의사항을 요약한 것이다.

- 상대방의 얘기에 끼어 들어 결론을 내리거나 화제를 바꾼다.
- 상대방의 얘기에는 반응을 보이지 않은 채 잠시 다른 생각을 한다.
- 상대방의 발음이나 용어 등을 고치거나 이해를 못하면서도 그냥 지나간다.
- 상대방의 얘기를 일일이 필기하거나 이유도 없이 노코멘트를 한다.
- 동행인과 밀담을 나누고 대화 도중에 '만약' 또는 '그렇다'를 자주 쓴다.
- 이미 합의한 기본 사항을 번복한다.[4)]

---

4) 박준형, 글로벌 비즈니스에티켓, 김영사, 2000, p.202.

참고자료

직장인 회의 잘하는 법

친구나 주변 사람의 회사로 전화를 걸면 동료가 대신 전화를 받아 '지금 회의 중인데요'라고 답하는 경우가 많다. 하지만 전화를 끊고 바로 휴대전화로 걸면 상대방이 멀쩡히 전화를 받곤 한다. 회의 중 휴대전화를 받아도 되는 '중요하지 않은 회의'가 반복된다는 뜻일까?

업종이나 기업에 따라 차이는 있지만 하루에서 회의시간이 차지하는 비율은 일반사원이 55%, 간부사원이 10%, 영업계열이 15%, 일반관리직이 15－20%로 직급이 오를 수록 높아진다.

일본의 유명한 컨설턴트인 다카하시 마고토씨는 '성공한 기업회의는 이렇게 다르다'에서 비효율적 회의'의 전형으로 10가지를 들었다.

① 장시간 회의　② 결론이 나지 않는 회의
③ 의제가 모호한 회의　④ 강압적인 회의
⑤ 우선 열고 보는 회의　⑥ 발언자가 적은 회의
⑦ 독재형 회의　⑧ 잡담이 많은 회의
⑨ 중도 이탈자나 불참자가 많은 회의
⑩ 결론이 좀처럼 반영되지 않는 회의

혹시 회의 진행자가 리더십이 없고 시간관리를 못하며 회의 분위기를 살리지 못한 채 자신의 의견을 강요하는 스타일은 아닌가? 그렇다면 회의 참석자로서 본인은 어떤가. 아무 준비 없이 참석하고 언제나 지각하거나 도중에 빠져 나가고 상대가 하는 말에는 귀를 기울이지 않지만 자신이 발언할 때는 장황하게 늘어놓지는 않는지. 게다가 찬성은 하지만 주관이 없고 반대를 해도 대안을 제시하지 못하는 '시간 끌기형' 참석자는 아닌지를 반성해 보자.

회의 진행자와 참석자의 태도만 바뀌어도 회의는 반쯤 성공한 셈이다. 하지만 보다 효율적인 회의를 위해서는 몇 가지 유의해야 할 사항이 있다.

우선 회의시간을 적절히 관리해야 한다. 일본의 자동차 회사인 혼다는 회의실을 2시간 이상 사용하지 못하도록 사규로 정해놓고 있다.

회의시간은 2시간 이상을 넘지 않는 게 좋다는 뜻이다. 이를 위해서는 우선 지각생이 없어야 하는데 다카하시씨는 회의시간을 15분 단위로 시작할 것을 권하고 있다. 즉 회의시간을 1시 15분, 5시 15분 등으로 정해 참석자들에게 심리적 부담을 주라는 것이다.

회의를 압축적으로 하기 위한 방법 중 하나는 참석자가 너무 많지 않아야 한다는 것. 회의 참석자는 되도록 1명 이내로 줄이는 것이 발언 기회도 많고 집중력도 높일 수 있다.

회의실 선택도 중요하다. 30명 정도 들어가는 넓은 회의실에 몇 명만 모여 회의를 하거나 창밖으로 아름다운 풍경이 보이는 장소에서 회의를 진행하는 것은 금물.

최근 많은 회사들이 회의실 벽면을 투명유리로 설계해 회의 진행의 긴장감을 고조시키려 하지만 단시간에 집중적으로 회의를 하고자 할 때는 폐쇄된 공간이 좋다.

테이블 위치도 회의 진행에 중요한 영향을 미친다. 예를 들어 전달회의라면 전달하는 쪽과 전달받는 쪽이 서로 마주보고 앉는 것이 원칙이다. 창조회의나 조정회의에서는 전원이 공평한 입장에 서야 하므로 중앙의 공간을 에워싸듯 둘러앉는 미음(ㅁ)자형이 좋다.

결정회의에서는 최종 결정권을 가진 의사 결정자와 어느 정도 거리를 둘 필요가 있지만 그 밖의 참석자들은 공평하게 디귿(ㄷ)자 형이 좋다. 그리고 진행자는 말로만 회의를 이끌 것이 아니라 화이트 보드에 회의 내용을 정리해 가면서 진행하는 것이 참석자들의 집중력을 높이는데 도움이 된다.

(조선일보, 2003년 2월 27일)

진실 숨길 때 본능적으로 행동 변화

영화 '원초적 본능'에서 여주인공 샤론스톤은 형사들의 신문 도중 '다리를 꼬는' 뇌쇄적인 행동으로 단숨에 세계적인 스타로 떠올랐다. 그러나 현실에서는 오히려 다리를 꼰 동작이 그녀가 범인이라는 사실을 가리키는 증거가 됐을지도 모른다.

김종률 춘천지방검찰청 검사는 최근 한국심리학회 심포지엄에서 '형사피의자에 대한 행동 분석'이라는 주제의 논문을 발표했다. 용의자의 행동이나 말을 통해 거짓말을 과학적으로 찾아내는 '인간 거짓말 탐지기'를 활용하는 것이다.

그에 따르면 범인들이 거짓말을 감추지 못하는 이유는 불안감 때문이다. 예를 들어 자신의 처를 죽인 범인은 '처를 마지막으로 본 것이 언제인가'라는 평범한 질문에도 살인 장면을 떠올리기 때문에 말과 행동에 변화를 보이게 된다. 수사관은 이처럼 스트레스를 유발하는 질문을 던지며 범인의 반응을 통해 진실을 찾는다.

거짓말쟁이들에게서 볼 수 있는 가장 전형적인 행동은 '입가리기'다. 거짓말을 할 때 자신도 모르게 코와 입을 손으로 가리거나 덮는 것이다. 거짓말이 자신의 입에서 나가는 것을 무의식적으로 막기 위해서다. 손으로 눈을 비비거나 눈꺼풀을 긁는 것도 대표적인 '거짓말 행동'. 거짓말을 하면서 수사관을 보지 않기 위한 행동이다.

아이러니컬하게도 범인은 거짓말을 하면서 다양한 몸 다듬기 행동을 한다. 거짓말을 하는 자신의 모습이 추하다고 느끼기 때문에 자신의 모습을 개선하려는 것이다. 실 보푸라기 뜯기나 먼지 털기, 보석 손질하기, 손톱 검사하기 등이 대표적인 몸 다듬기 행동이다.

샤론스톤의 다리 꼬기도 '거짓말 행동'의 하나일 수 있다. 다리 꼬기가 모두 거짓말 행동은 아니지만, 경직되게 다리를 꼬고 팔짱을 끼는 것은 이른바 방어적 자세로 불안감을 노출하는 행동이다. 말을 할 때 억양이나 속도 등도 거짓말을 가리는데 중요하다.

연구에 따르면 진실을 말하는 사람은 질문에 대해 평균 0.5초 정도 기다렸다가 답을 하지만 거짓말을 하는 사람은 평균 1.5초 정도 걸린다. 거짓말을 생각해야 하기 때문이다.

목소리가 작아지는 것도 거짓말을 한다는 증거다. 형사들의 추궁이 이어지면 거짓말을 하는 범인은 목소리가 줄어들고, 입에서 우물거리곤 한다. 마치 잘못을 저지른 아이가 부모의 추궁에 '안 했어요'라고 대답하지만 목소리는 기어들어 가는 것과 같다.

거짓말 행동만 있는 것은 아니다. 범인이 자백을 하기 전에 보여주는 행동도 있다. 턱을 손으로 문지른 뒤 하늘을 보고 한숨을 쉰다는 것이다. 이른바 '자백행동'이다.

드라마 '태조 왕건'의 궁예도 마지막 순간에 하늘을 바라보며 세월의 덧없음을 이야기했다. 그러나 어떤 행동을 했다고 해서 꼭 거짓말을 한다고 단정하는 것은 위험하다.

신문(訊問) 도중 여러 행동과 말의 내용, 억양, 속도 등을 감안해 종합적으로 판단해야 한다.

1995년 말 청송 감호소에 갇힌 상습 범죄자들을 보면서 인간의 정신세계에 대해 고민하다 범죄 심리학을 연구하게 됐다는 김 검사는 "미국 등 수사 선진국처럼 우리도 하루 빨리 수사관들에게 이런 심문기법을 가르쳐야 할 것"이라고 강조했다.

(동아일보, 2001년 6월 21일)

'Whisky & Cash' 방식 이젠 안 통해

여권의 두뇌집단에 의해 작성했다고 '시사저널'이 보도해 파문을 일으키고 있는 이른바 '반여(反與) 언론 개혁문건' 핵심은 2000년 8~9월 작성된 두 번째 보고서와 2000년 11월 중순쯤 작성된 세 번째 보고서다.

두 번째 보고서에서 눈에 띄는 대목은 중앙 일간지의 성향분석으로 국민일보를 비롯해 한국일보 경향신문을 '중립'으로, 조선일보 중앙일보 동아일보는 '반여(反與)'로, 한겨레신문 세계일보 대한매일신문은 '친여(親與)'로 분류했다.

세 번째 보고서는 반여 언론의 비판 수위가 매우 위험한 상황에 도달하고 있다면서 박지원 전 문화관광부장관 사퇴 사건에서도 보인 일부 언론의 '비판 카르텔'은 정권 후반부에 권력 핵심인물을 상대로 감행될 가능성이 높다고 분석하고 대응 방안을 제시하고 있다는 점이 키워드다.

지금까지 정부가 언론을 상대로 보여준 '위스키 앤드 캐시(Whisky and Cash)' 방식, 즉 '술과 돈'으로 회유하는 방식은 실패한 것이므로 "원칙론적으로 돌아가 정상적이고 합법적인 방법을 통한 소위 정공대응이 필요하다"고 조언할 것이다.

그 동안 해왔던 반권론 요구, 명예훼손 고소 등 후속 대응보다는 사전에 언론비판의 수위를 낮추고 대통령 등 권력 핵심에 대한 비판을 제어하는 방어벽(조율 시스템) 설치가 필수적 상황이란 분석이다.

이를 위해서는 대대적인 당정 쇄신을 통해 명분과 위상을 가진 새로운 여권 진용을 구축한 뒤 정상적이고 합법적인 방법을 통해 언론을 컨트롤하고, 사회적으로 언론개혁의 공감대가 형성될 때 비로소 언론 방어벽이 구축될 수 있다고 제안했다.

민주당 최고위원들을 중심으로 언론사별로 언론 담당을 맡겨 언론과의 협력관계를 구축하는 방안도 검토해야 한다는 등 세세한 방안까지 제시됐다.

이 보고서는 과거 파문을 일으켜 아직도 종결되지 않고 있는 '한나라당 언론대책 문건'과 거의 같다. 민주당도 과거 한나라당 파동 때와 한치 어긋남 없이 작성 자체를 부인하고 있다. 권력 엘리트 집단이 언론을 보는 시각을 엿보게 하는 대목이다.

굳이 차이가 있다면 한나라당 문건은 친야 · 반야 언론이나 비판적 언론인의 이름까지 밝혀지지 않았다는 것 정도다. 그러나 민주당 문건에서 밝혀진 이름들을 거꾸로 보면 친야 · 반야 언론은 엇비슷하지 않겠느냐는 것이 언론계의 시각이다. 문제는 '힘 없는' 야당이 아니라 '권력과 실행력'을 갖춘 집권여당이 작성한 것으로 주장되고 있어 상당한 파문이 계속될 것으로 보인다.

(국민일보, 2001년 2월 14일)

얼굴 유형 따라 차(車) 선택도 달라

얼굴 생김새에 따라 승용차의 선택기준도 달라질까. 순천대의 김수동교수는 20~30대 광주·전남 시·도민 560명을 임의로 선정해 조사를 하였다.

그는 얼굴 유형을 사각형(27명), 원형(69명), 역삼각형(20명), 마름모형(57명) 등 4가지로 분류했고, 여기에 코의 모양을 뾰족한 코(83명), 작은 코(68명), 둥근 코(149명)로 나눠 분석한 결과를 '얼굴유형별 승용차 구매선호 톤(tone)'이라는 제목으로 발표했다.

이에 따르면 ▲얼굴이 넓적한 사각형은 적극적인 성격이라 가속 성능(스피드)을, ▲역삼각형은 신경이 예민하고 판단이 정확해 안정성을 상대적으로 높게 고려하는 것으로 ▲둥글둥글한 성격이 많은 원형은 색상(외관)을 ▲광대뼈가 튀어나온 마름모형은 실속파로 주행연비(기름값)를 높게 평가했다. ▲'자존심과 명예와 지위욕이 강한' 성격인 뾰족한 코는 이미지와 품격, ▲'자존심을 내세우지 않고 현실적인' 작은 코는 안정성, ▲'원만하고 대인관계가 좋은' 둥근 코는 배기량(크기)을 중요하게 생각한다고 나타났다.

(조선일보, 2001년 7월 11일)

아버지와 딸의 성형 수술 협상

더욱 예뻐지기 위해 쌍꺼풀을 수술하려는 대학 2년생인 딸과 이를 허락하지 않는 아버지와의 사례를 통해 협상에서 차지하는 커뮤니케이션의 의의를 알아 보기로 하자.

Analyzing Situation	• 그동안 모은 돈으로 쌍꺼플을 수술하기로 마음먹었으나 아버지의 심한 반대(*身體髮膚收之父母不敢毁傷孝之始也*)로 문제 발생 • 결국 반대자는 아버지와 할머니임 • 지지세력인 어머니와 언니는 찬성함, 특히 언니는 내가 먼저 해서 잘 되면 본인도 하려는 생각이 있어 나는 실험대상이며 어머니의 경우 이번 수술이 재정 부담을 주지 않고 있어 찬성하는 것 같음 • 오빠는 중립으로 여자들 문제에 관심이 없어 하고 싶으면 하라는 식임

Positioning	• 얼굴에 자신이 없는 것은 아니나 아름다워 지고 싶은 여자의 욕구, 본능에다 남들이 예뻐지기에 샘이 남(친구는 수술 후 킹카가 됨) • 남들로부터 '예뻐졌구나!'하는 말을 들었으면 만족하겠음 • 장점 : 눈이 또렷해 보이고 이목구비가 명확하게 드러나고 색조화장도 잘 받을 것임 • 단점 : TV 등에서 부작용(눈이 안 감기거나 풀려버림)을 언급하고 수술 과정에서의 고통
Define Object	• 아버지를 속이고 할 수도 있으나 이런 방법은 싫음 • 먼저 일을 저지르고 보자는 식은 불효인 것 같아 대화로 풀어보자는 협상 전략을 세움 • 협상이 성공하면 나는 만족감을 느끼게 됨 • 지금까지와 같은 아버지와의 우호적인 부녀관계 유지
Under-standing	• 딸의 몸(눈)에 손 대는 것을 적극 반대하는 아버지 • 과거에도 이런 문제점이 있을 경우 아버지를 설득시켜 답을 얻어 내거나 내가 포기를 경우가 있음 • 전에 반대에도 불구하고 내 뜻대로(마음대로) 한 경우 있음(무지 혼남)
Feedback	• 쌍꺼플 수술이 잘되어 이목구비 뚜렷해 지고 색조화장을 자유롭게 할 수 있게 되었음 • 이보다 더 중요한 것은 내 자신의 만족감임 • 지속적인 아버지와의 대화로 협상에 성공하여 재협상은 필요없게 되었음 • 협상과정시 아버지의 반대는 대단히, 또는 무조건적이었음 • 또한 어머니도 아버지의 반대가 완강해 지면서 처음과는 달리 반대하는 쪽으로 우회하는 등 협상과정은 난항이었음

뜻밖의 만남, 준비된 대답

지난 1965년 두산이 코카콜라를 국내에 들여올 때 있었던 일화다. 당시 코카콜라의 국내 상륙을 놓고 찬반 논란이 뜨거웠다. 신문에는 부정적인 여론이 자주 노출됐다. 박용곤 두산 명예회장은 당시 한양식품 사장으로 이를 진두지휘하고 있던 터라 어려운 시기였다.

박회장은 어느 일요일 군자동 서울 CC로 라운드를 나갔다. 그런데 갑작스럽게 박정희 대통령이 바로 뒤 팀에서 라운드를 한다는 것을 알게 되었다. 그래서 그는 티잉 그라운드 옆에서 박 대통령을 기다렸다.

잠시 후 나온 박대통령은 박회장을 보자 "박사장, 나 좀 봅시다"하고 불렀다. 준비된 만남도 아니고 너무 뜻밖이라 당황하면서 박대통령을 만나게 되었다.

박대통령은 박회장에게 "왜 코카콜라의 한국상륙을 놓고 말이 많으냐"고 물었다. 박회장은 잘 됐다싶어 "코카콜라는 세계적인 음료입니다. 누가 들여와도 언젠가는 들어와야 하고, 세계 어느나라에도 다 도입돼 있는 상황입니다. 이는 반대할 성질의 것이 아닙니다."라고 상세하게 설명했다.

박대통령은 진지하게 듣더니 "알았다"라고 말했다. 짧은 순간이었지만 박대통령에게 상황을 설명할 수 있는 기회를 골프장에서 잡았고 두산은 이후 코카콜라를 국내에서 생산, 판매할 수 있었다.

(한국경제, 20002년 1월 23일)

연봉협상

중견 정보통신기업의 마케팅책임자로 근무하던 K씨는 평소 이직을 꿈꾸던 회사에 합격해 출근만을 기다리고 있었다. 그런데 날벼락 같은 일이 벌어졌다. 다니던 직장에 사표까지 낸 상태에서 새 직장에서 연락이 왔다. 면접 때 밝힌 연봉 수령액이 거짓이라는 이유로 합격을 취소하겠다는 소식이었다.

다니던 직장에서의 연봉 인상액과 차량유지비, 휴대전화 사용료 등 추가 지급분이 포함된 금액까지 계산하여 연봉을 책정했으나 실제와 다르다는 설명이었다. 뒤늦게 회사에서는 근로소득 원천 징수증 사본과 대조해 보고 해당 임원이 화를 냈다고 한다. 그는 일부러 부풀린 것은 아니고 연봉 계산 방식의 차이에 따른 오해라고 해명했다.

다행히 연봉을 재조정한 뒤 출근을 할 수 있게 됐다. 그는 애초 기대한 연봉보다 조금 덜 받더라도 실력을 인정받으면서 몸값을 높이겠다는 긍정적인 태도와 자신감을 보였기에 회사쪽 분위기가 누그러졌다.

일반적으로 현재 받고 있는 연봉에 비해 지나치게 높은 수준을 요구하거나 연봉에 집착하는 경우 회사쪽에서 상당한 부담을 느끼게 된다. 연봉에 대해 운운하지 않는 것이 중요하다.

그러나 대부분 회사에서는 경력자를 뽑을 때 지원자가 먼저 희망연봉을 말하도록 유도한다. 이때 많은 사람들이 실제로 자기 능력이나 생각에 비해 몸값을 낮게 부르기 때문에 손해를 보는 경우가 있다. 최대치와 최저치를 정해 놓을 필요는 있지만 가능하면 회사에서 먼저 연봉을 제시하도록 분위기를 만드는 것이 중요하다.

또 자신의 연봉을 제시할 때는 구체적인 자료를 가지고 회사가 납득하도록 설명할 필요가 있다.

(한겨레, 2003년 8월 4일)

memo~

제 6 장 국제협상과 문화

1. 문화의 개념

2. 협상의 문화의 의의

• 참고자료

제 6 장 국제협상과 문화

1. 문화의 개념

협상에 관련한 수많은 정의와 설명에도 불구하고 협상에 참여하는 모든 당사자들로부터 전폭적인 지지를 받지 못하고 있는 것은 협상의 당사자들이 갖고 있는 문화가 제각기 다르기 때문이다. 협상이란 서로 다른 문화, 가치관, 신념, 필요성, 시각, 언어 등을 가진 사람들이 상호이해관계를 증진시키는 과정 내지 노력이라고 볼 수 있다.

오늘날의 경제는 국제화되고 기업의 경영활동은 세계를 하나의 시장으로 하여 이뤄지고 있다. 이러한 국제적인 기업활동은 국제무역이라는 상품과 서비스의 국제적인 거래와 이동에 기초를 두고 있다.

국제무역에 대하여 '특정의 국가가 다른 국가에 비하여 절대 우위에 있는 재화를 생산하게 됨으로써 특정 국가는 물론 세계 전체의 후생을 증대시킬 수 있다'고 설명하는 고전적 무역이론을 포함하여 다양한 이론과 설명이 있지만 결국 "무역"이란 '물건을 만들어 남으로 하여금 사게 하고 남의 물건에 대하여 호기심이 발동하여 이를 사게 하는' "장사"가 국제 간에 이뤄지는 경우를 말하는 것이라 할 수 있다.

물건(商品)을 만드는 과정에는 물건을 만드는 사람의 사고와 행위가 담기게 마련이고 손님으로 하여금 물건을 사게 하려는 전략에도 사고와 행위가 담겨 있다. 이는 물건을 사는 측에서도 마찬가지다.

그러므로 물건을 팔고 사는 무역이라는 과정은 궁극적으로 행위와 사고를 팔고 사는 것과 마찬가지이며 이때 서로는 상대방을 잘 알아야 한다. 여기서의 상대방은 단순히 거래의 상대방 개인을 의미하는 것이 아니라 상대방의 요구하는 거래조건이나 수요와 공급 등에 관련한 시장여건은 물론 문화까지지도 포함한다.

무역은 서로 다른 문화가 만나는 현장이어서 서로의 문화에 대한 이해가 없이는 이뤄질 수 없다.[1)]

이런 면에서 문화는 단순한 상품의 국제적인 이동이라는 국제경제학적인 측면을 뛰어넘는 특정 국가의 문화수출인 것이며 성공적인 무역협상은 성공적인 문화협상이라고 할 수 있는 것이다.

문화를 '특정집단이 세상에 태어나 살아가는 동안 생각하고 말하는 유·무형의 총체적인 생활방식'이라고 정의를 내린 G. Hofsted는 경영자와 종업원 사이에 크게 나타나는 커다란 차이점을 개인주의(individualism), 권력간격(power distance), 불확실성의 회피(uncertainty avoidance), 남성다움(masculinity)으로 설명하고 있다.

Edward T. Hall은 문화를 '상호 커뮤니케이션하는 과정'이라고 정의하면서 문화적인 차이를 구분하는 요소로 고배경 문화(high-context culture)와 저배경 문화(low-context culture)를 말하고 있다.

배경이란 인간이 의사소통을 행함에 있어 자신이 지니는 정보나 의사를 전달하기 위하여 사용하는 메시지가 포함된 여러 가지 의미로서 고배경 문화와 저배경 문화는 서로 대비관계에 있게 된다.

다음의 <표 6-1>에서와 같이 고배경 문화에서는 개인의 말을 신뢰하여 법이나 변호 또는 문서의 보관과 같은 방법을 선호하지 않으며, 한편 저배경 문화의 경우에는 강한 불확실성의 회피와 같이 법률적이거나 제도적인 장치를 통한 신뢰성의 확보를 우선시한다는 것이다.

---

1) 전경수, 문화로 풀어보는 무역방정식, 미래인력연구센터, 1996, pp.3-8.

▌표 6-1▐ 고배경문화와 저배경문화의 비교

	고 배 경 문 화	저 배 경 문 화
법, 변호사	덜 중요함	아주 중요함
개인의 말	개인에 대한 보증이 됨	서면일 경우에만 신뢰
공 간	같이 공유함	개인공간은 침해 않음
시 간	인생의 모든 것은 시간이 해결	시간은 돈, 매사는 하나씩 해결
협 상	시간이 걸림, 협상과정에서 서로를 이해	신속하게 해결, 협상지체 이외의 목적은 없음
책임소재 경쟁입찰	조직의 최고책임자 빈번하지 않음	업무담당자 또는 최하급자 아주 빈번

자료 : W. Keegan, Multinational Marketing Management, Prentice－Hall, 1984, p.110.

문화를 구성하는 요소는 언어, 비언어적 커뮤니케이션, 문화유산과 같은 명시적 문화와 종교, 가치관, 사고체계, 자기 이미지, 사회체계, 미학, 시간개념, 공간개념과 같은 암시적 문화로 나눠 볼 수 있다.

이제 문화의 특성 또는 속성을 설명하는 몇 가지의 모델을 살펴 보면 다음과 같다.[2)]

• **양파모델** : 홉스테드가 주장한 것으로 가장 겉껍질부분은 상징문화로 외적으로 보이는 말이나 그림, 속어나 은어, 의복 등의 복식 또는 국기와 같은 문화 유산과 같이 쉽게 관찰할 수 있는 상징물들이 속한다. 둘째 부분은 영웅문화로 실재 또는 신화적인 인물로 미국의 슈퍼맨이나 한국의 홍길동이 나 이순신, 독일의 히틀러와 같은 특정의 문화를 대표할 수 있는 존재들 이다. 셋째는 관습문화로 결혼식이나 비즈니스상담

2) 박준형, 전게서, pp.27－30.

또는 인사법 같은 사회적으로 중요하게 인식되는 총체적인 행동이 속한다. 가치문화는 그룹의 동의나 조화 또는 경쟁이나 권위 및 평판과 관계처럼 집단이 원하는 행동방식 내지 이상으로 생각하는 것들이다. 물론 가치순위는 국가마다 달라 중동지역은 서열을, 미국은 평등을, 일본은 관계를 한국은 체면이나 권위를 내세운다.

- **빙산모델** : 눈에 보이는 음악 · 예술 · 음식과 음주문화 · 인사 · 복장 · 매너 · 관습처럼 관찰이 가능한 언어나 행동과 같은 부분과 비록 눈에는 보이지 않으면 서도 90%나 차지하고 있는 표면 아래의 환경 · 시간 · 활동 · 커뮤니케이션 · 공간 · 권력 · 개인주의 · 경쟁 · 구조 · 사고의 부분이다.

- **나무모델** : 환경을 개인과 사회의 행동이나 태도 및 가치관의 형성에 미치는 외부요소로 설명하고 있다. 가지나 줄기는 쉽게 관찰할 수 있는 언어나 행동을 말하는 것이며 영양분을 공급하는 뿌리에 긴밀하게 연결되어 있으나 껍질 속은 알 수 없다. 이처럼 문화는 나무가 수액을 비롯한 여러 요소로 형성되는 것처럼 개인이나 사회도 외부적인 요소들에 의해 태도나 가치관들이 형성된다는 것이다.

다음의 <표 6-2>는 지금까지 살펴 본 문화의 여러 변수와 형태 및 성향들을 정리한 것이다.

표 6-2 문화의 변수와 형태 및 특성

<table>
<tr><td colspan="2" rowspan="3">환 경</td><td>지배형</td><td>인간은 자신의 힘으로 자연환경을 지배할수 있고 인간의 필요에 따라 자연환경은 변한다.</td></tr>
<tr><td>복종형</td><td>인간은 자신의 환경에 구속되어 복종할 뿐이며 운(運命)이 중요한 역할을 한다.</td></tr>
<tr><td>조화형</td><td>인간은 자신의 세계(환경)와 조화를 이루며 살아야 한다.</td></tr>
<tr><td colspan="2" rowspan="3">시 간</td><td>과거형</td><td>전통의 계속성에 가치를 둔다.</td></tr>
<tr><td>현재형</td><td>단기간의 빠른 결과를 목표로 한다.</td></tr>
<tr><td>미래형</td><td>장기적인 결과에 목표를 둔다.</td></tr>
<tr><td colspan="2" rowspan="2">공 간</td><td>개인형</td><td>물리적인 개인공간을 중시한다.
사람들간에 거리를 둔다.
개인공간이 우선한다.</td></tr>
<tr><td>공유형</td><td>물리적인 공간 이용시 집단을 중시한다.
서로 밀착해 있기를 좋아한다.
공공의 공간이 우선한다.</td></tr>
<tr><td rowspan="8">인간관계</td><td rowspan="2">권 력</td><td>권위형</td><td>개인과 집단의 권위를 중시한다.</td></tr>
<tr><td>평등형</td><td>권력의 갭을 최소화시키려 한다.</td></tr>
<tr><td rowspan="2">의사소통</td><td>감정형</td><td>말 대신 공통의 경험으로 이해한다.
정황이나 인정이 우선한다.</td></tr>
<tr><td>사실형</td><td>사실과 정보교환에 중점을 둔다.
언어로 정보가 교환되며 분명, 직접적으로 표현한다.
원칙, 사실이 우선한다.</td></tr>
<tr><td rowspan="2">경 쟁</td><td>경쟁형</td><td>성취 · 권리주장 · 물질적 성공에 비중을 둔다.</td></tr>
<tr><td>협력형</td><td>삶의 질 · 상호의존성 · 관계가 중요하다.</td></tr>
<tr><td rowspan="2">행 동</td><td>성취형</td><td>업무중심이며 목표의 성취와 달성은 생산적 활동에 비중을 둔다.</td></tr>
<tr><td>관계형</td><td>관계중심이며 성취보다 작업자체 및 과정에 비중을 둔다.</td></tr>
</table>

자료 : 박준형, 전게서, 2000, p.31.

2. 협상과 문화의 의의

성공적인 협상에서는 상대방의 개인적인 환경이나 배경 또는 국가의 문화적 요소는 필수불가결한 요소가 된다. 이는 곧 협상 상대방에 대한 철저한 분석과 이해가 절대적으로 필요한 것임을 강조하는 것이다.

그러므로 협상의 대상이 되는 외국인 또는 그들의 문화에 대하여 연구하고 이의 내용을 습득하는 것도 중요하지만 이와는 반대로 협상의 상대방인 외국인이 한국 또는 한국인에 대한 이해나 인식에 대하여 숙지하고 있다면 보다 유리하게 협상을 이끌어 갈 수 있을 것이다.

다음의 <그림 6-1>에서와 같이 문화적 환경은 국제협상의 제반 환경에 있어 큰 의미를 차지하고 있다. 그림의 중심부는 공동의 이익(common interests, 즉 협상할 무엇으로 something to negotiate for), 상반된 이익(conflicting interests, 즉 협상대상이 되는 (something to negotiate about), 기준 혹은 목적(criteria, 즉 달성할 목적과 기준의 설정인 determining the objective and the criteria for its achievements), 타협요소(compromise, 즉 주고받는 give and take on points)들로서 소위 협상의 4C를 말하는 것이다.

▎그림 6-1▎ 문화적 환경과 국제협상의 제 환경

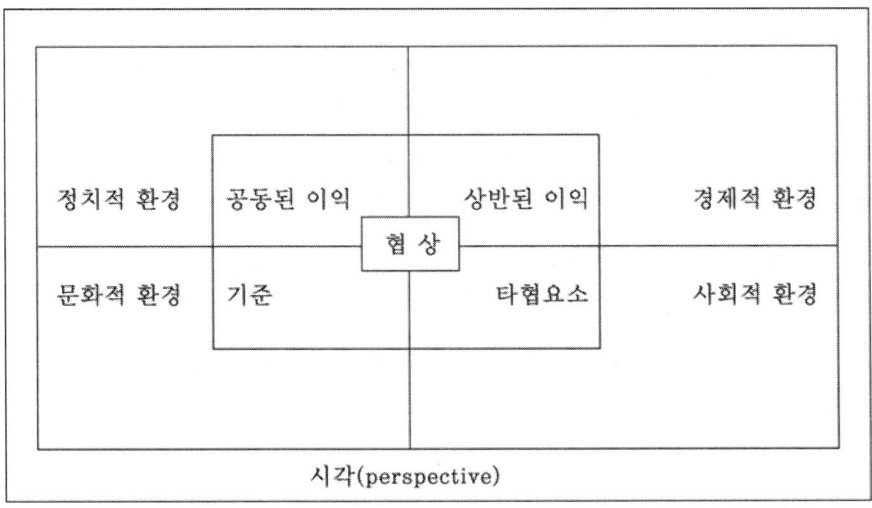

자료 : John Fayweather & A. Kapoor, Strategy and Negotiation for the International Cooperation, Ballinger, 1976, p.30.

외국인은 한국에서 사전적으로 모르고 있다면(모르는 사람이라면) 서로 간의 협조는 이뤄지지 않는다고 생각하고 있다. 즉 한국의 기업문화는 시스템에 의해서가 아니라 인간관계에 의해서 가동된다고 생각하고 있다.

또한 기업 내에서 업무상 발생한 (잘못된) 문제점들은 비판받고 수정되어야 함에도 불구하고 (빙빙 돌려서) 간접적으로 언급되는 바, 이는 실패를 용납하지 않는 분위기 때문이라고 믿고 있다. 특히 상부(직장 상사)에서 내려온 지시는 일단 시행을 하고 나중에 문제가 발생하면 비로소 새롭게 시작한다는 점이다.

업무부담도 크고 책임도 막중한 외국기업과 달리 한국에서는 직위가 낮을 수록 업무부담이 많을 뿐만 아니라 임원 내지 상급자의 퇴근 후에야 일반 사원들의 퇴근이 이뤄지는 점과 기업 내에서의 친구관계(friendship)는 같은 직급에서만 이뤄지는 점이나 특히 일단 퇴근을 한 후에도 다시 업무수행을 하기 위하여 회사에(되돌아와) 남는 경우를 이해하지 못하고 있다.

마지막으로 기업 내 또는 타 기업과의 협상이 있을 경우 협상이 종료된 이후에야 음주를 하는 외국과는 달리 한국에서는 본격적인 협상이 이뤄지기 전에 음주 내지 접대가 이뤄지는 문화를 신기하게 인식하고 있다.[3]

이러한 문화적인 특성을 보이는 한국인은 협상문화에 있어서도 서구인들의 협상에 대한 개념이나 이해와도 커다란 차이를 보이고 있다.[4]

최근들어 사회 여러 계층에서 보여지는 다양한 갈등과 분쟁을 해결하는 협상문화는 이를 해결하려는 노력에 비해 익숙하거나 노련하지 못하며 특히 외국 및 외국기업과의 협상에서는 상호간에 원만한 해결(win－win solution)이나 결론을 도출해 내지 못한 채 협상이 종결되었음에도 결과를 가지고 국내에 들어와 책임의 전가와 불만 등으로 공방을 거듭하는 경우가 종종 벌어지고 있다.

한국인은 협상을 문제해결이나 게임의 의미보다는 부정적인 행동으로 받아 들이고 있어서 '협상은 힘에 의해 이뤄지는 것'이라는 관념을 갖고 있다.

---

3) 조선일보, 네델란드 대학생들이 본 기업문화, 2003년 6월 25일
4) 이종건, 구매－공급 협상에서의 협상성과 결정요인 : 협상자 개인특성, 협상정황, 협상전략 에 관한 실증연구, 연세대 박사학위논문, 2001, pp.24－27.

또한 '협상행위가 뭔가 떳떳하지 못한 행동일 뿐만 아니라 협상을 하면 개인이나 집단이 간직하고 있는 원칙이나 가치를 손상시킨다'라고 인식하고 있다.

협상에 대한 한국인의 인식, 즉 협상 마인드의 특징을 정리하여 보면 다음과 같다.

첫째로 한국인의 협상 마인드는 상당히 부정적이고 수세적이다. 한국인의 기존 심리에 내재된 협상자체에 대한 거부감은 사전 논의나 준비에 대하여 부정적인 영향을 미치며 면밀한 준비 없이 떠밀려서 이뤄진 협상의 경우 대등한 입장에서의 협상이라기 보다는 약자의 입장에서 간청하는 입장을 보이게 된다.

한국인은 협상과정에서 최소한의 비용을 지불하였다고 자위하면서도 뭔가 소중한 것을 잃었다는 안타까움에 빠지게 된다.

미국의 경우 '상호신뢰의 형성에 의한 발전적 방향의 마련'이라는 틀에서 협상을 시작하지만 한국은 협상을 시작한다는 자체가 '상호신뢰가 없다는 것을 보여주는 증거'라고 이해한다.

그리하여 협상에서의 진전이 없을 경우 마치 적과 대응하여 싸워서 이기거나 최소한의 희생을 치러야 한다는 사명감에 팽배하게 된다. 그 결과 협상의 핵심문제 보다는 표면상의 현안문제에 대한 최소한의 희생만을 골몰하게 되어 '모든 것이 당연히 협상의 대상이 될 수 있다'고 믿는 미국 등의 국가들로부터 각종 이슈에 대한 협상을 받게 될 뿐만 아니라 협상에 관련한 끊임없는 요구 및 갈등이 있을 경우 부정적인 틀 속에서 빼앗기는 것(양보 등)을 최소화하려는 수세적인 위치에 서게 되는 것이다.

둘째로 '상거래적 사고'와 '인간적 사고'가 혼재되어 있는 점이다. 혼재된 협상 마인드는 핵심 이슈를 혼란스럽게 만드는 요인이 된다. 노사협상의 경우 첫 출발은 임금이나 상여금의 인상과 같은 상거래적인 측면에서 시작되지만 사용자측은 노조의 요구를 권위에 대한 도전이나 배신당했다는 신뢰감의 상실에 대한 불쾌감으로 인식되어 노조는 노사갈등에서 빚어졌던 문제들을 함께 해결하기를 요구하는 등 협상이슈와는 동떨어진 명분을 유지하려고 한다. 동시에 협상이슈에 대한 분석을 부정적인 것으로 인식하고 있어 '지나치게 따지려한다'는 것으로 생각하여 '일괄타결'식의 해결방안을 추구하게 된다.

셋째로 협상대표의 중요성에 대한 인식이 부족하다. 미국의 경우 협상대표는 협상 이슈나 문제점에 대하여 잘 알고 있어 직접 처리할 수 있는 전문가라고 인식하고 있으나 한국은 협상대표는 협상팀이나 전체를 대표할 수 있는 사람으로 인식하고 있으며 자신의 권위와 지위를 통하여 협상을 이끌기를 기대하고 있다. 이러한 이유 때문에 한국의 협상 대표자는 직접적으로 다룰 수 있는 능력의 제한으로 협상 이후에 많은 문제점이 발생하고 있다.

이러한 협상 마인드는 한국인의 협상에 대한 인식과 고유의 문화에서 비롯된 것이다.

첫째는 한국인은 다른 동양권의 국가들과 마찬가지로 권력에 의한 지배를 받고 있어서 '협상이란 힘에 이뤄지는 것'이라는 생각에 고착되어 있기 때문이다. 그리하여 강자와의 협상은 필요악으로 생각하면서 일방적인 떼쓰기나 협박이 있어지게 되고 '일방이 당했다'거나 '무엇인가를 얻어냈다'는 식의 제로-섬의 게임결과를 보이게 되는 것이다.

둘째는 협상의 이슈보다는 협상 대표나 협상의 상대방 즉 사람에 중점을 둔다는 점 때문이다. 문제보다는 사람에 비중을 두고 접근하여 협상의 핵심보다는 협상 당사자들간의 관계에 집중하게 된다는 것이다.

셋째는 협상시 위기의 단계적 확대와 극단정책(brinkmanship)을 사용하고 있다. 이는 전통적인 집단문화의 형성과정에서 비롯된 것으로 집단내부의 유대를 강화하는 역동성으로 협상의 입장을 대외적으로 어떻게 표현할 것인가에 대하여 중요성을 두게 된다.

참고자료

선물(膳物)과 관련한 국가별 특성 및 유의점

국제 협상시에 있게 되는 초대나 선물의 경우 국가별로 유의해야 점들은 다음과 같다.

국 가	금기(禁忌)의 품목	유 의 사 항
중 국	• 죽음의 상징 : 짚신, 시계, 황새, 두루미, 흰색/검정/파란색이 많이 들어간 물건 • 슬픔, 눈물의 상징 : 손수건	• 체면중시의 문화를 유념한다. • 세번 정도는 거절하므로 계속 권한다 • 저녁식사 초대시 먹는 선물은 피한다 • 축의금/선물은 짝수, 부조는 홀수로 한다. • 우산과 이별은 발음이 유사하므로 금물
일 본	• 흰색꽃 • 4와 관련된 선물 • 짝수의 꽃	• 인맥을 중시하므로 소개서를 준비 • 가벼운 선물(￥3－5000)을 카드와 함께 준비 • 연초(歲暮)에는 연하장, 여름(中元)에는 간단한 식료품을, 식사 초대시 수입스카치나 코냑을 선물
미 국	• 죽음의 상징:백합	• 시간 엄수하며 선물은 그 자리에서 개봉
독 일	• 13송이 꽃 • 포장한 꽃	• 선물 포장시 흰색/흑색/갈색의 리본이나 포장지는 금물 • 비지니스맨은 선물을 주지도 받지도 않음 • 값비싼 선물은 뇌물로 인식, 고가품은 반려
프 랑 스	• 빨간 장미 : 연인에게만 선물 • 카네이션 : 장례식용	• 향수의 전문가들이므로 오히려 역효과

국 가	금기(禁忌)의 품목	유 의 사 항
말레이지아	• 돼고기, 술 : 이슬람교도에게는 금물이고 돼지가죽 가공물건과 알콜첨가의 향수 금물 • 장난감강아지, 개그림 : 불결을 상징	• 느린 상담 습관과 부정적인 표현을 하지 않는 것을 공손하게 여김을 유의 • 카드를 중히 여기므로 선물과 함께 동봉 • 반드시 오른손으로 주고 받을 것
인 도	• 쟈스민 : 장례를 상징	• 소(牛) 가공의 상품과 종교비판은 금물
헝 가 리	• 붉은 장미 • 백합	• 전문 와인생산국으로 자부심을 갖고 있으니 이를 피하고 꽃은 포장하여 선물
메 히 고	• 노란색 : 죽음	• 은 가공 선물은 금기(값싼 장신구로 인식) • 꽃은 반드시 포장
브 라 질	• 흑색/자주색 물건 • 칼 : 인간관계의 단절을 의미	• 첫 만남에서는 선물 대신 식사를 대접 • 계산기/CD Player 등의 소형전자제품
아르헨티나	• 칼 : 인간관계의 단절을 의미	• 수입 술 선호, 와인이나 가죽제품은 금물 • 인기품목은 스카치/프랑스 샴페인
러 시 아		• 선물 등 받는 것을 좋아함 • 향수/라이터/계산기/지갑/카메라를 선호
폴 란 드	• 짝수의 꽃	• 최고의 선물은 꽃이며 거래처에 선물 필수 • 민속제품/라이터/필기도구 등이 인기
이 집 트		• 입찰, 정부공사 수주시 뇌물을 선호 • 화려한 보석/인삼차를 오른손으로 선물

자료 : 박준형, 전게서, pp.155－156.

한국의 국가 및 사회 이미지

Aaker는 이미지(image)를 '일련의 관련한 연상(聯想)들의 집합(集合)'이라고 하였으며 Boulding은 '개개인에 대해 좋아함, 싫어함, 또는 믿음, 믿을 수 없음 등과 같은 상태를 갖게 되는 주관적 지식으로 이 같은 지식은 수신된 정보를 토대로 머리 속에서 유용한 단위나 카테고리로 정돈되고 조직되는 것'이라고 하였으며 Lippman은 '인간의 마음속에 그려지는 관념적인 그림이나 형상'을 말한다고 하였다.

결국 이미지란 '사람들이 어떤 대상에 대해서 경험한 여러 가지 정보를 종합해서 만들어낸 심상(心想)'이라고 정의하여 볼 수 있다.

따라서 국가 이미지란 국가가 이미지 형성의 대상이 되어 특정의 국가에 대하여 사람들이 갖는 다양한 정보를 바탕으로 형성된 종합적이고 복합적인 심상이라 할 수 있다.

국가의 존망이 국가경쟁력에 달려있고 국가경쟁력은 세계 열강과의 경쟁력인 바, 이는 해외마케팅 경쟁을 말하며 해외마케팅은 해외홍보 또는 국가홍보이다. 국가 정체성(identity)을 해외 공중에게 심어 주는 모습이라고 한다면 국가 이미지(image)란 해외 공중(公衆)의 한국에 대한 평가가 되는 것이다.

한국이미지커뮤니케이션연구원에서 주한 외국인을 상대로 한국 이미지를 외국기업 CEO, 외교사절, 교수, 언론인 등 213명에게 조사한 결과에 의하면 좋은 점은 ▲ 친절하고 정이 많다 ▲ 역동적이다 ▲ 안전하다 ▲ 대중교통이 편리하다 ▲여성들이 아름답다를 꼽았으며, 나쁜 점으로는 ▲ 폐쇄적이고 외국인 차별이 심하다 ▲ 교통체증 ▲ 대기오염 ▲ 무례(無禮)하다 ▲ 의사소통이 어렵다를 꼽았다.

이들의 한국 베스트상품은 ▲ 자동차 ▲ 휴대폰 ▲ 컴퓨터(인터넷) ▲ 액정 TV ▲ 김치 ▲ 인삼 ▲ 김치냉장고 이었으나 이들 중 7%는 한국 제품은 소유하고 있지 않다고 답하기도 했다.

주관적인 질문에서는 '신토불이(身土不二)를 강조하면서 중국 농산물을 비하(卑下)하지 말 것'과 '독도 등 역사적인 사안에 대해 토론하면서 일반적으로 자국 입장만 주장하고 화를 내서 질린다'고 답하고 있었다.

이코노미스트가 조사한 한국의 기업환경에 대한 연구에 따르면 투자환경이 개선되고 있지만 까다로운 행정규제가 많아 투자매력이 떨어진다고 응답을 하였고 조선일보의 조사에서는 한국 공무원들은 보수적이고 배타적이라는 지적이 있었다.

한국방송공사에서 실시한 조사에서는 미래준비나 산업화의 정도는 앞섰지만 민주화나 공정무역, 인권보장 등에서는 뒤쳐졌다고 했다. 이밖에도 관광분야의 경우 교통이 혼잡하고 영어 소통이 미흡하며 불친절하다는 점이 지적됐고 기업분야에 있어서는 외국인과 외국기업을 적대시하고 있으며 뒤떨어진 생활의 질과 눈에 보이지 않는 문화장벽을 지적하였다.

또한 대형사고가 많은 발전지향국가이며 보호주의 국가의 이미지를 갖고 있어 일본과 큰 차별성이 없고 전통문화에 대한 인식도 낮은 것으로 지적되었다.

일본인들의 한국에 대한 이미지 조사에서는 음식이나 쇼핑에 있어서는 대체로 만족을 하고 있으나 나머지는 보통이라고 응답하였으나 그들의 국민 속성상 중(中) 내지 하(下)로 보면 될 것이다.

그들이 지적한 불만사항들은 교통혼잡과 택시의 바가지 요금, 도로 및 교통안내의 정보부족, 관광상품의 다양치 못함, 관광정보의 제한, 화장실 불편, 상품 강매행위 등이었다.

(조선일보, 5. 27/한국언론학회, 국가이미지 제고를 위한 해외홍보목표와 전략, 2001)

中國 商術 돋보기

中國에서 商人의 歷史는 4千年 정도로 꼽는다. 商이라는 單語의 語源은 原來 原始村落의 이름이었다. 村落은 지금의 河南省 商丘市 南部에 있었다. 마을을 세운 始祖 설(楔)은 治水工事에 功을 세워 이 땅을 封土로 받았다. 紀元 前 16世紀에 이르러 설의 14代 後孫인 湯이 軍事를 일으켜 夏나라를 滅亡시키고 지금의 山東省 曺懸의 南쪽에 都邑을 定했다. 商王祖는 이렇게 誕生하였다. 商은 殷으로도 불렸다.

殷이 亡한 後 들어선 周王祖에서는 過去 商나라 사람들이 農業에 못지 않게 장사에 能하다는데 着眼. 이런 일에 從事하는 사람을 商人이라 부르게 됐으며 이때부터 商人, 商業이란 말이 자리를 잡았다.

中國 商人들은 장사를 繁盛시키기 위해 必要하다고 여기는 몇 가지 習俗을 지니고 있다. 一種의 座右銘이기도하고 慣習이기도하다.

첫째는 溫和한 態度가 財物을 낳는다는 것으로 謙虛하고 禮儀바르게 接待하는 態度가 顧客의 마음을 사로잡는다는 얘기다.

둘째는 顧客에게는 恒常 感謝하라는 것이다. 商品을 사든, 사지 않든 손님에게 웃는 얼굴로 대하라는 것이다.

셋째는 어린이와 老人을 속이지 말라는 것

넷째는 吉한 數字를 擇하라는 것. 中國人들은 八과 六을 最高의 數字로 여긴다. 八은 發과 六은 祿과 發音이 비슷하기 때문이다.

韓中經營諮問研究所의 元成漢代表는 '中國人들은 3種類의 價格으로 물건을 판다'라고 說明한다. 같은 物件이라도 사람에 따라 價格이 달라진다는 것이다.

먼저 公價. 他地에서 온 손님에게 適用되는 것으로 애당초 價格이 높게 策定되어 있다. 다음의 現地價는 이웃 주민들에게 파는 價格. 에누리가 可能하다.

마지막으로 友好價格. 親舊에게 주는 價格이란 뜻으로 거의 原價에 가깝다. 友好價格에서 利潤을 못내는 몫을 公價에서 補充하는 셈이다.

이런 商術을 中國商人들은 전혀 不道德하다고 생각하지 않는다. 아는 사람에게 싸게 팔아 그와 善隣關係를 맺는 것이 長期的으로 큰 資産이 된다고 여기기 때문이다.

中國人들은 世界經濟속의 巨人으로 우리 앞에 서있다. 싫든 좋든 中國은 놓칠 수 없는 巨大한 市場이다.

4千年 歷史의 中國商術을 모르고서는 貿易하기 힘든 時代가 머지 않아 다가온다는 얘기다. 知彼知己면 百戰百勝이라고 했다. 中國市場을 노리는 우리 企業들이 새겨야 할 金科玉條가 아닐 수 없다.

中國人의 商慣行을 要約하면 다음과 같다.

- 主人意識이 强하다
- 商談時 本心을 他人에게 露出하지 않는다.
- 돌다리도 두드려 보고 건넌다는 習性이다.
- 信用을 第一로 삼고 體面을 重視한다(給面子)한다.
- 商談時 相對方을 높여주는 演技力이 豊富하다
- 한 사람을 믿는 것이나 돈을 벌 수 있다고 보는 單位는 10年이다.
- 쓸데없는 過程을 싫어하고 現實에 處한대로 일을 풀어간다.
- 말이 많은 사람은 小人 取扱을 한다.
- 現金主義이며 돈의 重要性을 아는 國民이다.
- 친(親)한 關係가 형성되면 일이 생겼을 때는 묻지도 않고 먼저 도와준다.

(韓國經濟, 2002年 1月 23日/大韓商工會議所, 中國人의 商慣習과 協商要領, 1995)

中國人의 商慣習과 協商要領

中國人의 協商術은 兵法에 基礎를 두고 있다고 한다. 李翔圭가 쓴 中國人들과의 協商시의 가이드 라인(指南)을 위하여 쓴 「經濟談判」(中國經濟出版社, 1990)의 內容을 通해 中國人의 協商技術을 理解하여 보자.

- 故布疑陣 (구부이진) : 메모나 統計資料 등을 露出시키며 意圖的으로 造作된 機密을 漏泄하는 것
- 故意犯錯 (구의반추우) : 故意的인 字句 修正이나 誤打 등의 실수를 假裝하면서 僞裝하는 것
- 裝風賣傻 (장보매샤) : 理由가 없는 禍를 내거나 急하게 서두는 등 非常識的으로 행동을 하는 것
- 惡人告狀 (으인고장) : 個人的 侮辱과 誹謗으로 離間시켜 意志를 꺾거나 心理的 壓迫을 주는 것
- 卑詞厚禮 (비치우리) : 相對方에 대한 過讚이나 膳物로 自慢感을 부추켜 協商力을 弱化시키는 것

- 佯裝可憐 (양장크라) : 表情이나 個人的 立場을 이용하는 식으로 相對方 同情心을 誘發시키는 것

本格的인 協商이 進行되면서 相對方이 提示 내지 驅使하는 戰略에 對하여 反應, 對應할 수 있는 對應戰略의 內容은 다음과 같다.

- 聲東擊西戰略 (승동지시전략) : 현재의 문제는 중요한 事案이 아님에도 중요한 것처럼 僞裝시키는 것
- 沈黙戰略 (천위전략) : 沈黙으로 상대방에게 焦燥와 不安感을 주어 協商決裂의 危機感을 주는 것
- 限期戰略 (샨치전략) : 協商의 대부분이 最終期限 滿了 直前에 締結되는 壓迫感을 이용하려는 것
- 先苦後樂戰略 (션쿠후른전략) : 가격인하 要求時 購入量은 늘리면서 品質, 納期 등을 嚴格히 하는 것
- 承諾爭取戰略 (초닐종추전략) : 상대방이 願하는 일부분을 承諾하면서 본래 願하는 것을 얻으려는 것
- 强穩戰略 (치망운전략) : 協商 전반부에는 强硬派로 主導權을 잡고 후반에는 穩健派를 이용하는 것
- 疲勞戰術 (피로전략) : 主題反復등으로 상대방을 지치게 하여 김을 빼고 協商力을 약화시키는 것
- 休會戰略 (휴희전략) : 尖銳한 문제 進行中에 상부지시나 전문가와의 諮問을 이유로 休會하는 것
- 感化戰略 (강화전략) : 협상의 상대방이 감정을 지닌 인간임을 강조, 호소하는 식으로 이끄는 것
- 改良戰略 (개량전략) : 부드러운 말, 共感帶形成, 중요하지 않은 것 讓步로 협조적으로 이끄는 것
- 對峙戰略 (대지전략) : 어려운 조건을 意圖的으로 제시하여 威脅的인 雰圍氣로 이끌려고 하는 것
- 造混戰略 (조훈전략) : 協商秩序에 混亂을 惹起시켜서 상대방이 緊張과 當惑感을 갖게 하려는 것

- 出奇不意戰略 (출기불의전략) : 協商時 方法, 要求條件 등의 急激한 變更으로 屈伏, 混亂을 주려는 것
- 車輪戰略 (차분전략) : 一方的인 협상대표의 持續的 변경으로 混亂을 惹起시켜 壓迫을 주려는 것
- 兵臨城不戰略 (변린성불전략) : 협상의 早期妥結이 불가능한 경우 强硬한 태도로 讓步를 받으려는 것
- 以弱爲强戰略 (이르위위전략) : 상대방에 대한 禮意와 謙遜한 태도로 好意的反應을 얻으려고 하는 것
- 恭維戰略 (공위전략) : 協商者와의 因緣 및 關係增進을 내세워 友好的으로 協商力을 키우려는 것
- 停會戰略 (티회전략) : 休會나 停會를 통해 고집센 協商者와의 不必要한 協商對峙를 막으려는 것
- 利虛戰略 (리슈전략) : 體面을 重視하는 協商 相對方의 虛榮心을 이용하여 協商力을 키우려는 것

지금까지 인용한 내용들은 중국인과의 협상에서만 이용할 수 있는 것이 아니라 협상의 대상 국가 또는 기업에 상관없이 적용할 수 있는 전술이며 전략이라 할 수 있다.

즉 계약서의 내용을 정확히 서면으로 작성하고 중재조항의 삽입과 같은 용의주도함이다. 선행의 사례를 숙지하는 일 및 적극적인 현지공관의 활용과 같은 업무적인 치밀함은 어느 경우에도 필수적인 것이다.

비싼 값으로 살 바에야 차라리 죽는 편이 낫다고 생각할 정도로 강가(講價)시에 생각하는 미옌(體面)과 완전하고도 무조건적인 위임을 나타내는 꽌시(關係)를 중시하는 중국인들을 존중하면서도 동시에 하오, 커이(好, 可以)와 뿌커이(不可以)의 이중성에 대한 이해와 함께 만만디(漫漫的)의 중국문화를 터득하여야만 할 것이다.

(대한상공회의소, 중국인의 상관습과 협상요령, 1994/전경수, 문화로 풀어보는 무역방정식, 미래인력연구센터, 1996)

쿠바産 시가, 제2걸프戰 막았다

"쿠바의 시가가 '제2의 걸프전'을 막았다." 코피 아난 유엔사무총장은 98년 2월 사담 후세인 이라크 대통령과의 '바그다드 담판'에서 후세인에게 쿠바제 시가를 권했으며 둘이 마주 앉아 시가를 나눠 피운 뒤부터 후세인의 태도가 누그러지기 시작했다고 10일 르몽드지가 전했다.

약 4시간에 걸친 대좌가 끝나자 방안에는 담배연기가 가득했으며 두 사람은 각각 세대씩 모두 여섯 대의 '쿠바제 란세로스 데 코히바'를 피웠던 것으로 전해 졌다.

대통령궁에 대한 무제한 사찰문제로 대화가 겉돌기 시작하자 아난 사무총장은 호주머니에서 시가를 꺼내 후세인에게 권하면서 단독대화를 제의했다. 후세인은 한참동안 아난 총장을 뚫어지게 바라보며 머뭇거렸다.

"나는 내가 신뢰하는 사람이 아니면 함께 담배를 피우지 않는다"며 결국 제의를 받아 들였다고 르 몽드는 전했다.

이후 두 사람은 이라크측 통역 한 명만 대동한 상태에서 연거푸 시가에 서로 불을 붙여줘 가면서 단독협상을 진행, 극적 합의를 이끌어 냈다는 것이다.

(중앙일보, 1998년 3월 1일)

레바논 'IBM'을 아시나요

한국인이 쓰는 말 중에 동남아시아에 까지 널리 퍼진 말이 있다. '빨리 빨리'. 모든 일을 항상 서두르는 한국인의 특성이 그대로 드러나는 단어다.

이 곳 레바논에도 레바논인들이 즐겨 사용하고 그들의 특성을 그대로 반영하는 말이 세가지 있다. '인샬라.' '브크라.' '말리시.' 각 단어의 이니셜을 따서 레바논의 IBM이라고도 부른다. '인샬라'는 한국영화의 제목으로도 사용돼 조금은 친숙한 단어로 '모든 것이 신의 뜻이다', '모든 것이 알라의 뜻'이라는 의미이다.

만일 당신이 약속시간을 어긴 레바논인을 질책한다면 그는 '인샬라'라고 변명할 지도 모른다.' 내가 늦고 싶어서 늦은 것이 아니라 내가 늦은 것도

다 신의 뜻이니 나에게 따지지 말고 신에게 따져라'라는 뉘앙스다.

'브크라'는 '내일이 있다'라는 뜻이다. 그러나 애석하게도 '내일을 향해 미래를 향해' 전진하자는 긍정적인 뜻이 아니라 '내일도 있으니 오늘 숙제도 내일로 미뤄도 상관 없다'쯤으로 급할 것이 없이 천천히 하자는 것이니 한국인으로서는 조금은 답답할 만도 하다.

실제로 레바논의 은행은 9시 반에 개점해서 오후 2시면 문을 닫는다. 한국에서는 도저히 상상할 수 없는 일이지만 워낙 익숙한 탓에 이곳 사람들은 별 곤란함을 느끼지 못하는 듯하다.

'말리시'는 '잊어버려, 신경 쓰지마' 쯤으로 해석할 수 있겠다. 가벼운 접촉사고가 났을 때 도로를 막고 싸우기 일쑤인 한국과 달리 가볍게 서로 몇 마디 주고받고 해결하는 모습이이런 경우가 아닐까 싶다.

레바논은 개최국임에도 불구하고 8강 진출이 불투명하다. 하지만 레바논인들은 '모든 것이 신의 뜻'이고 '내일이 있으니' '그다지 신경 쓰지 않는다'는 듯한 반응이다.

(일간스포츠, 2000년 10월 19일)

TV 프로 수출 막는 금기(禁忌)

'치키치키 차카차카 초코코초코 초'. 주제가 신나는 TV 만화영화 '날아라 슈퍼 보드'가 끝내 이슬람 국경을 넘지 못했다. KBS는 편당 1억원 이상을 투자해 만든 이 만화영화를 이슬람권 국가들에 수출하려고 했으나 등장 캐릭터중 하나인 저팔계가 발목을 잡히고 만 것이다. 견본 프로그램을 흥미롭게 지켜보던 바이어들은 저팔계가 화면에 나오자 깜짝 놀라며 손을 내저었다. 비천하다고 먹지도 않는 돼지가 주인공으로 나오는 데다 말까지 하고 다니니 심의는 꿈도 꾸지 말라는 것이다.

이슬람의 장벽은 여기서 그치지 않는다. KBS에서 제작한 '마법사의 아들 코리'는 마법을 사용한다는 이유로 심의를 통과하지 못했고 '달려라 하니'는 만화 영화인데도 미니스커트를 입은 장면을 편집해야 했다.

한 나라의 역사와 문화가 고스란히 녹아있는 TV프로를 수출하기 위해선 상대국의 지역별 특성과 문화적 배경에 따른 심의 기준을 꿰뚫는 것이 필수적이다.

유럽의 경우는 특히 어린이물에 대한 규제가 엄격하다. '난중일기'는 규정보다 큰 칼과 피흘리는 장면 때문에 심의의 벽을 넘지 못했다. 또 '난중일기'는 다른 이유로 일본에서 되돌아 오기도 했다. 일본의 한 상업방송사는 심의 후 '자사 프로와 색깔이 맞지 않는다'는 점잖은 답변을 보내왔다. 하지만 '역사적 관점'이 거절의 이유라는 게 수출 담당자의 설명이다.

사회주의권 국가들은 체제비판이나 반정부 시위장면에 민감하기로 유명하다. 지난 1995년 편당 3천 달러에 '모래시계' 24편을 수입한 중국 CCTV는 아직도 방영을 못하고 있는 실정이다. 광주항쟁 등의 반정부 시위장면이 담겼다는 이유로 국무원 산하 심의기구인 광전국의 심의를 통과하지 못했기 때문이다.

세계시장 개척을 위한 조직적인 심의정보관리의 필요성이 프로덕션들에 의해 계속 제기되자 마침내 대안이 마련됐다. 아리랑 TV를 운영하는 국제방송교류재단이 설립하는 '수출지원센터'에서 외국의 수입심의정보를 도맡기로 한 것이다. 문화관광부 관계자는 "늦은 감이 있지만 가능한 모든 채널을 동원해 수입심의 정보를 수집 · 제공해 수출경쟁력을 높이겠다"고 밝혔다.

(중앙일보, 1998년 11월 27일)

금융이자는 '코란' 위배

파키스탄 대법원은 23일 대출금에 대한 이자는 코란에 위배되므로 해외차관을 포함한 모든 대출금에 대한 이자는 금지된다는 판결을 내렸다. 이자지급이 이슬람교리에 어긋난다는 이번 판결로 인해 파키스탄에 대한 신규차관이 줄어드는 것은 물론 국민저축이 급감하고 외교문제까지 생길 것으로 예상된다.

파키스탄은 국제통화기금(IMF)으로부터 16달러를 빌렸으며 국제 민간금융기관에서 30억 달러 이상을 대출 받은 상태다. 파키스탄 대법원은 또한 외채부담에서 벗어나고 기존 외채의 상환조건을 조정하기 위해 정부는 최대한 노력하고 신규차관도 이슬람 금융방식(무이자)에 의해 이뤄지도록 해야 한다고 판시했다. 파키스탄 법원은 특히 이자지급과 관련 8개 법률을 내년 3월까지 개정하고 관련법도 2001년 6월 30일 이전에 고쳐야 한다고 밝혔다. 파키스탄 하급법원은 1991년 이자지급이 코란에 어긋난다는 판결을 했으며 당시 파키스탄 정부가 판결에 반발해 상고했다.

최근 한국에서는 중동으로부터의 자본투자유입문제를 두고 경제계와 종교계간의 갈등이 커지고 있다.

경제계에서는 오일달러의 막강한 영향력에 따라 세계금융의 주류로 성정해 온 이슬람식 금융자신이 국내자본시장에 유입되는 것을 환영하고 있다. 그러나 국내의 기독교계에서는 이슬람교가 포교의 수단으로 이용되리라는 인식을 갖고 있다.

이슬람의 경전인 코란을 따라 ‘이자(利子) 금지’를 원칙으로 하여 모든 거래를 실물자산과 연동시키는 ‘수쿠크(SUKUK)’는 채권발행을 통하여 이자 대신 수수료와 배당금을 지급하는 방식이다.

널리 쓰이는 이자라 수쿠크(Ijara)의 경우 채권발행을 위하여 특수법인(SPC)을 설립하며 채권을 발행하려는 회사는 항공기 · 건물 · 토지 등을 SPC에 팔고 SPC는 이를 근거로 수쿠크를 발행하여 투자자로부터 자금을 만들어 회사에 전달한다. 한편 회사는 보유한 자산을 쓰는 대가로 임대료, 즉 이자를 내고 SPC는 수익금을 투자자에게 배분하는 방식이다. 그리고 만기가 되면 SPC는 자산을 회사에 팔고 이 돈을 투자자에게 나눠주는 것으로 원금상환이 이뤄지게 된다. 이로써 이자를 받지 말라는 알라신의 명령 대신 원금에 대한 상환을 받게 되는 것이다.

참고로 이스람식 금융에 의한 자산규모는 1조달러에 이르며 금융거래의 중심지는 인도네시아의 쿠알라룸에 이고 현재 세계 70여국에서 운영되고 있다.

(중앙일보, 1998년 11월 27일)

악수 하나로 엇갈리는 동서양

악수는 이제 동양과 서양을 막론하고 세계 공통의 인사법이 되었다. 세계 곳곳의 사람들이 악수로 인사를 하지만 그 방법과 의미는 나라마다 차이가 많다. 잠깐 손을 맞잡는 악수가 다르면 얼마나 다를까 싶지만, 무시했다간 곤욕을 치르기 쉽다. 악수에서도 문화 차이는 확연하게 나타난다.

미국인을 비롯한 대부분의 서양인은 손에 힘을 꽉 주어 단단히 잡아야 친밀감이 높다고 생각한다. 반면 동양인은 서양인과 달리 손을 부드럽게 살짝 잡았다가 놓는 식으로 가볍게 악수를 한다. 서양인은 힘없는 악수를 '죽은 물고기(dead-fish)'라고 부르며 기분 나쁘게 여긴다. 때문에 살짝 잡는 악수를 하면 약하고 자신감이 없다고 느끼는 것. 특히 비즈니스 상 서양인과 만나 악수를 할 때 손을 가볍게 잡으면 협조할 의지가 없거나 상대에 대한 이미지가 좋지 않다고 오해할 수 있다. 반대로 동양인들은 손을 힘껏 잡으면 지배하려 든다고 느껴 거부감을 가질 수 있다. 이러니 쌍방 모두에게 첫 만남에서부터 난감한 일이 아닐 수 없다. 힘껏 잡아도 문제, 살짝 잡아도 문제가 아닌가.

악수는 서양에서 유래된 인사법이다. 옛날 무장한 기사들이 마주치면 오른손에 잡고 있던 무기를 왼손으로 옮긴 다음, 칼이나 총을 잡는 오른손을 내밀어 적의가 없음을 나타낸 우호의 표시에서 시작되었다. 적이 나타나면 바로 물리칠 수 있을 정도로 강하다는 것을 보여 주려고 손에 힘을 단단히 준 것이다. 상대보다 손을 약하게 잡으면 허약하고 진실하지 못하며 친해질 생각이 없는 걸로 간주했다. 이런 전통에서 서양에서는 약하게 악수하는 사람을 신뢰하지 않는다.

동양에는 악수 외에도 허리숙이기, 절하기 등 여러 인사법이 있고, 뒤늦게 서양인의 악수를 받아들였다. 그래서 서양만큼 악수를 중요하게 생각하진 않고 그들과 같은 의미를 부여하지도 않는다. 물론 방법도 좀 다르다.

우리는 가볍게 악수하면서 오래 손을 붙잡고 있거나 흔들기도 하면서 친밀함을 표현한다. 엄밀히 보면, 악수라기 보다 손 전체를 붙잡는 쪽에 가깝다. 심지어는 두손으로 상대방의 손을 오래 잡고 있기도 한다. 하지만 서양인들은 악수할 때 3초 정도만 손을 잡는다. 손을 잡고 상하로 두세 번 가볍게 흔든 다음 손을 떼는 것이 상식이다. 때문에 서양 사람들은 우리 같은 악수를 굉장히 부담스러워한다. 더구나 동성 간에 손을 오래 잡고 있으면 동성애자나 연애감정이 있다고 오해할 수도 있다.

나라마다 조금씩 차이는 있어 독일인은 언제나 강하고 짧게, 프랑스인은 그렇게 손에 힘을 많이 주지는 않는다. 브라질에서 남자들은 악수를 하며 격려의 뜻으로 서로의 어깨를 툭툭 쳐주기도 잇다. 벨기에인은 악수를 여러 번 한다. 악수는 윗사람이 먼저 청하는 것이 기본인데, 특히 일본에서는 더욱 신경을 써야 한다. 또 이슬람이나 인도에서 오른손이 아니라 왼손으로 악수를 청하거나 여성에게 먼저 악수를 청한다면 큰 실례다.

동양인과 달리 서양인은 고개를 숙여 인사하는 법이 없는데, 미국의 오바마 대통령이 일본 국왕과 만나 허리를 굽혀 악수하는 모습이 화제가 된 적이 있다. 이유야 어쨌든 그가 동양적 관습을 알고 이를 배려했다는 점만은 높이 사고 싶은 일화다.

지구상에는 무수히 많은 나라와 민족이 있고 그만큼 인사법도 각양각색이다. 같은 악수라고 해도 사회마다 전통이 다르고 시대마다 표현이 달라질 수 있다. 문제는 서로의 표현 방식을 서로 자기 문화의 잣대로 판단하는 것이다. 무엇보다 먼저 각국의 문화를 이해하고 상대를 배려하는 마음가짐이 필요하지 않을까. 악수 하나에도 국제적인 감각이 필요한 시대다.

(김정연, 기아자동차, 2011년 3월호)

한국의 부자들

한국 부자는 다른 아시아 부자보다 지위(status)를 매우 중시한다. 투자 상품을 고른다 치면 수익성뿐 아니라 주차 대행 서비스 같은 특별대접이 있는지도 따진다는 뜻이다. 차를 고를 땐 한국 부자의 81%는 지위를 과시할 수 있는지 가늠한다. 한국보다 정도는 덜하지만 인도 부자도 지위와 명예를 중시한다. 반면 중국·대만·인도네시아에서 그런 부자는 소수다.

스탠다드차타드와 컨설팅기업 스콜피오파트너십이 발표한 '미래고객조사(FuturePriority) 보고서'의 내용이다. SC는 보고서 작성을 위해 아시아 10개국의 고소득자 1792명을 인터뷰했다고 밝혔다.
보고서는 우선 부자고객들의 성향을 ▶지위향상 중시 ▶이익 중시 ▶재산증식 중시 ▶편의성 중시 그룹 등 네 부류로 나눴다. 한국 고소득층의 경우 지위향상 중시 그룹이 네 부류 가운데 가장 많았다. 이 집단의 특징은 과시욕이 강하고 절세에 관심이 많다. 소비와 관련된 대출도 많이 받는다. 반면 이익중시 그룹은 적었다. 이들은 투자 상품 수수료에 민감하고 재산 증식에 대해 불안감을 가지고 있는 유형이다.

SC의 글로벌 프리미엄 뱅킹 헤드인 푸 미하는 "다른 아시아 국가와 대비되는 한국 부자의 특징은 근심 없는 성격에 지위 향상을 중시한다는 사실을 확인할 수 있었다"고 설명했다. 인도 부자 중에서도 지위향상 중시 그룹 비중이 가장 컸다.

반면 중국 부자는 한국·인도 부자와 뚜렷하게 대비된다. 중국은 지위향상 중시 그룹의 비중이 매우 낮은 대신 재산증식 중시 그룹과 이익 중시 그룹이 강세를 보였다. 대만도 비슷했다. 중국 부유층은 다른 아시아 국가에 비해 위험을 회피하는 경향이 강했다. 대만 부자는 10년 이상 장기 투자를 하는 성향이 뚜렷했다. 태국은 다른 아시아 국가에 비해 편의성 중시 그룹이 두각을 나타냈다. 본업 · 가사 등의 업무에 전념하기 위해 투자는 가능한 한 단순하게 하는 투자자들이다.

홍콩 부자는 싱가포르 부자보다 더 화려한 차를 선호했다. 연령별 특징도 드러났다. 20대는 지위를, 30대는 편의성을 중시하다가 40대를 넘기면서 재산증식에 대한 관심이 확 늘어난다. 성별로도 차이가 있었다. 남성은 상대적으로 편의성과 재산 증식에 관심이 많았다. 여성은 이익 중시 그룹과 지위향상 중시 그룹의 비중이 컸다.

아시아 부유층은 올해 재산 증식을 얼마나 자신하고 있을까. '향후 12개월 내 재산 증식 가능성'을 묻는 질문에 나라별로 낙관론과 비관론의 비중이 달랐다. 인도네시아는 무려 98%가 증식을 자신했다. 인도 · 말레이시아 · 중국도 80% 이상이 자신감을 보였다. 반면 한국을 비롯해 싱가포르 ·

대만 · 홍콩 부자는 낙관론이 평균치보다 적었다.

이번 조사 대상이 된 한국 부유층은 201명이었다. 이들의 재산 증식 목표치는 56억 원으로 조사 대상 10개국 가운데 가장 많았다.

한국인 · 일본인 · 중국인의 3국 비교

최근 사업관계로 중국을 다녀온 한 기업인은 우리의 의식구조와 행동양식을 개혁하지 않고는 국가적 과제로 추진 중인 국제화 내지 국제경쟁력강화는 매우 어려울 것이라고 했다. 중국에서 사업을 하는 그는 한국인 · 일본인 · 중국인의 성격을 아래와 같이 비교했다.

한국인은 대체로 「안 되는 것도 되는 것」처럼, 「어려운 것도 쉬운 것」처럼, 「없는 것도 있는 것」처럼, 「못하는 것도 할 수 있는 것」처럼 말하고 행동한다는 것.

이에 반해서 일본인은 「안 되는 것인지 되는 것인지」, 「좋아하는 것인지 싫어하는 것인지」 「찬성하는 것인지 반대하는 것인지」명확하게 말하거나 행동하지 않는 특성이 있다는 것.

중국인의 행동양식은 다르다. 그들은 「되는 것도 안 되는 것」처럼, 「쉬운 것도 어려운 것」처럼, 「있는 것도 없는 것」처럼 말하고 행동한다. 상거래를 통해서 파악한 이 기업인의 세나라 국민성 비교는 상당히 공감이 간다.

미국 여류 문화인류학자 베네딕트는 일본인의 양면성을 「국화와 검」이라는 저서에서 잘 표현하고 있다. 일본인은 국화처럼 산뜻하고 아름답고 순한 면과 다른 한편으로는 칼처럼 날카롭고 잔인하고 무자비한 면을 지니는 양면성을 갖고 있다는 게 그녀의 주장이다.

특히 일본인이 즐겨 사용하는 「혼네」(본심)와 「다데마에」(명분)라는 것도 따지고 보면 일본인의 이러한 양면성 내지 이중성에서 연유한 특유의 성격이라고 할 수 있다.

고려대학교에 교환교수로 왔던 와세다대학의 도바긴 이치로 교수가 「한국인은 겉으로는 반일, 속으로는 친일」인데 반해「일본인은 겉으로는 친한, 속으로는 반한」이라고 말한 것도 일본인의 이중성내지 양면성을 나타낸 좋은 예다.

1950년 선조는 일본에 조선통신사를 파견했었다. 귀국한 정사 황윤길(서인)은 일본의 조선침략을 예견하고 빨리 대비할 것을 선조에게 권고했다. 그러나 부사 김성일(동인)은 정반대였다. 선조는 김성일의 보고를 받아들여 침략에 대비한 준비를 하지 않았다. 이 사실은 한편으로는 통신사 일행을 극진히 대접하면서 다른 한편으로는 침략준비를 했던 일본의 이중성과 양면성을 잘 보여준다.

최근의 미·일 정상회담에서 호소카와 총리는 클린턴 대통령의 대일 무역적자시정을 위한 구체적인 수치제시 요구를 단호하게 거부했다. 드디어 미국에「No」라고 말하기 시작하는 등 날로 국력이 커가는 일본이 앞으로 아시아 특히 한국에 대해 어떤 자세로 나올 것인가를 세심하게 살펴 볼 필요가 있다.

한편 중국은 어떠한가. 지금 중국은 하나가 아니고 4개라고 한다. 홍콩, 대만, 해외화교 그리고 중국본토가 4개의 중국을 형성하고 있는데서 나온 얘기다. 이들은 장차「중화연방공화국」건설에 참여하여 아시아와 세계에 큰 영향을 미칠 것이라고 중국문제 전문가들은 예견하고 있다.

그렇게 되면 일본과 중국은 먼저 아시아에서 패권을 겨루는 싸움을 하든가 아니면 동맹을 맺어 아시아를 양분하려는 움직임을 보일 것이라고 중국전문가들은 경고한다.

중국인들은 우리 한국인을 어떻게 보고 있는가. 중국의 모 기관이 자국기업인들에게 외국인들과의 상담 때 참고로 만든 내부 지침서에는 한국인관이 잘 나타나 있다.

• 한국인 : 치켜 주고 계속 칭찬을 해주면 거의 모든 비밀을 다 털어놓고 쉽게 양보하는 경향이 있다. 계약문서도 대강 훑어보고 세부적인 검토없이 그냥 서명해 버리는 경우가 많다.
• 일본인 : 치밀하고 까다로우며 협상테이블에서 본심을 잘 드러내지 않

는다. 협상 테이블에서 대답이 동의하는 것인지 거부하는 것인지 분명치 않은 경우가 많다.

- 영국인 : 예스나 노를 표현하는 방법이 다양하여 양자를 구분해서 이해하기 어려운 경우가 많다.
- 독일인 : 계약을 성사시키기는 어렵지만 일단 성공시키면 계약내용을 잘 지킨다.
- 미국인 : 예스나 노가 분명하고 합의나 계약이 이루어지면 잘 지킨다. 그러나 손해를 보게 되거나 계약대로 이행을 안 한다고 생각되면 아무리 친한 사이라도 소송을 제기하기 때문에 계약을 했으면 잘 지켜야 한다.

21세기에는 일본과 중국은 세계적인 경제대국이 되어 한국에 대해 직접 간접으로 커다란 영향을 미치게 될 것이며 「아시아 태평양의 세기」가 아니라 「일본과 중국의 세기」가 될지도 모른다는 일부 미래학자의 주장이 현실로 나타날 가능성도 없지 않다.

우리의 국력은 분명히 한말의 국력과는 차이가 있다. 하지만 일본 중국과의 관계 설정에 있어서 선조 때의 김성일과 같은 오판은 하지 않아야 한다. 그러기 위해서는 정확한 정세판단과 충분한 대응책을 마련해 나가야 할 것이다.

(동아일보, 1994년 2월 15일)

집에 암소 있어요?

여자들은 내 경험과 자신들의 경험을 관련시키려고 애쓰면서 온갖 질문을 던졌다. “집에 암소 있어요?” 한 여자가 물었다. “아뇨.” “그럼 벌이는 있나요?” 양미간에 빨간 곤지를 찍은 여자가 물었다. 이곳에서 ‘테프’라고 부르는 곤지는 예로부터 기혼 여성을 나타내는 표지였다. “지금은 남편이 대통령이기 때문에 내가 직접 벌지는 않아요.”

나는 내가 하는 일을 어떻게 설명하면 좋을까 생각하면서 덧붙였다. “전에는 남편보다 내가 더 많이 벌었어요. 남편 임기가 끝나면 다시 돈벌이에 나설 계획이예요." "아이는 몇이나 있죠?" "딸 하나예요'" 마을 여자들은 서로 얼굴을 바라보면서 중얼거렸다. "참 안됐네. 힐러리 부인은 암소도 없고, 벌이도 없고, 딸도 하나 뿐이래."

(힐러리 로댐 클린턴, 살아있는 역사, 웅진닷컴, 2003, pp.47 – 48)
Living History, Hillary Rodham Clinton, Simon&Schuster Inc.

memo~

제 7 장 국제기업협상의 내용

제 7 장 국제기업협상의 내용

1. 국제기업의 협상환경

계속기업(going concern)을 지향하는 기업들이 경영활동의 범위를 이익이 발생하는 시장이 있을 경우 지역과 국가를 초월하여 진출하는 것은 기업의 본질 내지는 속성을 보여주는 것이다.

더구나 개방화와 국제화 그리고 정보화를 키워드로 하여 급격하게 확산되고 있는 글로벌리제이션의 물결은 거스를 수 없는 시대의 대세이다.

이제 기업활동의 전개나 수행에 있어 '물산장려운동(物産奬勵運動)'과 같은 Patriotism이나 '국산품 애용하여 나라경제 살리자'라며 국내 또는 내수시장을 강조하는 Chauvinism은 의미를 상실한 지 오래 되었다.

지금부터는 내수시장공급 → 간접수출 → OEM 수출 → 직접수출 → 현지화를 통해 시장을 넓혀가면서 해외고객지향의 기업활동을 벌이고 있는 국제기업의 개념 및 기업환경에 관하여 살펴 보기로 하자.

기업환경은 조직의 경계 외부에 있으면서 조직에 대하여 잠재적 또는 실질적으로 영향을 미치는 모든 요소들의 집합이다.

이는 단순하게는 고객이나 경쟁기업의 행동에 영향을 미치는 요소만을 의미하지만 크게 보면 산업은 물론 사회 전반에 걸친 변화와 정부정책 또는 법률적 환경의 변화 및 이에 따른 경제여건의 변화를 의미하고 있다.

기업환경은 D. Walton이 주장한 바와 같이 '기업의 생존과 발전에 영향을 을 미치는 외적인 조건과 영향의 모든 것'이며, 다카다(高田)가 정의한 것처럼 '기업의 존속, 생존에 어떤 형태로든 영향을 미치는 외부적 요인의 총계'인 것이다.[1)]

기업의 영리경제설(營利經濟說)과 함께 경영전략을 '경영목표를 달성하기 위한 의사 결정 룰(decision rule) 내지 지침(guide line)'이라고 보았던 H. Ansoff는 '기업이란 환경을 섬기는 조직, 즉 ESO(Environment Serving Organization)'라는 정의를 내린 바 있다.[2)]

21세기에 이르러 인간 사회의 모든 환경이 그러하듯 기업을 둘러 싸고 있는 환경 역시 급변하고 있다.

그리하여 변화하는 것이 곧 기업환경의 특성이 되기에, '변화하지 않는 기업은 기업이 아니다'라는 역설적인 주장까지도 있게 되었다. 이제 21세기의 기업환경은 새로운 패러다임을 요구하고 있다.

기업환경의 불확실성(environment uncertainty)은 조직과 환경의 관계를 설명하는 핵심적인 개념으로 의사결정자가 환경변화에 관련하여 충분한 정보를 갖고 있지 못한 상태로서 기업환경에서의 불확실성이 존재한다면 이는 의사결정에서의 실패가능성이 높다는 것을 의미하는 것이다.

일반적으로 기업들이 갖는 기업환경에서의 불확실성은 다음과 같은 특성을 갖고 있다.

첫째는 환경상태의 불확실성(the state of environment)이며, 둘째는 환경 또는 이의 미래상태가 조직에 미치는 영향력의 예측의 불가능성(a future state of environment)이며, 셋째는 기업의 대안을 사용할 수 있는 유용성에 대한 대응의 불확실성(response of environment)이다.

기업에 영향을 미치는 환경변화와 이들의 상호관계는 다음의 <그림 7-1>과 같이 정리하여 볼 수 있다.

---

1) 이건희, 현대경영학의 이해, 학문사, 1997, p.493.
2) 한정화, 경쟁과 전략에 대한 성경적 관점, 엠마오, 1995, p.12.

▌그림 7-1▐ 환경변화의 상호연관성

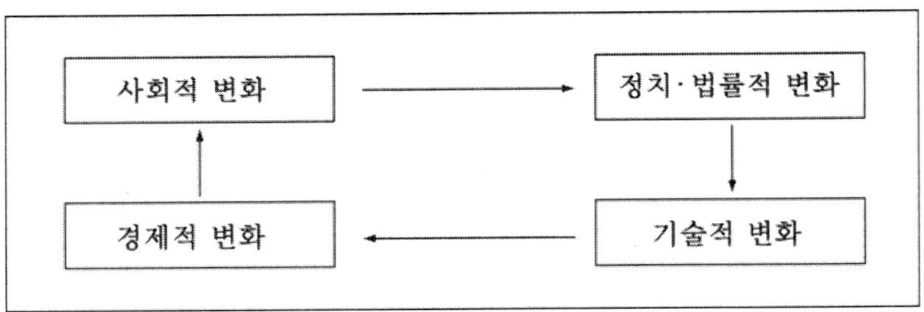

자료 : 어윤대·방호열, 전략경영, 학현사, 1998, p.120

위의 그림에서와 같이 기업은 환경에 의하여 영향을 받고 있을 뿐만 아니라 이들은 서로 연결되어 순환하는 가운데 영향을 미치고 있어 일시적이거나 단발적이지 않다.

외부환경에는 무수한 요소들이 존재하고 있으며 이들은 기업경영의 의사결정권자(decision maker)에게 실질적으로 기업의 성과를 향상시키거나 기업간의 성과차이를 설명할 수 있는 요소가 되고 있다.

다음의 <그림 7-2>과 <그림 7-3>은 기업의 환경을 내부환경과 외부환경으로 구분하면서 각각의 환경주체를 살펴 본 것이다.

▌그림 7-2▐ 기업환경의 영역

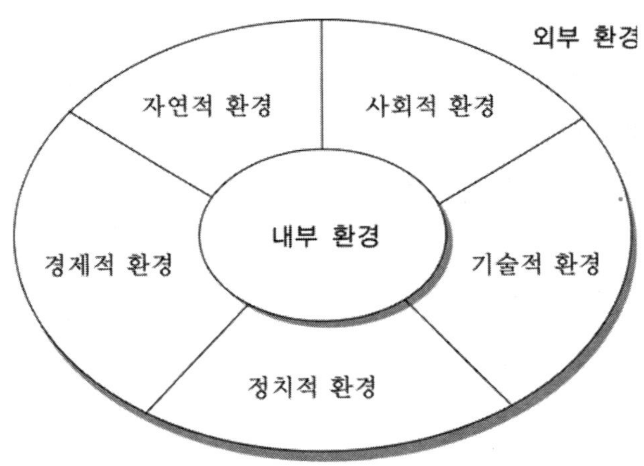

┃그림 7-3┃ 기업환경의 각 주체

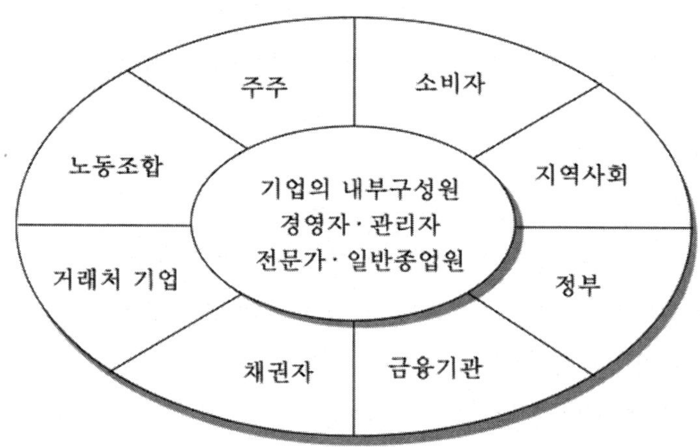

최근 일본의 엔화가 폭등하면서 기업들은 환차손(換差損)을 회피하기 위한 위험관리(Risk management)방안을 마련하고 있다.

LG의 경우 엔화의 상승세가 지속될 것으로 예견하면서 부품의 국산화를 앞당기는 등 대일 의존도를 낮추고 수입지역은 동남아 등으로 다변화시키려는 방안을 마련했으며, 현대는 엔고를 기회로 삼아 미국의 중 · 저가 자동차시장을 집중적으로 공략하여 미국시장에서의 점유율을 3%로 끌어 올리는 수출전략을 마련하였다.

수출업자의 경우 대금지급을 받아야 하며 수입업자는 상품수입에 대한 반대급부로서 대금을 결제하여야 할 것이다. 즉 무역업자들 간에는 대금결제와 관련한 협상을 하여야 한다.

위에서 언급한 무역업자들간의 협상전략을 살펴보기로 하자.

수출기업은 엔화강세의 큰 수혜자이다. 미국 등의 국제시장에서 일본상품과 경쟁을 할 수밖에 없는 상황에서 엔화강세는 가격경쟁력을 가져 오기 때문이다. 그러나 달러화의 약세도 예견되므로 이에 대한 대책도 마련해야 한다. 수출계약 및 네고를 하게 되는 경우 이를 신속하게 집행하는 등의 L&L(대금결제의 촉진 및 지연)전략을 수행하여야 할 것이다. 이를 위해서는 일람불 거래는 물론 기한부 무역방식의 수출거래에서도 선적기일을 가급적

앞당겨 환차손을 회피하여야 한다. 물론 엔화표시 신용장에 의한 거래인 기업에서는 달러표시 거래로 계약방식을 고려해야 한다.

수입업자의 경우에는 대금결제를 지연시키거나 수입선의 다변화를 고려하는 것인 바, 기계나 이와 관련한 부품과 같은 대일 의존도가 높은 상품들이 해당된다.

대부분의 무역대금결제는 달러화를 결제통화로 하고 있으므로 환위험을 회피할 수도 있지만 경우에 따라서는 환차익도 고려할 수 있다. 그러나 엔화로 결제하여야만 될 경우 달러화로의 전환을 고려해보아야 할 것이다.

이것이 불가피하다면 기존에 보유하고 있는 엔화자금은 그대로 두고 값이 오르기 전에 엔화를 매입하여 결제하는 식으로 환테크를 시도해 볼 수도 있으며 나아가 안전성을 최우선시하여 거래은행을 통한 선물환의 이용방법도 고려해 볼 수 있다.

마지막으로 외화자산 포트폴리오전략은 엔화보다 달러화를 많이 보유한 기업이라면 엔화자산의 비중을 늘려 환율변동을 주시하는 가운데 매매시점을 결정하여 총자산의 수익성을 우선하여 관리하는 방법이 있다.

다음의 <표 7-1>은 무역대금의 결제와 관련한 협상전략을 도표로 정리한 것이다.

▌표 7-1▐ 엔 강세(强勢)시의 무역기업의 협상전략

엔 강세시 무역기업의 협상전략
• 수출기업의 경우에는 가급적으로 앞당겨서 선적한다 • 수입기업의 경우에는 대금지급을 최대한으로 늦춘다 • 선물환을 적극 활용한다 • 외환 자산구성을 다변화한다

기업의 국제화는 시대적 대세인 동시에 미래에 있어서 계속기업으로서의 존망(存亡)이 달려 있는 시대의 화두이다.

다시 말해 기업은 지속적인 성장을 위하여 더 많은 매출과 이익을 달성하고 더 큰 시장을 확보하여야만 하는 것이기에 국제화는 곧 기업의 성장과정이라고 할 수 있다.

다음의 <표 7-2>를 통하여 기업으로 하여금 국제화를 촉진시키는 요인들과 그럼에도 불구하고 국제화를 이루지 못하거나 억제시키는 요인들을 정리하여 보자.

▌표 7-2▐ 기업의 국제화를 촉진*(억제)하는 요인들

촉진적 요인	억제적 요인
1. 국제무역환경의 자유화	1. 신보호무역주의 및 지역주의의 대두
• 무역장벽의 감소	• 상호주의 및 공정주의
• 사회주의 경제의 개방화	• 지역별 경제통합의 추이
2. 기술 및 경제적 요인	2. 기술 및 경제적 요인
• 기술변화율 및 개발비용의 급격한 증가	• 유연제조시스템(FMS)
• 규모의 경제	• 규모의 비경제성 증대
• 수송비의 감소	• 수송 및 물류비용 감소의 한계
3. 통신수단의 발전	3. 조정비용의 증가
• 지구적 조정 및 통합능력의 증대	• 지구적 정보수집비용의 증가
• 지구적 정보탐색능력의 증대	• 지구적 조정 및 통합비용의 증가
• 정보지식의 국제교류활발	4. 각국 시장의 차이
4. 소비자기호의 동질화	• 기호 및 관습의 국가적 차이
• 제품의 현지 적합성	• 시장구조 차이와 소비자 기호의 세분화
• 지구적 단일시장의 등장	

자료 : 국제경영, 어윤대·김성호 외, 학현사, 1998, p.211

2. 국제기업협상의 종류

기업 국제화의 단계별 결정요인을 연구한 S. Cavusgil과 J. Nevin은 국내 마케팅 단계 → 수출 이전 단계 → 시험적 진출 단계 → 적극적 진출 단계 → 국제기업 단계로 나눠서 설명한 바 있다.

그러나 기업의 국제화 단계는 상품과 서비스의 해외시장 진출 대신에 기술과 자본 심지어는 이러한 모든 것들을 공급하는 주체인 기업 자체가 해외시장에 진출하는 경우도 있다.

기업의 국제화 단계 내지 내용은 다음의 <그림 7-4>에서 보는 것처럼 국내시장을 벗어나 전문적인 수출기업의 도움을 받는 간접수출에서 자사 및 마케팅 현지법인을 설치하는 단계 등의 수출에 관련한 협상, 해외에 기술을 이전하는 것에서 턴키 베이스계약에 이르는 단계인 국제계약방식에 관련한 협상, 국제적인 간접투자 및 해외직접투자의 단계인 국제투자관련의 협상으로 나눠 볼 수 있다.

일반적으로 수출단계에는 상품의 품질과 계약상품의 신속 및 정확한 인도와 적기의 대금결제만이 중요한 것으로 인식하고 있어 라이센싱이나 프랜차이징 등의 국제계약단계나 해외직접투자와 같은 투자협상단계에 이르러서야 본격적이고도 주도면밀한 협상이 있어야 하는 줄로 알고 있다.

그러나 협상의 내용이나 수준에서의 차이는 있겠지만 단순한 오퍼의 발행에서 신용장이 개설되고 보험에 부보하는 등 본격적인 무역이 이뤄지게 되면 매매계약서(Sales of contract)를 협상하고 문서화에 관련한 사전적인 대비 즉 협상능력을 확보하고 적용할 수 있어야 한다.

이제 기업의 외적 성장을 위한 전략으로 기업간에 빈번하게 사용되고 있는 기업의 인수와 합병 즉 M&A에 관련하여 알아 보기로 하자.

M&A는 타 기업의 경영권 확보를 위해 합병(merger)하거나 자산 또는 주식의 취득을 통해 인수(acquisition)하는 것으로 이의 장점은 첫째로는 경쟁력이 소진된 기업의 소유 및 지배력을 특정의 기업이 인적·물적·자본적 결합으로 인수를 통해 신속하게 시장진입을 할 수 있게 되는 점을 들 수 있다.

▌그림 7-4▌ 국제기업협상의 종류

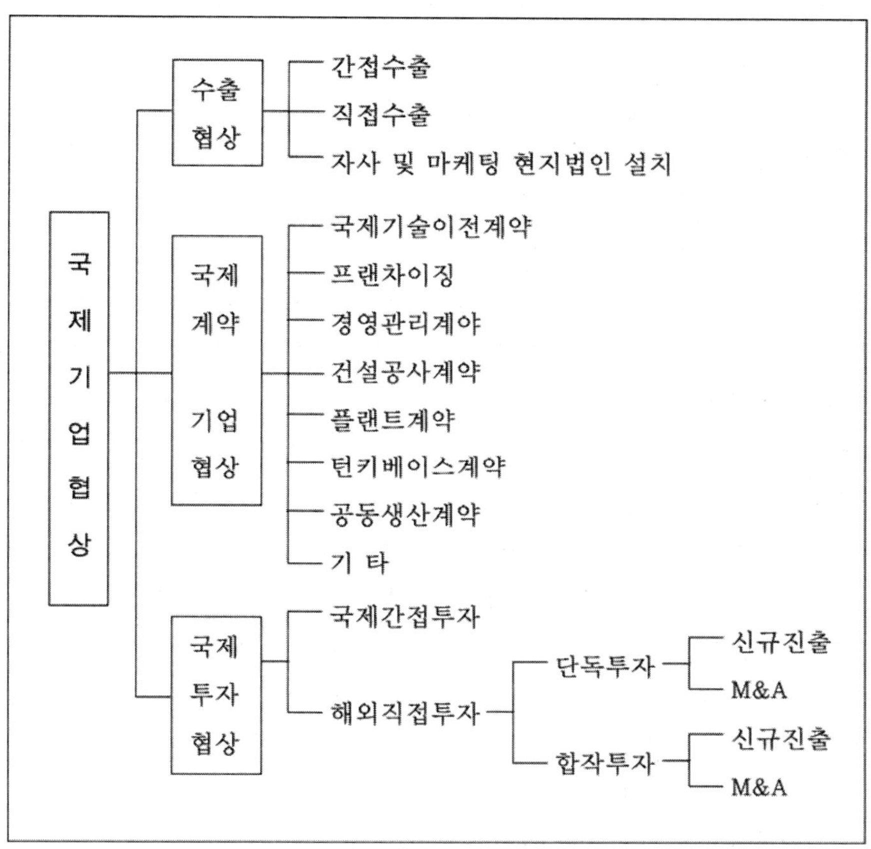

자료 : 어윤대 외, 국제경영, 전게서, p.313 / 장대환, 국제기업협상, 학현사, p.133.

둘째로는 기존 기업의 생산·판매·재무·R&D 등에서의 시너지효과를 얻을 수 있다.

셋째는 새롭게 제품라인을 추가할 수 있다는 점으로 기업활동을 연장 내지 강화시키는 기업결합행위로서 인수기업의 생산성과 자본투자면에서의 효율성을 제고할 수 있다.

물론 M&A에 따른 단점도 있을 수 있는데 첫째로는 인수대상 기업의 선정과 평가가 쉽지 않은 점으로 비밀유지는 물론 회계기준의 차이나 허위 재무제표에서의 공정성 등의 문제가 있다.

둘째는 공장설비의 노후화로 신규투자비가 소요되는 점이다.

셋째는 법률 · 행정적인 점으로 현지국이나 본국의 인수합병에 의한 시장 진입을 제한하고 있는 점이다.

M&A는 주식확보를 통하여 이뤄지며 대개는 기존의 대주주가 보유한 주식을 사들이게 되는데 이때의 거래성격에 따라 목표기업, 즉 피인수기업의 우호적(friendly)인 합의에 따라 이뤄지는 우호적 M&A가 있다.

이와는 달리 경영층의 반대에도 불구하고 대상기업의 범위가 넓고 인수가액에 경영권 프리미엄이 포함되지 않아 인수 가액이 낮아지는 매력에 따라 주주들을 대상으로 한 인수를 통하여 공개매수방식(TOB)을 이용하는 적대적(hostile) M&A가 있다.

또한 트리오 M&A라 하여 2개 업체만이 아니라 관련된 3개 업체가 합치는 M&A도 있다.

그리고 A&D(Acquisition & Development)라 하여 R&D를 통해 높은 기술력을 확보하고 있거나 높은 성장성을 갖고 있는 기업 또는 유망 벤처기업을 인수하여 인수기업의 가치를 극대화하는 전략도 있다.

물론 결합방식에 따라 두 회사가 합병 후 새로운 회사로 설립되는 신설합병과 한 회사가 다른 회사에 흡수되는 흡수합병이 있으며 합병의 방식이 자산을 흡수하는 자산합병과 주식을 합병하는 주식합병이 있다.

따라서 M&A의 구체적인 방법에는 인수하는 기업의 주식을 직접 인수하거나 자회사를 먼저 설립하고 이를 통해 주식을 인수하는 방식, 기존의 기업을 처음부터 흡수 · 합병하는 방식, 인수하려는 기업의 영업의 전부 또는 일부만을 인수하여 현지의 지점 형태로 운영하는 방식 등이 있다.[3)]

이제 M&A를 본격적으로 시행하기 위한 협상단계 및 절차는 <표 7 − 3>과 <그림 7 − 5>와 같이 만들어 볼 수 있다.

3) 어윤대 · 김성호 외, 전게서, pp.304 − 306.

| 표 7-3 | M&A의 협상단계

제1단계	상황 분석	우수한 기업들이 있다
제2단계	자신파악	경영 부실로 힘든 처지
제3단계	명확한 목적 인식	우수한 기업의 합병으로 지속적 기업 경영
제4단계	상대방 파악	기업규모 큼/효율적 기업경영/유동성 자금풍부
제5단계	협상 후 결과 검증	M&A를 통하여 계속기업으로서 존재 가능

| 그림 7-5 | M&A의 절차

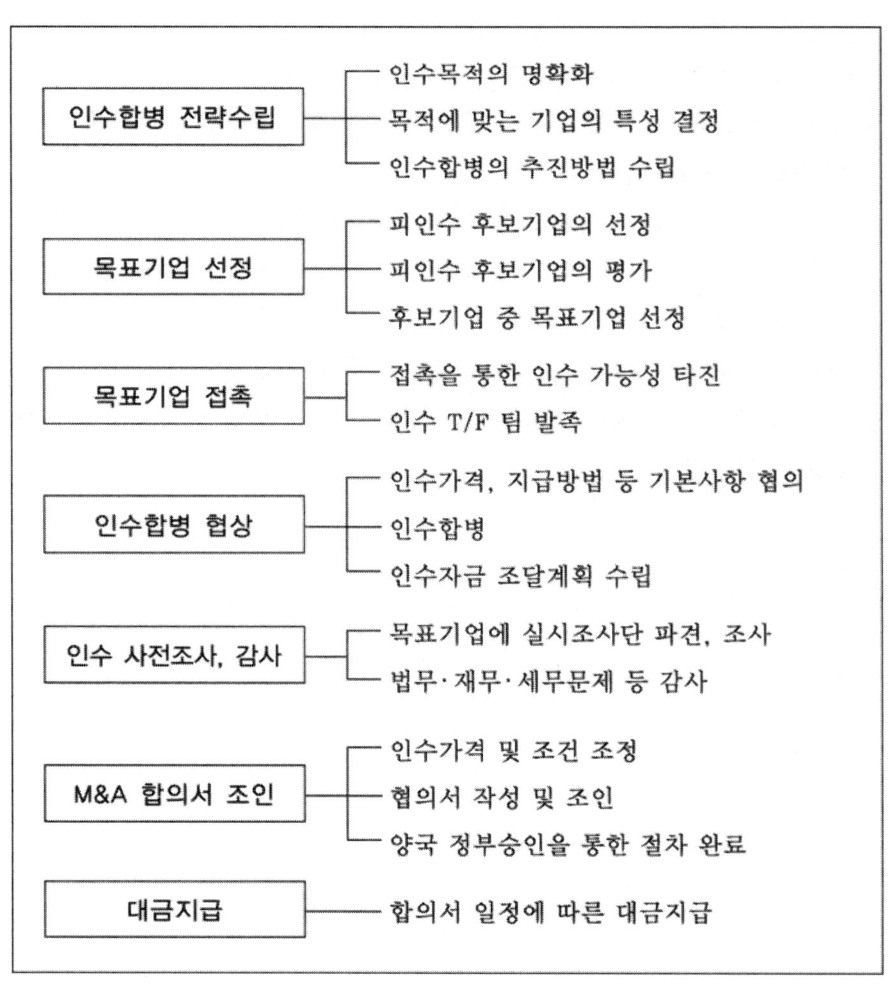

그리하여 구체적으로 M&A 협상이 이뤄질 경우에는 우선 매수기업은 매수희망사업(기업)의 제시와 함께 희망가격을 제시하고 매도기업은 매도기업에 대한 개괄적인 자료 및 재무자료와 함께 매도 희망가격을 제시하는 정보매칭(matching)을 통하여 서로간에 비밀유지를 약정하게 된다.

한편 매수기업(買收企業)은 매수대상기업의 사업타당성 및 합목적성을 평가하고 매도기업(賣渡企業)은 해당산업 및 시장의 분석자료를 통한 본격적인 협상이 개시된다.

이후에는 양 기업들 간에 매수·매도에 대한 기본합의서(基本合意書)를 작성하는 동시에 비밀유지계약을 작성하는 단계를 거치게 된다.

이어서 각각의 기업은 상대 기업으로부터 제공받은 자료를 검증하고 평가하는 기업실사(企業實査)의 단계를 갖은 후 법률 및 세무 그리고 구체적인 매도·매수조건에 대한 최종 협상을 한 후 마지막으로는 양수도계약(讓受渡契約)을 체결하면 된다.

끝으로 매수기업은 대금지급 등의 매수의무를 실행하면서 매수기업을 경영하게 되고 매도기업이 대금인수의 의무를 실시하게 되면 M&A협상은 종료하게 되는 것이다.

그러므로 M&A협상은 단순히 기업의 구조조정의 방편으로서가 아니라 생존전략의 차원에서 이뤄져야 하며 더욱 중요한 것은 이후의 조직융합임을 간과해서는 안될 것이다.

3. 국제기업협상의 전략적 대응방안

수익성을 기본 속성으로 하는 계속기업은 성공적인 기업협상(business negotiation)을 위하여 대응방안을 수립하여야 한다. 즉 경제성을 최우선으로 한 효율적인 자원의 분배나 리스크의 최소화 내지 분산을 위하여 유리한 입장에서 전략적 대응방안을 마련하여야 한다는 것이다.

일반적으로 국제기업들간에 수행되고 있는 대응방안(alternatives)은 다음과 같다.

첫째는 현지조사(grand tour) 방법으로 협상하려는 기업이 속한 지역(국가)이나 시장 또는 기업 자체에 대한 예비적인 조사과정이 있은 후 협상대표 내지 최고 의사결정권자가 직접적인 방문을 통하여 대응방안을 마련하는 것이다.

둘째는 고문(old hand)을 활용하는 방법으로 기업외부의 협상대상 기업이나 지역(국가)에 대한 전문가의 조언이나 자문을 구하는 것으로 고문역할을 수행하는 개인 또는 집단의 능력과 경험의 질(quality)이 관건이 된다.

셋째는 델파이(delphi) 기법으로 BERI(Business Environment Risk Index)처럼 전문가나 전문집단에게 특정의 문제에 대한 독립적인 의견을 반복적으로 질문하고 결과를 수렴하여 통계적인 분포도의 작성으로 얻어진 정보를 통해 의사결정을 얻는 것이다.

넷째는 계량적 방법으로 사회경제적 지수나 사회적 갈등지수 및 정책과정 지수 등 동일한 가중치를 갖는 지수(指數)들을 시계열분석하여 협상대상 기업이나 지역(국가)또는 시장에 대한 종합적인 정보를 얻는 기법이다.

다섯째는 시나리오(scenario) 기법으로 협상하려는 기업이나 지역(국가) 및 시장에 대한 가상 상황을 설정하여 이에 따른 대응방안을 사전적으로 수립하는 방법이다.

이제는 본격적인 협상을 앞두고 있는 기업 협상에서 준비 내지 점검하여야 할 내용들을 <표 7-4>를 통하여 단계별로 살펴보기로 하자.

┃표 7-4┃ 국제기업의 단계별 협상과정

협상과정의 단계	상황론적 전개	제도적 전개	수단 및 절차
목표결정	• 목표는 협상시 사안별로 준비 • 협상자는 보상 극대화를 고려한다.	• 협상목표는 상부의 조직목표와 연결된다.	• 거래의 관계 기록표 • 협상 지시문
협상준비	• 대부분 준비를 위한 시간이 없이 임시변통으로 이뤄진다.	• 준비는 정형화 되어 있고 협상자는 과거 경험에 의존한다.	• 과거의 협상자료 • 상대방 이해를 위한 워크 쉬트 • BATNA 체크리스트
협상실시	• 협상자는 거의 감독없이 행동하며 성공/실패는 개인력에 좌우된다.	• 관리자는 적극적으로 코치하며 동료는 협상의 방식과 용어를 공유한다	• 협상 시나리오 마련 • 협상자/관리자를 위한 훈련 프로그램 • 유경험자와의 연결
협상검토	• 검토는 드물고 실시되어도 비용절감 및 체결된 거래의 %와 연결된다	• 체계적인 검토로 협상에 적용하며 협상의 방식, 과정도 참고한다.	• 결과/과정에 관련한 질의문 작성 • 협상 프로세스 DB화

자료 : W. 워렌, 협상의기술(역서), HBR, 2000, P.168

끝으로 다음의 <표 7-5>를 통하여 한국, 일본, 미국을 중심으로 기업의 협상행위상 나타나는 특성을 비교하여 보기로 하자.

❙ 표 7-5 ❙ 한국, 일본, 미국 기업의 협상 행위 비교

구 분		한 국	일 본	미 국
협상자 특성	개인적 특성	집단주의 성향	약간 개인주의	개인주의 성향
	자질(결단성)	대체로 우호	매우 필요	불필요
상황적 제약	신뢰성	우호적	우호적	우호적
	목표, 의존성	매우 높음	매우 높음	적당히 높음
	협상단계 중요성*	2→3→1→4	3→4→2→1	2→1→3→4
	거래조건 중요성**	1→2→4→3→5	2→1→3→4→5	2→1→5→4→3
협상 과정	통합 · 분배적 전략	분배적	대체로 통합적	통합적
	이해 · 도구적 전략	이해적	이해적	대체로 이해적
	양보 전략	대체로 양보	매우 양보	매우 양보
	의제 협상 전략	순차적	순차적	순차적
협 상 결 과		대체로 만족	대체로 만족	매우 만족

* : 1. 비사무적 탐색, 2. 정보교환, 3. 설득, 4. 합의
** : 1. 가격, 2. 품질, 3. 수량, 4. 대금결제, 5. 인도조건
자료 : 신군재, 무역협상 성과의 결정요인에 관한 실증적 연구, 한양대학교 박사논문, 1995.

결론적으로 국가별로 차이 내지 특성은 다르지만 협상자의 개인적 특성이나 상황적 제약 조건 등의 문화적 차이가 협상의 과정이나 결과에 영향력을 주고 있음을 알 수 있다.

그러므로 협상을 '궁극적으로 자신이 원하는 방향으로 타협하는 과정'이라고 정의할 경우 기업협상은 기업의 장기적 관점에서 이익창출을 전제로 먼저는 최고 경영층, 재무관리자, 법률가 및 기술관리자 등이 기업내의 협상 상황을 충분히 인식하여야 하고 다음에는 협상 상대국의 정치 · 경제적 요소와 사회 및 문화적 요소까지도 고려하는 다층적인 요소 환경을 숙지한 상황에서 진행시켜 나가야 할 것이다.

4. 국제기업협상의 사례

(1) 다음은 미국과 한국의 무역기업 간에 맺은 매매 계약서이다. 간단하지만 일반적인 계약서에서의 기본적인 형식을 갖추고 있다.

Sales of Contract

AGREEMENT

Between

LOOKS INTERNATIONAL CORP., the buyer, and SAE YANG TRADING CO., LTD., the seller.

Business: Both parties shall act as principals, and not as agents.

Offers : All firm offers made by cable, unless otherwise stipulated, shall remain in force for four days including the day cabled. Sundays and national holidays shall not be counted as days.

Acceptance : Acceptance must be made by cable within the time specified.

Order : An order by cable must be confirmed by cable on receipt; subsequently a separate contract note or order sheet shall be sent by following mail.
Orders thus confirmed can not be cancelled unless by mutual consent.

Price : Unless otherwise stated in letter or cable, prices shall be in U.S. currency on CFR, LA basis.

Quality : a) Goods sold on sample shall be guaranteed by the seller to conform exactly to sample upon arrival at destination.
b) Goods sold without sample shall be guaranteed by the seller to be equal to the fair average of the season's crop.

Quantity : Weight and quantity determined by the seller, as set forth in shipping documents, shall be final.

Marking : All shipments shall be marked and given running numbers.

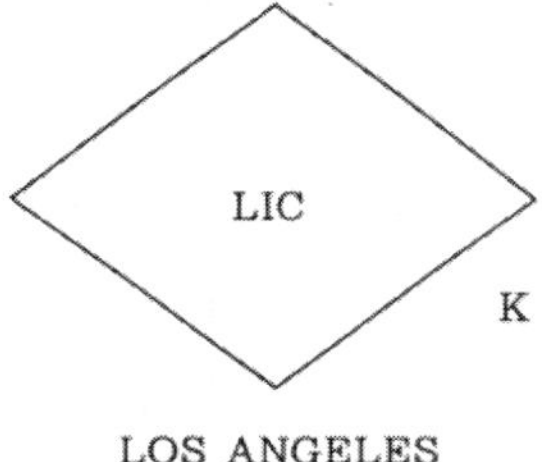

Terms : Banker's Irrevocable Letter of Credit is to be opened at the time each contract is concluded. Draft is to be drawn at sight, under the credit for the full invoices, Consular Invoice and other documents which particular contracts require.

Shipment : Shipment shall be made within the time specified in the contract of sale. In case of force majeure one month's delay is allowed. The date of the Bill of Lading shall be full and sufficient evidence of the date of shipment.

Destination : Los Angeles unless expressly specified by cables or letters. The port of discharge, however, shall be at the buyer's option in accordance with the special agreement when each contract is made.

Insurance : Insurance shall be effected by the seller on W.A., including risks of Theft, Pilferage and Non-Delivery for the invoice amount plus ten percent. War Risk or any other additional insurance, if required, shall be covered for account of the buyer. Policies or Certificates are to be made out U.S. Currency, and claims payable in Los Angeles.

Claims : Claims, if any, shall be filed by cable within fourteen days from the date of final discharge at destination. Certificates by recognized surveyors shall be sent by airmail without delay.

Arbitration : Claims and disputes, unless amicably adjusted between seller and buyer, are to be submitted to two arbitrators appointed by respective parties, whose decision both parties should accept and abide by.

This agreement shall be valid from the date of May 1, 1986.

(Buyers) LOOKS INTERNATIONAL CORP., LOS ANGELES

(Sellers) SAE YANG TRADING CO., LTD. SEOUL

(2) 수출업자의 궁극적인 목표가 되는 대금결제에서의 핵심 서류의 하나인 신용장에 관련하여 발생하는 손해배상의 청구(claim) 및 이의 해결과정, 즉 무역대금의 미지급(unpaid)에 관련한 분쟁의 발생원인과 해결방안은 다음과 같다.

신용장(L/C)은 대금결제를 원활하게 하기 위하여 개인의 신용(信用)을 은행신용으로 전환하는 것으로 국제무역거래에서 필수적으로 요구되는 증서(instruments)의 하나이다.

여기서 말하는 신용은 작게는 수출업자와 수입업자간의 신용 또는 무역업자와 은행간의 신용을 말하는 것이나 크게는 수출업자를 대행하는 오파상(commission agent)이나 바잉 오피스(buying office) 및 계약상품의 인수(引受)와 인도(引渡)업무를 담당하는 운송업자 그리고 이의 하청업자라 할 포워더(forwarding agent)까지도 포함시킨 무역거래에 있어서 관계되는 모든 당사자들(concerned parties in international trade transaction)의 신용을 말하는 것이기도 하다.

그러나 신용장에 관련한 업무가 널리 활성화되면서도 신용장의 법적 성격(legal nature)이 정확하게 이해되지 못한 채 방대한 분량의 소송들이 지속적으로 이어지자 국제상업회의소(International Chamber of Commerce ; ICC)에서는「상업신용장에 관한 통일규칙 및 관행(Uniform Customs and Practice for Commercial Documentary ; UCP)」을 채택하게 되었다.

비록 미국의 성문법규(成文法規)이기는 하나 세계경제에 미치는 영향에 따라 국제적으로도 널리 적용되는 법원(法源)의 하나인 미국 통일상법전(Uniform Commercial Code ; UCC)에서도 신용장의 기본원칙을 규정하고 있다.[4)]

앞에서 살펴 본 신용장의 역사적인 발전과정과 함께 UCP나 UCC에서의 국제적인 법적 제도 및 장치가 널리 사용되어 왔음에도 불구하고 이에서 비롯된 오해와 다툼은 동 · 서양은 물론 거래상품의 종류 또는 결제대금(代金)의 다소(多小)를 막론하고 은행(bankers)과 무역거래업자(traders) 혹은 무역거래업자들 상호간에 지속적으로 이어지고 있다.

---

4) 배용원, 신용장거래에 있어서의 서류점검에 대한 연구, 고려대 박사논문, 1986, p.5.

본 연구에서는 신용장거래에서의 미지급에 관련하여 이미 알려진 사례와 최근에 발생한 기업에서의 사례를 통하여 이의 해결 또는 합의의 과정을 살펴보는 동시에 사전적으로 차단 또는 예방할 수 있는 대안을 모색하여 보고자 한다.

먼저 신용장이 대금결제와 관련하여 갖게 되는 절차를 다음의 <그림 7-6>을 통해 살펴 보기로 하자.

국제무역거래의 단계는 조회(inquiry)와 청약(offer)에 이은 주문(order) 그리고 매매계약의 체결(sales of contract)로 이어진다. 계약이후 수출업자는 계약상품을 자가생산(自家生産) 또는 완제품구매(完製品購買)를 통하여 상품 선적을 이행한 후 환어음의 발행으로 대금결제를 보장받을 수 있어야 하며 수입업자는 상품 인도를 보장받을 수 있어야 하는데 이러한 절차에서 반드시 거쳐야 하는 단계 또는 필수적인 서류(documents)가 신용장이다.

▌그림 7-6▌ 신용장에 의한 무역거래의 절차

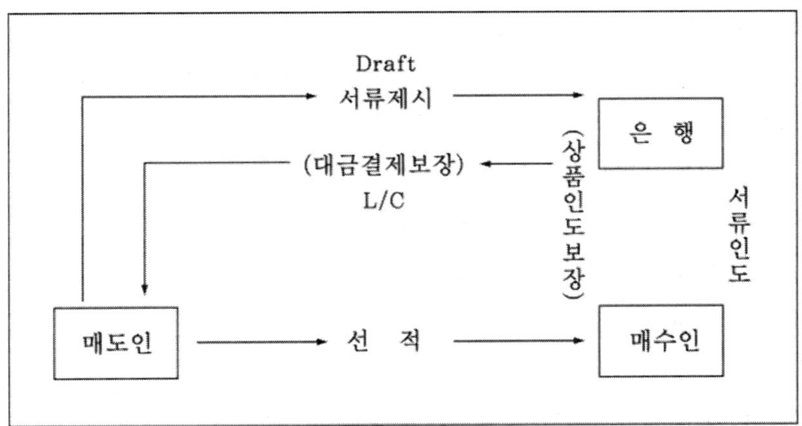

신용장에 관련한 국제적인 통일규칙 및 관례로서 널리 적용되는 UCP에서는 신용장의 성격에 대하여 국제간의 무역거래에 수반되는 수출대금의 회수와 상품입수의 원활을 기하기 위하여 수입상의 거래은행이 수입상, 즉 신

용장의 개설의뢰인의 요청과 지시에 따르거나 독자적인 판단에 따라 수출상 또는 그의 지시를 받은 은행 앞으로 신용장에 명기된 조건과 일치하는 운송서류를 제시하면 대금을 틀림없이 지급, 인수 또는 매입하겠다고 확약하는 약정(arrangement)이라고 규정하고 있다.[5)]

신용장의 기원은 그리스시대 혹은 로마시대부터라는 설(說)들이 있으나 근대적 의미에서의 사용, 즉 은행이 신용장의 발행인(發行人)으로 개입하기 시작한 것은 영국에서 국제무역이 활발하게 이뤄지던 19세기 중엽부터였다.

신용장의 활성화가 이뤄지면서 표준이 되는 규칙의 필요성을 절감하게 된 영국의 은행들은 자국의 판례법을 중심으로 상업신용장의 성질, 관계당사자들간의 권리와 의무 등을 규정하여 적용시켰으며 이후 세계 상거래의 중심지가 런던에서 미국의 뉴욕으로 옮겨지고 파운드화(貨)신용장에서 달러화(貨) 신용장으로 바뀌면서 발전되기 시작하였다.

그러나 신용장거래의 역사가 짧은 것은 물론 이에 대한 해석이나 판단에 있어 견해가 다르고 특히 독일이나 프랑스 등 각 국가들이 자국 실정에 맞게 또는 유리하게 규칙을 제정하여 사용하게 되는 등 혼란은 더욱 가중되어 졌다.

그후 신용장은 1920년에 뉴욕은행 상업신용장회의(New York Banker's Commercial Credit Conference)에서 "수출상업신용장에 관한 규칙(Regulation's Affecting Export Commercial Credit)"을 제정하면서 본격적인 사용이 이뤄지게 되었다.[6)]

1933년에 이르러 국제상업회의소(ICC)에서 신용장통일규칙(UCP)을 처음으로 제정하여 공포한 이후 지금의 신용장통일규칙에 이르기까지 총 6차에 이르는 개정을 통하여 지속적으로 발전하여 왔다.

신용장의 의의는 신용장통일규칙(UCP)에서 명확하게 정의를 내리고 있는 것처럼 '고객(applicant)의 요청(requests)과 지시(instructions)에 따르거나 또는 은행 스스로를 위하여 행동(acting)하는 은행이 신용장의 제조건과 일치하는 명시된 서류와의 상환으로 제3자 또는 수익자가 지시(order)하는 자에게 지급(to make a payment)하거나 수익자가 발행한 환어음을 인수(accept) 및 지

---

5) 이대호, 신용장론, 형설출판사, 2001, pp.17－18
6) 홍종덕, 신용장과 언페이드, 두남, 1998, p.23.

급(pay)하거나 또는 다른 은행으로 하여금 지급을 이행(to effect such payment or to accept and to pay) 하도록 하거나 이러한 환어음을 인수 및 지급하도록 수권(authorizes)하거나 또는 다른 은행으로 하여금 매입(to negotiate) 하도록 수권하는 모든 약정(any arrangement)을 의미하는 것'으로 되어 있어 한마디로 표현한다면 결국 "은행의 조건부 지급확약(conditional bank undertaking of payment)"이라고 말할 수 있는 것이다.7)8)

신용장거래에서 업무가 진행되면서 연관을 갖는 당사자들은 흔히 신용장의 관계당사자(concerned parties in L/C transaction)라고 불려지고 있으며 이들은 기본 당사자들과 기타 당사자들로 구분되어 진다.

전자는 개설의뢰인의 요청을 받아 자신의 신용을 서장(書狀)으로 작성하여 수익자에게 교부하는 발행은행(issuing bank), 발행으로부터 수권되었거나 요청을 받은 타은행이 지급 · 인수 또는 구상권을 행사하지 않고 매입하기로 확약한 은행인 확인은행, 개설은행으로부터 신용장을 수취하여 이에 요구된 모든 조건을 일치시켜 서류를 제시함으로써 대금결제를 받는 수익자를 말한다.

후자는 매매계약서에서 약정한 조건에 따라 신용장의 개설을 자기의 거래은행에 신청하는 수입상인 발행의뢰인(applicant), 신용장의 개설 및 내용을 수익자의 소재지에 있는 본 · 지점 또는 환거래은행을 경유하여 수익자에게 통지하여 주는 통지은행(advising bank), 신용장의 조건과 일치하는 서류 또는 그러한 서류가 첨부된 환어음이 제시될 때 개설은행에 의한 최종지급일까지의 이자 및 수수료를 공제하고 할인하여 매입하고 대전을 미리 융통하여 주는 매입은행(negotiating bank), 일람지급신용장 및 일람매입신용장의 개설은행인 지급은행(paying bank), 신용장의 조건과 일치하는 서류가 첨부된 (연지급)환어음이 제시될 때 그 어음의 인수를 한 경우 만기일에 지급을 이행할 의무를 지게 되는 은행 또는 연지급신용장(deferred payment credit)의 개설은행인 인수은행(accepting bank), 개설은행이 자행의 본 · 지점

7) I.C.C., Uniform Customs and Practice for Documentary Credits, 1993 Revision, ICC Publication No.500, Article 2.

8) 강원진, 신용장론, 박영사, 1994, p.18

또는 타은행에 예치구좌를 설치해 두고 매입은행으로부터 자행이 개설한 신용장에 의거하여 발행된 환어음의 매입대전에 대한 상환요청이 올 경우 자행의 예금계정을 차기(debit)하여 상환을 이행하도록 타은행에게 수권 또는 위임하게 되는데 이처럼 수권 또는 위임을 받아 상환업무를 대행하여 주는 상환은행(reimbursing bank), 양도가능신용장에서 제1수익자의 요청을 받아 신용장의 모든 권리와 의무를 제2의 수익자에게 양도하여 주는 양도은행(transferring bank) 등을 말한다.

신용장 거래업무는 국제무역업무가 조회와 청약에서 비롯되어 수입업자에 의한 신용장의 개설의뢰와 계약상품의 선적 및 보험의 부보(付保)업무가 진행되고 드디어는 거래상품(수출상품 또는 수입상품)에 대한 대금결제까지가 이뤄지게 되면서「신용장의 관계당사자들(concerned parties in L/C transaction)」간의 거래로서 종료되는 것이다.

그러나 이와는 반대인 경우가 발생한다면 지금까지의「신용장 관련업무에서의 관계당사자들」은「분쟁(disputes)과 마찰(friction)의 관계당사자들(concerned parties in L/C disputes)」로 전환될 수 밖에 없다.

이제 대금결제에서의 미지급에 대한 구체적인 분쟁의 내용을 살펴 보기로 하자.

미지급이란 신용장개설은행이 매입은행이 제출하는 서류와 상환하여 지급할 것을 거절(refusal to pay)하는 행위를 말하는 것이며 대금지급에 대한 지시 또는 요구에 대하여 이행하는 것이 아니라 반대인 거절의 행위인 부도(不渡)가 있게 된다.[9)]

신용장 통일규칙에서는 개설은행은 서류를 접수하면 문면상 신용장 조건과 일치하는지의 여부를 서류만을 근거로 결정하여야(must determine on the basis of documents alone whether or not they appear on their face to be in

9) 부도(不渡)에는 부도수표와 부도어음이 있으며 부도수표(dishonored check)란 수표소지인이 법정의 제시 기간내에 지급받기 위하여 제시를 하였으나 ①예금부족, ②무거래, ③인감 상위, ④수표요건 불비 등을 이유로 지급인이 지급을 거절한 경우 또는 어음교환소에서 교환한 수표가 지급에 응(應)치 못할 경우를 말하는 것이며 부도어음(dishonored bill)은 어음의 만기일에 지급인에 의하여 지급이 거절되거나 지급인이 지급할 수 없는 경우를 말한다.

compliance with the terms and conditions of the credit)하며 만약 서류가 문면상의 조건과 일치하지 않는 것으로 나타날 경우 서류의 수리를 거절할 수 있다고 규정하고 있다.(UCP 제14조 b항 참조)

미지급은 일단 하자(瑕疵)있는 선적서류의 매입은 신용장개설은행의 부실이나 유효기일이 경과한 신용장 및 선적기일이 경과한 신용장 등 신용장 자체에 관련한 하자와 함께 신용장에서의 조건과 위반하는 선적서류의 제시 곧 사고(事故) 수출환어음이 되어 매입은행으로 하여금 보호받지 못하는 결과 즉 부도(不渡)로 이어지게 된다.

다음의 <표 7-6>은 거래대금에 대한 미지급으로 거래 당사자들간의 분쟁을 야기하게 하였던 내용들을 정리한 것이다.[10)]

▌표 7-6▐ 미지급으로 이어지는 분쟁의 내용들

① 서류상의 불일치, ② 불완전하거나 불명료한 지시, ③ 메시지 전달에서의 잘못(또는 실수), ④ 교신불능, ⑤ 정전 후 대체된 서류, ⑥ L/C의 개설 이전에 발행된 선적서류의 수리여부, ⑦ B/L 기재상품의 미선적 ⑧ 초과 부보된 상품 ⑨ 기타의 경우 등이다.

국제간의 무역거래를 수행하는데 있어 필수불가결한 문서인 신용장에 대하여 관계당사자들(concerned parties in L/C transaction)이 되어 무역 업무에 있어 핵심적 기능을 갖고 있는 은행은 국제간 무역거래의 성패(成敗)를 좌지우지하는 역할을 수행하고 있다. 그럼에도 불구하고 자신의 고유 업무에 대한 수행능력의 부족이나 혹은 해태(解怠) 아니면 또 다른 관계당사자의 고의(故意) 및 악의(惡意)나 사기(詐欺) 등에 의하여 분쟁과 마찰의 관계당사자들(concerned parties in L/C disputes)이 되는 경우가 종종 발생되고 있다.

10) 배용원, 전게서, p.167.
강원진, 전게서, p.359.

다음의 <표 7-7>은 은행 및 국제무역을 수행하는 기업들간에 무역분쟁으로 이어지는 서류상의 불일치를 가져오는 내용들을 순위별로 정리한 것이다.

| 표 7-7 | 서류상의 불일치를 발생요인이 되는 내용들

서 류 불 일 치 의 내 용	은 행	기업(무역회사)
선적 일자(Shipping date) (1)선적지연(Late shipment) (2)조기선적(Early shipment)	1	1 7
유효기일 및 선적일자 지연	2	2
신용장 유효기일 후제시(E/D)	3	5
제시일 지연(Late presentation)	4	
운송서류의 하자(Foul transport documents)	5	3
분할선적(Partial shipment)	6	6
상업송장(Commercial Invoice)	7	8
선적일자 지연 및 분할선적	8	8
검사증명서(Inspection Certificates)	9	4
각종 증명서(Certificates)	10	8

자료 : 배용원, 전게서, pp.150-151
강원진, 전게서, p.359

신용장은 본질적으로 거래계약을 있게 하는 매매계약 및 기타 계약과는 별개로 독립된 거래(credits, by nature, are separate transaction from the sales or other contracts)이며 은행을 포함하는 관계당사자는 서류의 거래를 하는 것이지 상품을 거래하는 것이 아니라(all parties concerned deal with documents, and not with goods)는 독립성(independence) 및 추상성(abstraction)의 원칙이 적용되는 것임에도 불구하고 의도적으로 위(僞) · 변조(變造)하거나 부정된 신용장을 발급하여 신용장에서의 선의의 이용자들에게 피해를 입히면서 신용장 본래의 기능마저 위협하고 있다.[11)]

최근에 이르러 정보 및 통신기술과 사무기기의 첨단적 기능이 추가되고 발전되면서 이에 대한 사기(詐欺)와 위증(僞證)의 사례는 더욱 다양화되고 있다. 즉 위조나 변조된 운송서류를 은행에 제출하여 매입은행으로부터 화물대금을 수령하는 등 신용장 서류의 일치성과 독립・추상성의 원칙을 오히려 역이용하여 서류상의 사기(fraud in the documents) 뿐만 아니라 계약물품은 선적도 하지 않은 채 은행에 제시하는 서류를 신용장조건과 일치시키면서 수익자와 발행의뢰인과의 거래에서 사기(fraud in the transaction)를 하는 사례도 종종 발생하고 있다.

신용장 거래에서 발생하는 사기행위는 다양한 형태를 보이고 있다.[12)]

첫째는 위조신용장의 송부에 의한 것으로 통지은행을 통하지 않고 수익자에게 직접 전달하게 되면서 발생하는 경우이다.

둘째는 신용장의 발행은행은 신용장을 발행하면서 수입업자의 대금결제위험을 감소시키기 위하여 수입업자에게 일정액의 수입보증금 적립을 요구하고 있다. 전통이나 명망이 없는 은행 또는 외환전문은행이 아닌 경우 운송서류상의 수화인을 수입업자로 표기하게 하는데 이때 수입업자는 운송회사의 화물통지(arrival notice)를 받는 즉시 신용장대금을 결제하지 않고 화물을 인수해 가는 경우이다.

셋째는 이른바 특별조건(special conditions)을 두어 예견 또는 대비할 수 없는 사기성(詐欺性)의 특수조건이나 함정(陷穽)의 문구를 첨가시키는 경우이다.

넷째는 제조업자나 공급업자 또는 제3의 독립검사기관에 의하여 작성된 물품의 검사결과에 대한 보고서인 검사증명서(inspection certificates)에 관련한 사기로 계약을 준수하여 정당한 상품을 인도하였음에도 여러 가지 구실(예를 들어 수출지에 있는 수입업자의 대리인이 발행하는 검사증명서의 요

---

11) 이는 UCP 제3조와 제4조에서 명확하게 규정을 하고 있다.

12) 이하 인용문은 강창남의 다음 논문에 전적으로 의존하였다.
강창남, 화환신용장거래에서 발행의뢰인의 사기행위에 대한 수익자의 대응책, 국제상학, 제15권 제2호, 한국국제상학회, 2000년 12월

구)로 인수를 거부하는 경우이다.

결국 위에서와 같은 문제점의 해결은 철저한 신용조사의 선행이라든가 명망 및 대외적인 신인도가 높은 은행과의 거래 아니면 확인은행(confirming bank)의 발행을 요청하는 식으로 최대한으로 신용도를 제고시키는 방안이 있다.

즉 같은 신용장 발행 이전의 대응책이나 신용장의 진위성(眞僞性)을 확인하거나 아니면 발행은행의 지급능력을 확인하거나 이미 접수한 신용장상의 형식요건 및 기재사항을 철저하게 점검하고 확인하는 것 그리고 신용장의 조건변경을 요청하는 등과 같은 신용장 발행 이후의 대응책으로 귀결될 수 밖에 없다.

그러므로 신용장에 관련한 분쟁 즉 대금결제에서의 미지급문제의 발생과 이의 해결은 신용장 당사자들의 신용의 정도나 수준에 달려 있다고 할 수 있다.

이제는 국제무역거래에서 대금결제의 미지급을 사전적으로 예방할 수 있는 대안(alternatives)을 검토하여 보기로 하자.[13)]

먼저는 신용장의 진위(眞僞)에 대한 점검 및 확인이 필요하다. 물론 통지은행이 자신이 통지하는 신용장에 대한 점검을 하였을 것이나 우편으로 내도한 신용장을 발행인의 서명(signature)에 대하여 눈으로 만의 대조, 확인으로서는 불가능하다.

UCP에서도 이에 대한 책임을 통지은행에게 확정시키면서 책임을 지우지 않고 엄밀일치의 원칙(嚴密一致; principle of doctrine of strict compliance)을 적용하여 상당한 의무 주의 또는 합리적인 주의(reasonable care)를 기울여 심사(must examine)하여야 한다는 표현을 하고 있어 통지은행의 역할에만 의존할 수 없게 하고 있기 때문이다.(UCP 제13조 참조)[14)]

---

13) 홍종덕, 전게서, pp.235－238.

14) 개설은행은 신용장조건의 일치여부를 밝히기 위하여 즉시 검토를 하며 하자(瑕疵)사항이 없으면 지급이나 인수를 해야하며 하자의 발견시에는 이를 거절할 수도 있다. 이러한 과정은 합리적인 시간 이내에 이뤄져야 하며 이는 7 은행영업일을 넘을 수 없다. 예를 들어 서류 접수일이 5월 1일이고 5일이 은행 휴업일이며 7일이면 일요일이면 10 일까지는 결정을 하고 통보를 해야 하며 이러한 적용은

그리하여 수령한 신용장의 엄격하고 공정한 해석과 점검을 통하여 상이한 조건이나 수익자가 이행하기 어려운 조건이 있을 경우 즉각적으로 이를 수정하는 조치를 취하여야 할 것이며 만일 불일치의 사항(discrepancies)이 사소한 성질의 것이라면 개설은행을 통한 전신조회 후의 매입방법을 취해야하고 중대한 성질의 것일 경우에는 매입은행은 서류를 개설은행에 추심조건(collection basis)으로 송부하여 지급받게 하여야 할 것이다.[15)16)]

개설은행의 신인도(信認度) 경우에는 수취한 신용장이 비록 개설은행에 의하여 개설된 진정한 것으로 확인될 경우에도 선적 및 매입시점에서 개설은행의 파산이나 지급불능상태인 경우 또는 개설신청인의 파산에 따라 고의로 지급을 거절할 가능성이 있을 수 있다.

마지막으로는 신용장 자체에 관련한 것으로 통지은행으로부터 신용장을 수취한 수익자가 유의하여 확인하여야 할 내용들은 다음과 같다.

① 내도(來到)한 신용장 내용에서의 취소불능(Irrevocable)이라는 용어의 유무(有無), UCP에 대한 준거(準據) 문언의 유무, 지급확약문언의 유무 등과 오퍼 또는 계약서 내용과의 일치 여부를 확인하고 특히 조건변경(amendment) 통지가 있는 경우 이를 포함하는 신용장의 내용 모두를 정독, 검토하여야 한다.

② 신용장에서 요구하는 서류의 내용 및 이의 제시 여부를 점검, 확인해

개설은행은 물론 매입 등의 지정은행 및 확인은행 등 서류를 검토하는 모든 은행에 적용되는 것이다.

15) 배용원, 전게서, pp.192－193.

16) 신용장상의 사소한 불일치의 사례는 다음과 같다. 즉 신용장에는 환어음에 대하여 「drawn under Bank of Clarkville Letter of credit Number 105」라는 문언을 명기하도록 하였으나 수익자가 발행한 환어음에는 「drawn under Bank of Clarkville, letter of credit No.105」로 표시되어 L은 l로, Number는 No.로 되어 있다고 하여 지급 거절을 받게 되었다. 재판으로까지 이어졌으나 최종판결에서 개설은행의 부도행위는 정당성이 없다고 판정되어 수익자는 대금을 무사히 지급받았다. 한편 신용장상에는 B/L의 Notify party를 「Mohammed Sofan」으로 표시되어 있음에도 수익자가 제시한 B/L에는 Notify party를 「Mohammed Soran」하고 있다면서 지급을 거절하였다. 재판으로 이어졌으나 「Soran」은 상품의 도착이 통지되어질 사람임에도 잘못된 철자는 상품의 수취를 곤란하게 할 가능성이 충분하다는 사유로서 개설은행의 지급거절행위는 정당한 것으로 판정받게 되었다.(홍종덕, 전게서, .p.233)

야 한다.

③ 제시된 서류들에 대한 신용장의 조건들과의 일치 여부를 확인하여야 한다.

④ 신용장에서 요구하는 서류 중 제시되지 않은 서류가 있거나 제시된 서류가 신용장 조건과 일치 또는 서류 상호 간에 내용이 모순되는 지의 여부, 즉 문서상의 차이(discrepancies)를 확인하여야 한다.

⑤ 선적기일 및 유효기일의 충분 여부를 확인하여야 한다.

⑥ 서류의 제시 일자가 신용장의 유효기일(expiry date) 이전이고 운송서류의 발급일자 후 지정된 기한 이내인지의 여부를 확인하여야 한다.

⑦ 매입은행에 대한 제한의 여부를 확인하여야 한다.

대금결제의 미지급에 대한 원인인 동시에 해결책에 대한 기본틀(framework)인 신용장은 정형화(定型化)된 무역거래의 유형으로 자리를 잡으면서 필수적인 거래의 기본문서로서 자리 매김을 하게 되었는 바, 신용장 또는 신용장에 관련한 업무수행에서의 기본은 성실성이다.

보험의 3대 기본원칙(main principles)의 하나인 최대신의성실(最大信義誠實;utmost good faith)의 원칙은 신용장에 의한 거래에서도 그대로 적용될 수 있는 원칙이라고 할 수 있다.

신의성실(信義誠實)을 뜻하는 「Uberima fides」를 독일어에서는 「Tre und Glauben」이라 하여 '모든 사람은 사회공동생활인의 일원(一員)으로서 상대방의 신뢰(信賴)를 헛되이 하지 않도록 성의를 가지고 행동하는 것'이라는 의미를 부여하고 있다.

이는 신용(信用)은 보험부보(保險付保)에서의 관계당사자들에게만 해당되는 것이 아니라 기업인들 좀더 구체적으로는 국제무역에서의 거래업자들을 포함한 모든 사람들이 지켜야 할 기본적인 소양(素養)이며 의무(義務)임을 강조하고 있는 것이다.[17)]

미국의 UCC에서도 성실(good faith)에 대하여 다음과 같이 언급하고 있다. 첫째는 주관적인 기준에 의한 관련 행위나 거래에서의 사실에 대한 정직성

17) 김성호, 해상보험요론, 학문사, 1995, p.28,144.

이며(honesty in fact in the conduct or transaction concerned), 둘째는 사실에 대한 정직성은 물론 정당한 거래에서의 합리적인 상업적 기준에 의한 상인의 준수(遵守;observance)를 포함하는 객관적 또는 상인의 성실성(objective or merchant's good faith)이라고 정의하고 있다.[18)]

그러므로 신용장거래에서의 신의성실(信義誠實)은 일부가 아닌 관계당사자 전부의 성실성을 근간으로 하여 수행되어야 하는 것이다.

무역업무 수행과정에서의 신의성실이 무시된 채 계약단계는 물론 절차에 따른 이행과정에서의 업무상의 해태나 몰이해 및 사기에 의한 고의적인 결제대금의 지급거절은 처음에는 거래의 주체인 기업들에게 금전적인 손실을 가져오게 하지만 결국에는 한국 전체의 무역수지 적자와 경제전반에 걸친 손실로 이어지게 될 것이다.

국제무역은 계약체결에서 시작하여 주문품의 생산과 운송 그리고 이의 종결인 대금결제가 원만하게 이뤄지지 못하게 되면 선의(bona fide)에서 비롯된 거래당사자들간의 우호적인 협상관계는 거래 처음의 의도와는 달리 마찰과 분쟁을 야기하면서 결국에는 클레임에 까지 이르러 분쟁과 해결이라는 협상 과정을 거치게 된다.

'중재(仲裁)는 재판(裁判)보다 낫고 조정(調整)은 중재보다 나으며 분쟁(紛爭)의 예방(豫防)은 조정보다 낫다' 라든지 또는 '권리(權利)위에 잠자는 자(者)는 법(法)이 보호(保護)하지 않는다'는 경구(驚句)는 결제대금의 미지급(unpaid)과 같은 신용장에 관련하여 발생되는 문제들에 대하여 무지(無知)나 해태(解怠) 혹은 사기(詐欺)에 의한 것이든지를 막론하고 사전적(事前的)으로 예방할 수 있어야 함을 강조하는 것이다.

---

18) 배용원, 전게서, p.33.
UCC §2-103(1)9b);§7-404;§8-318.

The Mechanism of Banker's Letter of Credit

1. The buyer instructs his bank to open a credit in favor of the seller.	8. On settlement of the bill the buyer will use the shipping documents to claim delivery of the goods from the buyer against payment.
⇩	⇧
2. The issuing bank sends the original credit to an advising bank.	7. The issuing bank reimburses the negotiating bank and delivers the documents to the buyer against payment.
⇩	⇧
3. The advising bank passes one the credit to the beneficiary.	6. The negotiating bank pays the seller and sends the negotiated documents to the issuing bank for reimbursement.
⇩	⇧
4. On receipt of the L/C the seller will arrange shipment of the goods.	5. After shipment of the goods, the seller presents the documents to the bank for payment.

참고자료

국제 비지니스 계약시의 유의사항

국제 비즈니스 계약의 절차를 알아 보기로 하자. 먼저 사업목표를 설정하게 되면 전략을 수립하는 사업성의 검토 단계 및 협상 이전의 의사를 교환하는 단계에 이어 본격적인 협상이 이뤄지게 된다.

Offer(청약) → Counter－offer(반대청약) → 여기에서 만일 Rejection(거절)이 없을 경우는 Acceptance(승낙) → Consideration이 없을 경우에는 Gift(증여)로 이어지나 Consideration (약인)이 있게 되면 Contract(계약) → 그러나 여기에서도 Non－valid Contract(비유효계약)을 맺을 수도 있어서 → Void Contract(무효계약) → Voidable Contract(취소가능계약) → Unenforceable Contract(강제불가계약)을 맺을 수가 있다. 그러나 Valid(유효계약)으로 진행되더라도 Breach(계약위반)일 경우도 있어서 Discharge(조기종료)로 이어질 수도 있어 Remedies(구제)될 수도 있다. 물론 이 경우에는 Damages(손해배상)을 청구 할 수도 있으며 Extra－ordinary Relief를 시행할 수도 있다. 물론 별 문제가 없이 진행되면 Valid → Performance(계약이행) → Discharge(계약만기종료)로 이어 지게 된다.

계약서를 작성하는 경우 약식의 계약서도 있으나 장기간 또는 거액의 거래일 경우에는 장문, 정식의 계약서를 작성하게 된다.

이러한 경우 ① 제명(SALES AGREEMENT) → ② 두서(THIS AGREEMENT entered into －) → ③ WITNESSETH(이하를 증명한다) → ④ 전문(WHEREAS, the buyer requires) → ⑤ 정의 규정(DEFINITIONS, In this

Agreement, the following terms have the following meanings －) → ⑥ 실질 규정(SALE OF PRODUCTS, QUANTITY, SPECIFICATIONS, PRICE, PAYMENT) → ⑦ 일반 규정(TERMINATION, FORCE MAJEURE, TAXES, ASSIGNMENT, NOTICE, ENTIRE AGREEMENT, GOVERNING LAW, ARBITRATION) → ⑧후문(IN WITNESS WHEREOF, the parties here have caused this Agreement to be executed －) → ⑨ 서명(SIGNATURE)의 순서로 작성되어 진다.

Governing law는 준거법(準據法)이라 하여 'be governed by' 나 'be construed in accordance with' 또는 'be interpreted in accordance with'의 의미를 갖는 것으로 법률적 적용에 있어 '자국의 법률 또는 특정 국가의 법을 따를 것인가'에 대해 충분히 검토하여야 한다.

용어의 선택이나 해석은 치밀하게 하여야 한다. 특히 'exclusive'의 경우 공급자(supplier)라는 단어적 의미로만 알고 '경쟁품의 취급금지 의무'나 '최저 구입 의무'만을 생각해서는 안 된다. 때로는 '자동적으로 다양한 권리 및 의무가 발생한다'고 해석되는 경우도 있어 미국에서는 '공급자가 동일 지역 내에서 판매활동을 하는 권리를 갖지 않는다'는 경우도 있다.

'exclusive'는 원래 판매구역에 있는 다른 제3자에게 판매권을 주지 않고 특정인에게만 허용한다는 의사표시이다. 따라서 제3자에게도 자유롭게 주는 조건이면 non－exclusive'로 표현하여야 하고 특정의 판매지역 내에서 특정인에게 유일하게 판매권을 줄(가질) 경우에는 Sole and Exclusive라고 하면 좋을 것이다.

국제협상, 모를 땐 몇 번이고 되물어라

"무응답은 상대방에 대한 거부로 받아들여 진다. 잘 알아듣지 못한 외국어가 있으면 몇 번이고 되물어라."

정부의 외채협상과 민간기업들의 외국합작투자협상 등이 본격화되고 있는 가운데 전국경제인연합회부설 국제산업협력재단이 26일 국내 5대 Law Firm과 공동으로 서울 여의도 전경련회관에서 '기업의 국제협상력 제고방안 워크숍'을 개최해 눈길을 끌었다.

이날 참석자들은 정부나 국내 기업들이 외국과 국제협상을 하는 과정에서 사소한 문화적 차이로 협상 자체를 그르치는 일이 많다고 지적하면서 우리 협상단이 특히 유의해야 할 국제협상 자세를 소개했다.

- **언어선택에 유의하라** : Compromise란 말이 미국에선 절충적 해결방안을 의미하지만 이란 등에서는 정조 또는 순결의 상실을 의미한다. 또한 Mediator는 미국에서는 중재인을 뜻하지만 일부 지역에서는 간섭자라는 의미를 갖고 있다.
- **침묵의 의미** : 동양권에서는 협상과정에서의 침묵이 신중함을 의미하지만 서양권에서는 거부나 반대의 표시로 간주된다.
- **머리 끄덕임** : Nodding은 동양에서는 '이해'의 표시로 끄덕이지만 서양권에서는 상대방의 의견에 대한 '동의'로 받아 들인다. 이같은 미묘한 차이를 신경써야 한다.
- **안면의 직시와 신체의 접촉** : 협상과정에서 상대방의 얼굴을 뚫어지게 쳐다 보거나 어깨 등을 치는 것은 우리들은 불쾌하게 받아 들이지만 서양권에서는 친근함의 척도로 이해한다.
- **마감시한과 권한위임** : 기한을 정해 답신을 요구하는 서신에 대해 마감시간까지 무응답으로 일관하는 것은 협상과정에서 모욕으로 간주된다. 또 친권대사인양 언행을 한 다음 상층부의 결재를 받아야 한다며 결정을 미루면 협상은 깨지기 쉽다.

(문화일보, 1998년 2월 26일)

서툰 비즈니스로 상담 망치기 일쑤

산업용 기계를 수출하는 A기업 사장은 서투른 영어로 수출상담을 하다 완전히 깨진 아픈 상처를 갖고 있다.

그는 미국인 바이어와 첫 상담에서 '기계만 좋으면 수출이 잘 될 것'이라고 믿었던 것이 오산이었다. 바이어의 질문을 못 알아듣고 '아니오'라고 대답해야 할 때에 '예'라고 하고 '예'라고 할 때 '아니오'라고 대답했다가 바이어가 화가 나서 자리를 박차고 나갔다는 것이다. 그런 뒤에는 아예 출장을 갈 때마다 통역을 대동한다.

(주)대우의 B대리는 미국 LA의 바이어와 전화로 상담을 하다 단어를 잘못 선택한 탓에 낭패를 톡톡히 겪었다.

예정대로 선적이 잘 될 것이라는 말을 한다는 게 그만 "I am concerned that I am going to ship your order on schedule(내가 예정대로 물건을 선적할 것인지 걱정된다)"고 잘못 말했다.

미국 바이어는 "선편으로 안되면 항공편으로 보내라. 이에 따른 추가비용도 당신네가 부담하라"고 흥분했다. 'concern'이란 단어를 생각한다(관심을 갖고 있다)'는 뜻으로 쓴 B대리는 한동안 고생했다.

C사의 D과장은 지난 4월 미국 바이어와 상담을 진행 중에 'According to our engineer'라는 말을 사용했는데 바이어는 오히려 D과장에 대해 불신을 표시했다. 그들은 엔지니어의 연락처를 물었고 수출상담은 결론없이 끝났다.

상담진행 수월하도록 명함 2개

실질적인 사장이면서 대외접촉 때는 부장·과장 등으로 낮춰 행세하는 소기업 경영자가 부쩍 늘었다. 사장과 부장 등의 명함을 둘 다 휴대했다가 상황에 따라 골라 내미는 사람도 많다.

정확한 집계는 없으나 최근 창업하는 영세기업의 젊은 창업자들 중에 이

같이 직급을 낮추는 사람이 많다고 업계 관계자들은 말한다. 직급을 낮추는 가장 큰 이유는 나이 어린 사장이 직접 비즈니스에 나섰을 때 상대방이 갖게 될 거부감과 영세기업이라는 편견을 줄일 수 있다는 점이다.

또한 상담도중 거북한 제의, 예컨대 납품단가를 낮춰달라는 요구 등을 받았을 때 "사장과 상의한 뒤 알려드리겠습니다"면서 시간을 벌고 제의를 거절할 때도 "사장의 뜻"을 핑계로 댈 수 있는 등의 장점도 있다. 이밖에 관리 · 사이비 언론인 · 불량배 등이 손을 내밀 때 사장이 아닌 것으로 해야 거절하기가 쉽다는 점이다. 직원을 신규고용 할 때 피고용자가 높은 직급을 요구하는 것을 봉쇄할 수 있는 점도 직급을 낮춘 사장들이 노리는 것이다.

이와 함께 부도 등 파국을 맞았을 때 채무부담을 줄이기 위해 부인 · 친척 등을 사장으로 앉히고 실질적 사장은 낮은 직급으로 행세하는 사례는 전부터 많이 있어 왔다. 물론 이 같은 행태로 무한정 기업을 운영할 수는 없다. 기업이 커지고 주변에 차츰 자신의 신분이 노출되면 어쩔 수 없이 사장으로 자신을 소개하게 된다는 것이 정밀저울업체의 이사장(40세)의 설명이다.

대기업에서 1년간 일하다 4년 전부터 팬시용품 수출업체를 차린 홍모씨(34세)는 모친을 대표이사로 등기했지만 실질적인 운영은 「부장」명함으로 5명의 직원과 함께 연간 2백만 달러 규모의 수출실적을 올리고 있다. 과장에서 최근 부장으로 직함을 바꾼 그는 『부도가 났을 때 가장이 블랙 리스트에 오르는 것을 피해 부인과 친척을 대표로 하는 경우가 주변에 많다』고 밝혔다.

미국 유학중에 중소기업을 경영하는 아버지의 성화에 못 이겨 가구사업에 뛰어든 윤씨(30세)는 회사 내에선 창업 2세 부사장역할을 수행하지만 밖에선 부장으로 통한다. 그는 자신의 나이로는 과장이 적당하지만 부장이 최종 결재권자인 기업의 현실을 감안해 부장직을 택했으며 거래처보다 한 단계 높은 직책이 거래에 유리하다고 설명했다.

대표이사로 자신을 등기했음에도 불구, 신규 거래처엔 과장 명함을 건네는 김씨(32세 · 오퍼상)는 『과장 · 사장 두 종류의 명함을 휴대하고 다니지만 간혹 직접 사장과 협상하려는 고객에게는 즉석에서 사장 명함으로 바꾸는 경우도 있다』고 토로했다.

사인은 한 가지 형태만

「미국에서 사인을 여러 개 마구 사용하면 큰 코 다친다.」 한글, 영어 필기체, 영어 인쇄체... 등. 미국에 거주하거나 여행하는 한국인들 중에는 이처럼 여러 개의 사인을 골고루 사용하는 사람들이 많다. 그러나 이런 한국인들에게 경고가 내려졌다.

미국에 약사로 취업하기 위해 지난 12월 미국으로 건너가 외국약대 학력인정시험을 치렀던 N씨(경기 안산시) 등 한국인 약사 7명은 5월말 불합격 통보를 받았다. 문제가 된 것은 시험성적이 아니었다. 엉뚱하게도 응시원서와 시험 답안지에 쓴 싸인이 서로 달라 부정시험 응시자로 판정이 난 것이다. N씨가 이 시험을 주관한 약사연합회로부터 『왜 사인이 서로 다르냐』는 질문을 받은 것은 시험 한 달 뒤인 올해 1월이었다.

N씨는 『한국은 도장을 많이 사용해 사인 문화에 익숙하지 않다』는 한국 관습을 설명한 후 자신이 사용해 온 사인 10여개 정도를 써서 보냈다. 그러나 5월말 미국측은 이를 각하하고 불합격 통보를 해왔다. 기가 막힌 N씨등 불합격자 7명은 이에 불복, 소송 준비를 했다. 그러나 막대한 변호사 비용과 필적 감정비용 등을 감당하기 어려워 결국 소송을 포기하고 말았다.

N씨는 『7명 대부분이 평소 사인을 여러개 사용해 어떤 것을 썼는지 잘 기억하지 못하고 있다』며 『나는 응시원서에는 영어 필기체로 쓰고 답안지에는 영어 인쇄체로 쓴 것 같다』고 말했다. 제일국제특허법률사무소 김영변리사(미국 변호사)는 『우리나라 사람들은 신용카드 등에도 정해진 사인 외에 다른 것을 쓰는 경우가 많다』며 『사인을 하나로 통일해 사용하는 것이 국제화 시대에 손해보지 않는 길』이라고 말했다.

"아프리카까지 날아가 전화료 깎아"

한국통신 입사 3년차인 최세은(25 · 여)씨가 올해 20억 원에 달하는 '외화'를 절감해 눈길을 끌고 있다. 8명의 국제협력부 멤버중 홍일점인 그의 임무는 유럽과 아프라카 지역의 국제전화 정산료 협상이다. 국제전화 정산료란 국가간 국제전화 발신량을 비교해 전화를 많이 거는 쪽이 그 차이에다 정산협정요율을 적용해 상대국에 지불하게 되는데 협상을 통해 결과가 달라진다는 것이다. "우리나라는 국제전화를 많이 거는 대다 국제폰팅까지 유행하는 바람에 1996년부터 적자로 돌아섰죠. 게다가 IMF 체제이후 환율까지 치솟아 올 들어 그 적자폭이 2천억 원에 이르는 상황입니다." 이 적자를 줄이기 위해 국가별 정산협정요율 인하에 나선 그는 우선 상대국에 전자우편으로 요율을 낮춰줄 것을 제안했다. 하지만 대부분의 경우 묵묵부답이었다.

다음은 전화나 팩스로 담당자와의 접촉을 시도했다. "시차 때문에 새벽까지 남아 전화기를 붙잡고 있는 경우가 다반사입니다. 그래도 연락이 안 되는 나라들이 많죠. 심지어 아프리카 지역의 국가들은 정산료 지급자체를 중지시켜도 연락을 안 하니…." 통화를 하고 온갖 자료를 제시해도 선뜻 요율인하를 받아들이는 곳은 극소수에 불과했다.

결국 직접 부딪히는 수단을 동원했다. 어려운 회사 사정에도 불구하고 지난 7월과 10월 두 차례 해외출장을 갔다. "이집트 등지로 처음 출장갈 땐 고생을 많이 했죠. 무더운 날씨에 엘리베이터가 고장나 6층까지 걸어 올라갔는데 '냉수'라는 말밖에 안나오더군요." 그래도 협상에 임하면 끝을 봐야했다. 오후 1시가 퇴근시간인 이집트에서 오후 5시까지 물고 늘어졌다.

이런 노력의 결과 그는 올해만도 20억 원에 이르는 '절감'성과를 거둔 것. 국제협력부의 전체 절감액은 모두 4백 억을 웃돈다. 미시간주립대를 졸업한 후 한국통신 해외공채 출신으로 95년 말 입사한 그는 "지역별로 한 명씩 담당하기 때문에 휴가갈 여유도 없지만 어려운 회사 · 나라 살림에 도움이 된다는 생각에 보람을 느낀다"고 말했다.

기업 인수 (가상) 시나리오

한국 최고의 그룹 삼성을 3조 6천억 원이면 인수가 가능하다는 연구결과가 나왔다. 외국의 M&A 전문기관에서도 삼성에 대한 평가를 내어 놓고 있다.

삼성의 가치는 약 55~60조. 그러나 이것은 부동산 평가를 재대로 하지 않았을 때이고 약 1백조 원이 넘는 자산가치가 있는 그룹으로 보는 것이 근사치라고 말한다.

삼성주식의 30%만을 차지해도 경영권의 인수는 가능하다. 그러면 3조 원은 어디서 구할까? M&A의 자금은 현재 2조 3천 억 달러가 넘는 것으로 알려져 있다. 그러므로 삼성을 공격할 자금은 얼마든지 있는 것이다.

한국 굴지의 그룹 삼성! 한국 최대의 부동산 그리고 정보망, 영업망, 그리고 첨단기술력 보유와 막강한 자금동원 능력은 삼성의 허점을 하나도 남김없이 덮어 버릴 수도 있다.

이런 가정하에 작성된 M&A의 시나리오는 다음과 같다. 그렇다면 삼성그룹의 중핵기업인 삼성물산. 삼성전자를 인수하는데 얼마나 들까?

삼성 물산 발행주식(보통주) 1천 5천만주에서 30%만 인수할 경우 인수가능 금액은 2천 8백 26억. 삼성전자 발행주식(보통주) 4백 36만 9천주, 30% 만 손에 넣으면 인수가능 금액은 3조 3천 2백 45억 원으로 모두 합하면 3조 6천 71억원이 드는 셈이다.

그러나 이와 같은 연구는 어디까지나 가설이지만 기업사냥의 시대에 주의를 해야 할 필요는 충분히 있을 것이다.

시나리오 1	다른 중핵기업과, 중핵기업이 경영권을 행사 할 수 있는 기업을 인수해 자연스럽게 삼성 경영권을 인수하는 전략.
시나리오 2	계열기업의 보통주식 중 의결권을 제안 할 수 있는 방법을 모색한다.
시나리오 3	삼성물산의 경영권을 인수 후 삼성전자의 의결권을 장악. 이것으로 삼성전자의 경영권 인수 후 활동한다.
시나리오 4	삼성경영권을 인수하는 과정에서 경쟁 할 수 있는 대 재벌기업의 참여유도.

물과 기름 같던 합병기업… 日다카라토미를 180도 바꾼 '소통'

일본의 완구 대기업인 다카라토미의 연결전략국 이시와타 마사토 과장. 그는 매일 계열사를 일일이 찾아다니며 사장들을 면담하는 게 주업무다. 계열사 사장을 만나 요즘 실적은 어떤지, 경영 애로는 없는지 등을 체크한다. 계열사 사장들의 경영 개선 아이디어를 받아 그룹 차원으로 전략화 하는 것도 그의 일이다. 앉아서 보고만 받던 모회사의 직원이 계열사를 직접 방문해 귀를 여는 데 대해 자회사들은 환영 일색이다.

다카라토미에 '연결전략국'이란 조직이 생긴 건 지난해 11월. 2006년 3월 다카라와 도미가 합병해 탄생한 다카라토미는 뿌리가 다른 계열사가 많아 통합의 시너지 효과를 내지 못했다. 2008년까지만 해도 35개 계열사의 절반에 가까운 16개사가 영업적자를 냈다. 이 문제를 해결하기 위해 도미야마 간타로 사장(56)이 고안해낸 게 연결전략국이다. 모회사와 자회사, 계열사 간 정보 교환과 의사결정 시스템을 혁신하는 일종의 '핫라인' 조직이다.

이 핫라인이 가동된 이후 다카라토미의 실적은 눈에 띄게 개선됐다. 2009

회계연도(2009년 4월~2010년 3월)의 연결결산 결과 매출은 1787억엔(약 2조 5000억원)으로 전년에 비해 1% 감소했지만 영업이익은 105억엔으로 108.9% 증가했다. 합병 이후 최고 이익이다. 만성적자를 냈던 계열사들이 대거 흑자로 돌아선 건 물론이다. 다카라토미그룹의 계열사 중 적자회사는 16개에서 14개로 회사는 16개사에서 4개사로 줄었다.

• 물과 기름 같던 두 회사

합병 전의 다카라와 도미는 기업문화가 완전히 달랐다. 다카라는 '일단 해보자'는 도전정신이 강했다. 사원들의 자유로운 발상을 통해 독특한 상품을 개발하는 게 이 회사의 특징이었다. 반면 도미는 돌다리도 두드려보고 건너는 회사였다. 매일 매일의 숫자를 체크하며 신중하게 판단해 움직이는 보수적 경영풍토였다.

이런 두 회사가 합병하다 보니 '한지붕 두가족'이었다. 특히 합병 초기 모회사 간 통합에 주력하는 동안 계열사들은 물과 기름처럼 겉돌았다. 당연히 계열사들은 대거 적자를 냈고, 그룹 전체의 연결 영업이익률은 2.8%에 그쳤다. 해외 경쟁 완구메이커 중엔 영업이익률이 20%를 넘는 회사도 있다.

다카라토미에 투자한 외국계 펀드인 TPG캐피털 관계자는 "합병 초기 모회사는 물론 계열사들이 제각각 움직이면서 합병에 따른 효율이 전혀 나타나지 못했다"고 말했다. 도미야마 사장은 해결책을 고민했다. 그는 무엇보다 모회사와 자회사, 계열사 간, 직원 간 커뮤니케이션 활성화가 급선무라고 판단했다. 이를 위해 만든 게 연결전략국이다.

• 모회사와 자회사 간 '핫라인'

연결전략국의 모토는 '낮은 자세와 열린 마음'이다. 이런 모토로 뛰다 보니 효과가 즉시 나타났다. 모회사와 계열사는 물론 계열사 간에 막혔던 의사소통 통로가 뚫리면서 자연스럽게 낭비가 제거되고 효율이 높아졌다. 예컨대 조달이나 수송에서 경비감축을 검토하고 있던 자회사 A는 연결전략국의 주선으로 그룹 계열기업과 함께 공동 조달과 수송망을 구축할 수 있었다. 이를 통해 적자를 내던 A사는 흑자 전환에 성공했다.

팅커벨이란 자회사도 그런 혜택을 톡톡히 봤다. 이 회사 사장은 만나는 것뿐아니라 일주일에 한두 번은 반드시 연결전략국 간부와 전화통화를 한다. 모회사와 자주 커뮤니케이션을 하다 보면 얻는 게 많다. 정보가 많아져 내부 의사결정이 빨라졌다. 또 팅커벨은 모회사가 갖고 있던 캐릭터의류 사업을 이관받아 판매력을 높일 수 있었다. 모회사의 지원으로 경영컨설팅도 받아 경영효율화를 극대화했다.

그동안 개별적으로 지불하던 캐릭터 라이선스료를 모회사가 그룹 전체로 모아서 내도록 시스템을 바꾸는 데도 기여했다. 이로 인해 팅커벨은 관련 비용을 60%나 줄였다. 지난 3월 다카라토미 상하이지점과 상의해 중국 지사 설립을 결정하는 등 해외 진출에서도 다양한 지원을 받았다. 그 결과 백화점에서의 매출 저조로 만성 적자였던 이 회사는 적자의 늪에서 빠져나왔다.

모회사가 자회사의 곤란한 상황을 신속히 파악할 수 있다는 것은 연결전략국의 부수효과다. 자회사 입장에선 '현재 추이라면 목표 달성이 어렵다'거나 '예상 밖의 손실이 날 것 같다'는 등의 보고는 모회사에 직접 올리기 쉽지 않다. 그러나 연결전략국과의 대화 과정에서 자연스럽게 이런 상황이 체크된다. 문제를 빨리 발견하면 치유도 쉽다. 연결전략국 이시와타 과장은 "그동안 정보와 주요 의사결정에서 소외될 수밖에 없었던 자회사들이 모회사와 소통을 늘리면서 기대 이상의 성과를 얻고 있다"고 말했다.

• '사원 도감'으로 일체감 높여

다카라토미의 원활한 소통은 회사 사이에서만 이뤄지는 게 아니다. 직원 간에도 활발하다. 대표적 사례가 계열사인 다카라토미아트다. 작년 1월 4개 적자 회사가 합병해 출범한 이 회사는 2008회계연도에 10억 엔의 영업적자를 냈다. 그룹에서 보면 한마디로 짐과 같은 회사였다. 그러나 이 회사가 사내 커뮤니케이션을 활성화하면서 흑자 전환에 성공했다.

회사 경영책임을 맡고 있는 사람은 사토 게이타 부사장. 원래 다카라의 오너 사장이었던 그는 전기자동차 사업 참여 등 다각화에 실패해 회사를 도미에 합병시킨 장본인이다. 그가 적자 덩어리 회사를 바꿀 수 있었던 건

'사원 간 마음의 혁명'이었다. 서로 다른 4개 회사의 직원들이 모여 일체감이 부족했던 조직을 뭉치게 하기 위해 사토 부사장은 '사원 도감'을 만들었다.

여기엔 직원 한사람 한사람의 사진과 몇 가지 문답이 담겨 있다. 직원들은 여기에 가족이나 자신이 키우는 애완견 사진 등을 올리고, 별명 취미 등을 소개한다. 서로 낯설었던 직원들은 사원 도감으로 얼굴을 익히고, 대화를 주고 받기 시작했다. 말문이 트이고 가슴이 열리면서 조직의 일체감도 강화됐다. 그동안 소통 부족으로 늦어졌던 상품개발 속도가 빨라졌고, 모든 업무 프로세스의 효율이 높아졌다. 그 결과 작년 4월부터 흑자를 내기 시작해 2009 회계연도엔 3억 200만 엔의 영업이익을 기록했다.

흥미로운 건 다카라토미 최고경영진의 역할 분담이다. 도미 출신의 도미야마 사장은 골프를 치지 않고, 업계 모임에도 거의 얼굴을 내밀지 않는다. 집무실에서 묵묵하고 냉정히 경영 결단을 내리는 스타일이다. 반면 다카라 출신의 사토 부사장은 사내외 마당발로 사람 만나는 걸 좋아한다.

도미야마 사장이 톱다운(top-down)식으로 방향을 제시하면, 보텀업(bottom-up) 방식으로 사원들의 사기를 북돋우는 사람이 사토 부사장이다. 합병회사의 양측 경영진이 음과 양의 절묘한 조화를 이루고 있다.

(한국경제신문, 2010년 7월 29일)

美 '꼬마기관차 토마스', 日 '토미카'와 한솥밥

일본의 다카라토미가 미국 RC2 코퍼레이션을 6억 4000만 달러(약 7190억원)에 인수하기로 했다고 비즈니스와이어가 11일(현지시간) 보도했다. 다카라와 토미가 2006년 합병해 탄생한 다카라토미는 일본 국내 시장을 중심으로 경영 기반을 강화해왔다.

그러나 저출산 현상이 심화하면서 일본 내수시장이 위축되자 해외 진출이 불가피하다고 판단해 해외 기업 인수에 공격적으로 나서왔다. 양사의 합병이 이뤄지면 일본 완구업체에 의한 해외 기업 인수로는 사상 최대 규모가 된다.

유아용 완구 제조업체인 RC2는 인기 애니메이션 '꼬마기관차 토마스와 친구들'의 주인공인 '기관차 토마스' 등으로 사랑받고 있다. 2010년 매출은 4억2730만달러, 영업이익은 4500만 달러였다. 미국 나스닥에 주식을 상장하고 있으며 시가총액은 4억 6000만 달러에 이른다.

다카라토미와 RC2는 각각의 판로를 공유하고 제품을 공동 개발해 세계 시장 점유율을 늘릴 계획이다. 다카라토미는 미니자동차 '토미카'와 '플라스틱 레일' 등으로 오랫동안 어린이들 사이에서 인기를 누렸다. 2009년 매출은 1790억엔. 현재 17%인 해외 비율은 오는 2012년까지 25%로 높일 계획이지만 자력으로는 세계 시장에서 인지도를 높이는데는 역부족이다.일본의 완구 · 게임 등 오락 업계에선 저출산과 소비 침체를 배경으로 생존을 건 재편이 가속화하고 있다.

지난 2004년에는 사미와 세가가 합병해 세가사미로 재탄생했고, 2005년에는 반다이와 남코가 통합해 반다이남코홀딩스가 출범했다.

(한국경제신문, 2011년 3월 11일)

美기업과 전략적 제휴 바람직

한국기업은 현지법인 형태 등으로 미국에 많이 진출했으나 내실 있는 현지화에 성공하지 못했다. IMF 체제 직후 지속된 원화 약세에도 불구하고 종합상사들이 대폭적인 수출확대를 기하지 못한 것도 무역종합기능이 조직화되어 있지 못했기 때문이다.

다음 세기를 향한 한국기업의 생존전략은 세계기업화이다. 특히 미국기업과의 관계에서 찾아야 할 것이다. 미국기업은 대기업이든 중소기업이든 경쟁력을 강화하기 위해 구조조정과 M&A 등 개혁 작업을 지속적으로 하고 있다.

한국기업이 세계적 기업으로 살아남기 위해서는 선진 미국기업과의 전략적 제휴를 의도적으로 시도해야 할 것이다. 현장에서 만나 본 미국기업들은 한국기업의 인력・기술면에서의 우수성은 인정하고 있으나 비즈니스 관리에 있어서는 상품판매 정책만 있고 종합적인 시장관리 및 마케팅 정책 등 중장기적 정책개념은 결여됐다고 지적한다.

특히 시장개발을 위한 공동노력, 고객의 성실한 관리, 판매상품의 사후 서비스 등에 대한 마인드가 없고 상품만 판매하면 그만이라는 것이다.

한・미 양국기업이 공동이익을 창출할 수 있는 사업이나 프로젝트는 다양하며 미국기업과의 전략적 제휴는 수입제한 등으로 무역장벽을 해소할 수 있는 최선의 길이다.

한국기업이 수출 주종상품으로 자랑하는 자동차 수출을 살펴 보자. 한국의 자동차 판매대수는 미국 연간 자동차 판매대수의 1%에 미치지 못한다. 그것도 대부분이 소형 승용차다.

일본의 경우는 중대형 승용차를 미국시장에 팔기 위해 80% 이상을 미국에서 조립생산하고 있다. 따라서 한국도 중대형 승용차를 팔기 위해서는 다양한 형태의 전략적 제휴를 통해 무역장벽에 대처하고 양국 기업의 공동이익 창출에 기여할 수 있어야 한다.

(중앙일보, 1999년 10월 20일)

다른 나라의 불행은 이윤 낼 좋은 기회

「남의 불행은 나의 행복」. 놀부전에 나오는 얘기가 아니다. 전쟁이나 민족분규 청소년문제 등 골치 아프고 비극적인 상황에 처한 나라에 파고들어 짭짤한 재미를 보고 있는 일부 기업들의 신(新)생존전략을 일컫는 말이다.

이들 업체들은 우리나라도 이제 「무조건 싸우게」라는 깃발을 내리고 외국소비자들의 기호변화는 물론 사회 문화적 배경까지 철저히 파악하여 그 나라에 필요한 상품을 내다 팔아야 경쟁에서 이길 수 있다고 말한다.

서울 성동구 성수동 소재 통신기기제조 중소업체인 도아전자통신의 최수현사장은 최근 개발한 음성전화차단기를 곧 이스라엘에 수출한다. 최사장이 청소년들의 무분별한 음성전화사용으로 이스라엘 가정에서 골머리를 앓고 있다는 얘기를 들은 것은 지난 1990년이다.

음성전화서비스는 각종 노래와 연예 오락 정보가 녹음되어 있기에 버튼만 누르면 음성서비스를 받을 수 있어 우리나라에서도 청소년들에게 대인기이다. 최사장은 바로 연구에 착수해 간단한 다이얼 조작으로 국제 시외전화 음성전화 서비스까지 차단할 수 있는 장치개발에 성공했다.

차단기를 본 이스라엘 바이어는 『이런 물건이 있었느냐』며 관심을 보였고 시장성 검토를 거쳐 현재 수입계약 단계에 이르렀다. 최사장은 음성정보서비스가 발달한 미국과 멕시코 등에도 수출 가능성을 타진하고 있다.

대웅제약과 유한양행은 작년 초 두통약과 「쿠울펜」과 「폰탈」을 러시아에 각각 7백 10만 달러, 2백 36만 달러씩 수출했다.

민족분규와 보수 개혁파의 정쟁으로 혼란에 빠졌던 러시아내 정치 경제 상황이 국민들의 스트레스를 유발하여 두통약 수요가 급증했다는 것이 업계관계자들의 설명이다.

대웅제약 무역부 최원규과장(39)은 『경제협력차 방문한 러시아 관계자들로부터 「두통약을 찾는 사람들이 많은데 러시아산은 질이 나쁘다」는 말을 듣고 수출을 모색하게 됐다』며 『우리나라 제품에 대한 러시아 소비자들의 반응이 매우 좋다』고 말했다. 대웅은 러시아의 경험을 살려서 동구권에도 판로를 개척하여 두통약 시장을 계속 넓혀갈 계획이다.

대우중공업이 자체 개발한 K200 장갑차는 최근 보스니아 내전에서 위력을 과시하여 세계 주요 군수품 수입국들로부터 주문상담이 쇄도하고 있다. K200은 유엔평화유지군의 일원으로 보스니아 내전에 참전중인 말레이시아가 지난해 대우중공업에서 42대(2천 5백여만 달러 상당)를 구입하면서 기동력과 무기성능 등에서 우수성을 인정받았다.

말레이시아는 최근 대우중공업에 구매사절단을 보내 추가 구입의사를 밝히고 있으며 말레이시아 현지에서의 조립 생산방안도 적극 검토하고 있는 것으로 알려졌다. K200은 한국산 무기로는 이례적으로 영국 국방연구소의 세계 무기 리스트에 올라있어 국제 군수시장에서도 공식적으로 성능을 인정받고 있다는 것이 대우관계자의 설명이다.

Lobby 성공사례 : 일본 (주)도시바기계 사건

일본의 대기업인 이도쮸 그룹산하의 도시바(東芝)기계는 1982년, 1983년에 걸쳐 미국의 경고에도 불구하고 구 소련에 초정밀연삭(超精密硏削)한 특수공작기계를 수출하여 왔다. 그 공작기계는 소련 해군의 잠수함에 장착되어 잠수함의 스쿠류 소리를 극소화시켜 소련의 잠수함이 미국의 태평양연안에 까지 접근하게 하였다.

이에 놀란 미국은 정보망을 동원한 탐문조사의 결과 놀랍게도 일본의 Toshiba기계가 당시의 COCOM(Coordinating committee for export to communist area; 對공산권 수출통제위원회)협정에 의거하여 리스트에 수출통제품목으로 되어있는 초정밀연삭 특수공작기계를 소련에 판매하여 온 사실을 탐지하게 되었다.

Toshiba기계는 1982년 12월부터 1983년 6월까지 이도쭈(伊藤忠)와 와코루(和光)교역의 중개로 소련에 4대의 기계를 수출하면서 COCOM의 규정을 피하기 위하여 9軸 동시제어기계를 2軸으로 위장하였으며 1984년 4월에는 운전에 필요한 소프트웨어도 없이 수출하였다.

이러한 혐의에 대해 미국에서는 일본에 몇 차례의 경고를 보냈음에도 이를 묵살한 결과 미국의 對잠수함 방위망을 무력화시킨 사실이 세상에 알려지게 되었다.

이에 분노한 미 의회에서는 “일본은 물건을 적국에 수출하여 돈만 벌어들이면서 미국민에게는 국방비만 증가 부담시키는 짓을 자행하는 못 믿을 국가” 또는 “일본은 미국이 새로운 잠수함 추적체제를 구축하는데 드는 추가비용 300억달러를 부담해야 한다”라는 말도 서슴치 않았다.

이것이 계기가 되어 1988년 8월에 제정된 종합무역법(Omnibus Trade Competitiveness Act of 1988)을 통해 3년간 유효한 「Toshiba제재규정」(동법 제2443조)이 만들어졌다.

對미국 수출액이 연간 약 100억 달러로 총매출액에서 차지하는 비중이 10%에 달하는 이도쭈그룹이 이러한 위기를 어떻게 대응하고 해결했을까?

‘일본의 헨리 키신져(Japanese version of Henry Kissenger)’라고 일컬어졌던

당시 이도쮸그룹의 세지마 류조회장이 전개한 로비활동은 다음과 같다.

그는 Grass lobbying strategy를 구사하였다. 즉 캘리포니아주에 소재하는 Toshiba 계열현지공장의 조업단축 내지는 공장폐쇄의 가능성을 무기로 하여 미국인 종업원들로 하여금 캘리포니아의 주지사와 이 지역 출신의 연방 상·하의원들에게 「도시바제재규정」을 완화 내지 철폐하도록 요구하는 편지를 릴레이식으로 쓰게 하였다. 선거구민(constituent)의 요구에 약하기 마련인 선거직 공무원의 속성을 파악하고 있었던 것이다.

그는 선거구민인 현지 종업원 이외에 Toshiba의 제품을 사용하는 미국의 대기업인 AT&T와 Toshiba제품을 판매하는 미국현지 유통업체 등도 구제로비에 동원하였다.

또한 그는 이러한 Grass lobbying strategy와 함께 High-level lobbying strategy를 구사하여 미국의 홍보회사(Public Relations Firm) 1개 및 Law Firm 10개를 고용하여 아래와 같은 설득작전을 펴게 하였다.

① Toshiba는 미국내에 공장을 설립, 운영함으로써 고용을 창출하고 있으며,
② Toshiba는 미국의 군사용에 필수적으로 사용되는 각종 기계부품을 수출하고,
③ Toshiba가 미국으로 이미 수출한 군사용 기계의 부분품에 대한 정비와 교체 서비스 등을 위해서도 수출은 계속되어야 하며,
④ 美 국민에 대한 사과와 함께 향후 COCOM 리스트품목에 대한 위반사항이 없도록 하겠으며,
⑤ 백악관, 국무부, 상무부, 국방부의 정책담당자, USTR 등의 행정부와 유력한 연방 의회의원들에게 문제가 된 초정밀연삭 특수공작기계를 소련에 수출한 관계자를 문책, 처벌하겠다.

이때 동원된 Law Firm에는 Mudge, Rose, Guthrie, Alexander & Ferdon Law Firm(변호사는 Julia Christian Bliss로 전 Assistant general Counsel to USTR), Dickkstein, Shapiro & Morine Law Firm, Donovan, Leisure, et al Law Firm 등이었다.

미국 법무부 외국대리인 등록국의 기록에 의하면 Toshiba는 Mudge, Rose, Guthrie, Alexander & Ferdon Law Firm 1개 회사에만 1년간 430만 달러를 지급하였으며 다른 Law Firm에 지급한 금액은 연간 260만 달러에 이르렀다고 했다.

로비는 성공적으로 이뤄지게 되어 Toshiba가 미국으로 수출하는 모든 물품(연간 약 100억달러)에 대하여 수입금지조치를 내렸던 보복조치 및 Toshiba 제품에 대한 조달 · 구매금지에 관한 종합무역법을 발효 이후 1년만에 시행 중지시키는데 성공하였다.

당시 연방 상원의원이었던 John Heinz는 Toshiba의 로비 경비가 900만 달러를 넘을 것이라고 추산하였다. 또한 제재에 핵심적인 역할을 하였던 Jake Garn(공화당) 연방상원의원도 "21년간의 공직생활 중 이렇게 조직적이고 대대적인 로비활동은 처음 겪는 일이다"고 말한 바 있다.

Toshiba의 로비는 일본이 성공한 최초의 대 미국 대중로비로 평가되고 있다. 1995년 Newsweek는 일본은 이를 모델로 1991년 - 1993년의 미 · 일간 자동차협상에서도 Grass lobbying strategy 및 High - level lobbying strategy의 양면을 구사하는 고도의 로비를 통하여 성공하였다는 평을 한 바 있다.

(한국무역협회, 주간 통상정보, 제5권 제40호, 1988. 24 / Newsweek, 1995년 3월)

미 로비스트의 윤리 서약

한국의 경우 로비에 관한 법규가 없다. 그 결과 많은 사회적 이익집단들이 자신들의 주장을 할때 음성적인 부정거래에 개입할 가능성이 크며 최근에 이르러서는 힘과 시위로 해결하려는 경향까지도 생겨 났다.

특히 '화성 씨랜드 사건', '국방부 백두사업', '건설부교통부 경부고속철도 사업' 등에서처럼 산업 또는 업종에 구분이 없이 큰 거래가 있는 곳에는 항상 로비가 연관되어져 있다.

한국의 경우 로비스트는 해결사를 자처하며 국가의 인사와 정책에 혼선을 주면서 심지어는 정권의 도덕적 해이까지도 야기시키고 있다.

이제 미국에서의 로비스트의 윤리 서약 내용을 알아 보기로 하자.

서문

나의 윤리적 행동이 정부의 모든 부문에 대한 대중의 신념 회복과 밀접한 관계를 갖는다는 것을 믿는다. 나는 이같은 자기 규제선언이 로비스트에 의해 제공된 정보에 대한 공무원들의 신뢰를 높이고 로비스트가 명예로운 직업으로 각광받는데 기여할 것으로 믿는다.

선언

윤리선언의 내용과 정신, 그리고 로비캠페인 자금법을 지킨다. 공무원들과 입법 심사관들에게 진실만을 말할 것을 약속한다. 고객의 이익에 충돌이 생길 때 고객에게 반드시 알린다. 로비스트와 공무원들 사이에서 수수료를 챙기는 사람들이 없도록 감시한다. 그리고 그런 수수료 협상에 참여하기를 거부한다. 공무원들에게 퇴임 후 최소 12개월 이내에 경제적인 이득을 취하기 위해 로비스트가 되는 것을 저지한다. 이같은 행동은 정부에 대한 국민들의 신뢰를 떨어 뜨릴수 있고 선출직 공무원들의 도덕적 타락을 불러올 수 있기 때문이다. 정부에 대한, 다른 로비스트에 대한, 공무원에 대한 존경을 보인다. 서문에 언급된 목표를 위해 나는 나 자신과 다른 로비스트들의 윤리적 행동의 우수성을 촉진시킬 것을 선언한다. (www.lobbyistdirectory.com)

최근 한국에서도 비리의 로비가 아니라 합법적인 로비를 도입, 정착하려는 시도들이 생겨나고 있다. 특히 정치인들을 대상으로 언론을 통한 홍보요령에 관련한 사이트로 개설된 www.zeta.org.au/~aldis/lobby.html가 있으며, 전문 로비스트가 아닌 풀뿌리 민중들에게 도움을 주기 위한 사이트로 www.trytel.com/~aberdeen/techniq.html이 있고, 자원봉사자들에 운영되면서 무료로 로비를 해주는 사이트인 www.progressivesecretary.org 등이 있다.

(조선일보, 2000년 5월 9일/스포츠 투데이, 2000년 5월 17일/경향신문, 2000년 5월 10일)

美 기업들 '로비의 힘' 1弗 쓰면 28弗 번다

미국의 방위산업체인 General Dynamics는 Gulf만 방위사업 등에 참여하기 위해 2004년 로비스트를 고용했다. 의회를 거쳐 2005년 국방부로부터 배정받은 예산은 총 29개 사업, 1억6900만달러였다. 이를 위해 업체가 로비자금으로 쓴 돈은 단 570만달러에 불과했다. 로비자금 1달러당 30달러의 계약을 따낸 것이다.

이처럼 미국 기업이 로비활동을 통해 얻는 성과가 만만치 않은 것으로 드러났다고 BusinessWeek 인터넷판이 10일 보도했다. BusinessWeek는 2004년 기업들의 로비 지출액과 2005년 의회에서 배정된 2000여건의 사업 예산을 비교했다. 그 결과 기업이 1달러를 로비에 쓸 때마다 평균 28달러의 예산이 배정되는 것으로 나타났으며 그 중에서도 높은 성과를 거둔 20개 기업은 로비 비용의 평균 100배가 넘는 자금을 돌려받았다.

로비자금이 계약을 수주하는데 어느 정도의 영향력을 발휘했는지 정확히 알기 어려운 상태에서 BusinessWeek가 로비데이터 관련 웹사이트를 운영하는 컬럼비아 북스와 연결고리를 추정하는 작업을 처음으로 마친 결과였다.

로비자금을 가장 많이 쓴 곳은 Leighton과 LockheedMartin 등 단연 방위산업체였다. 로비 지출 상위 50개 업체 중 방산업체가 아닌 곳은 트럭 제조사 Cummings와 부품업체 Caterpillar, Anchorage 시내 철도 설비를 맡은 Alaska Railroad였다. 2005년 보잉은 미사일과 헬리콥터 제조 등 총 29개 사업에 4억 5600만 달러를 따내 가장 큰 사업금을 챙겼다. 전년인 2004년 보잉이 로비에 들인 돈은 총 850만 달러. 로비 비용 54배의 자금이 돌아온 것이다.

로비의 성적은 기업 규모와는 큰 상관이 없는 것으로 드러났다. 애틀랜타 소재 사이언티픽리서치는 2005년 군사용 수신기 개발사업 등에 총 2000만 달러를 배정받았다. 로비자금으로 단돈 6만 달러를 들인 것에 비하면 무려 344배에 달하는 쏠쏠한 성과를 얻었다.

하지만 로비를 벌여놓고도 아무 성과를 얻지 못한 업체도 있는 등 로비의 결과는 극단적이라고 BusinessWeek는 덧붙였다. 로비의 성적을 가장 크게 좌우하는 것은 '로비스트의 수준'이라는 게 전문가들의 분석이다. 사이언티

픽리서치사가 고용한 단 한 명의 로비스트는 상원군사위원회 회장이었던 샘 넌 전 민주당 상원의원의 스태프 출신. 군사자금 담당자들과 긴밀한 인맥을 갖고 있어 의회에 큰 영향력을 발휘할 수 있었다.

BusinessWeek는 로비스트의 활동 영역이 세금과 규제 정책 등으로 갈수록 넓어지고 있다고 밝혔다. 로비스트를 고용한 회사는 1998년 1447개에서 2006년 4516개로 늘어났다. 1989년 설립된 로비업체 PMA는 록히드마틴, 제너럴다이내믹스, 보잉 등 최소 15개 방산업체의 로비를 맡고 있다.

부실기업 해외매각 실패, 관료들 앞장서서 협상주도권 빼앗겨

정부와 채권단이 짧게는 1년, 길게는 3년에 걸쳐 해외매각을 추진해온 부실기업들의 해외매각에 실패했다.

(주)한양은 99년말부터 해외매각을 추진해오다 국내업체에 공개입찰을 하기로 방침을 바꿨다. 서울은행과 대한생명은 매각을 포기하고 먼저 정상화한 뒤 파는 쪽으로 방향을 틀었다.

대우차와 한보철강 매각 성사여부는 여전히 안개 속에 있다. 첫 단추를 잘못 끼운 정부가 뒤늦게 넘겨받은 협상실무자들에게 책임을 떠넘기면서 협상력을 잃고 있다.

미국과 한국에서 기업의 해외합병을 자문해주고 있는 김창주 미국변호사는 "최근 수년간 한국기업의 해외매각추진을 지켜봤다"며 "매각이 자주 실패하는 중요한 이유는 항상 정부 관료들이 협상의 전면에 나서다보니 협상주도권을 상대측에 빼앗긴 데 있다"고 지적했다.

서울은행의 경우 지난해 2월 HSBC와 MOU까지 체결했으며 8월에는 가격문제를 둘러싸고 최종협상이 결렬된 뒤 행장을 새로 영입하고 도이췌방크로부터 경영자문을 받고 있다. 정부는 내년말까지 정상화한 뒤 IMF과의 약속대로 해외매각을 재추진한다는 방침이지만 제대로 될지는 미지수다.

대한생명은 지난해 2월 최순영회장의 구속이후 매각을 위한 공개입찰이 모두 유찰됐다. 정부는 정상화를 위해 이미 2조500억원의 공적자금을 수혈했고 연말까지 1조5000억원을 투입할 예정이다.

한양은 1993년 부도위기에 몰리자 주택공사가 자본참여를 통해 관리해오고 있으며 전체 자본금 521억원 중 50.5%의 지분을 갖고 있다. 1999년말부터 추진한 해외매각은 3월 주택공사와 미국 건설업체인 S&K사간의 MOU 체결을 계기로 가시화됐다. 자산관리공사가 한양의 자산초과 부채 6800억원 가운데 3800억원에 대해 2700억원과 1100억원을 각각 출자전환하는 식이었다. 나머지 금액은 S&K가 채권단에 지불키로 했다. 그런데 지난달 S&K가 약속한 인수금을 주지 않아 매각협상이 중단됐다.

한편 주택공사는 한양의 순자산 가치를 높이기 위해 주택공사와 채권자인 자산관리공사가 공동으로 3800억원을 출자전환하고 매각 후 5년간 인수자에게 공사물량을 지원하는 방안을 마련했다.

(동아일보, 2000년 10월 7일)

적과도 동침하는 세상

지난 1월 세계 1위의 PC통신 · 인터넷 포탈업체인 AOL이 미국의 종합미디어회사인 타임워너를 1830억 달러에 M&A하여 세상을 깜짝 놀라게 했다. 지난 2월 3일에는 세계최대 이동전화회사인 영국의 Vodafone이 독일의 2위 이동전화회사인 만네스만을 1905달러에 합병함으로써 M&A 사상 최대금액 기록을 갱신했다. 또한 지난 4월 5일에는 독일의 Dresdner은행이 한달전에 발표했던 DeuscheBank와의 합병계획을 무효화한다고 발표했다. 만일 계획대로 합병됐더라면 6개월전에 합병을 선언한 일본 교고은행, 다이치강교(第一勸銀), 후지은행(富士銀行)의 자산규모를 능가하는 것이었다.

지금 세계에는 하루가 멀다 하고 각종 M&A 발표가 연이어 일어나고 있다. 이와 같은 M&A 열풍의 계기는 1995년 1월 발족한 WTO협정 발효로 세계가 개방화, 자유화, 민영화의 파고가 거세어지면서 기업들은 지구촌에서 전개되고 있는 국경없는 무한경쟁에서 살아남기 위하여 생존경쟁을 벌이고 있는 것이다.

현재와 같은 M&A 현상은 세계적으로 일어나며 규모도 커지고 있을 뿐만 아니라 제조업과 금융, 유통, 무역, 농업 등 모든 산업에 걸쳐 전개되고 있다. 심지어 신문, 방송 등 언론분야와 인터넷 관련 신산업에까지도 M&A 회오리에 휩싸이고 있다.

이러한 M&A의 목적은 대체로 두 가지다.

첫째는 시장점유율의 확대다. 1998년에 있었던 DaimlerBenz가 Crysler를 인수한 것은 미국시장의 점유율을 높이려고 했던 것이고, Ford가 Volvo를 인수한 것은 EU시장을 확대하려는 것이었으며 지난 3월 27일 Daimler Crysler가 Mitsabishi자동차를 인수한 것은 일본 등의 아시아 시장 진출을 강화하겠다는 것이었다.

또한 Exxon이 Mobile을 인수하는데 자극받아 BP이 Amoco를 인수한 것은 세계 석유시장을 놓고 영역 쟁탈전을 벌이는 것이고, 알루미늄 제조업체인 캐나다의 Alcan이 프랑스의 Pesini와 All Swiss Group을 합병한 것은 세계 1위인 미국 Alcoa와 대적하기 위해서인데 Alcoa는 발빠르게 미국 2위인 Raynolds Metal을 인수해 이에 대응했다. 이들은 시장 점유율 확대와 더불어 M&A를 통해 과잉중복투자를 방지하고 가격하락을 저지하여 세계 1위 자리를 굳히려는 것이다.

둘째는 기술력의 확충이다. 예를 들어 1984년에 창업해 불과 15년만에 시가총액 3551억 달러(99년말 기준)로 MS, GE 다음으로 3위에 뛰어오른 인터넷관련 장비업체인 Seasco는 지금까지 첨단기술을 가진 중소기업 벤처회사 40여개를 인수해 기술력을 확충하고 있다.

지난해에는 창업한지 30개월 정도 밖에 안되고 연간 매출액이 1000만 달러 밖에 흑자를 내지 못했던 Serent라는 중소기업체를 69억 달러에 인수해 모두를 의아하게 만들었다.

또한 기업들은 R&D비용을 절약하기 위해 기술의 공동개발을 위한 전략적 제휴도 크게 늘리면서 적과도 주저없이 협력하고 있다.

예를 들어 GM과 Toyota 자동차가 연료전지 자동차엔진을 2005년에 상용화하는 것을 목표로 공동연구하고 있는데 여기에 석유회사인 Exxon도 합류

했다. Ford와 Benz도 거의 같은 시기에 연료전지 엔진 공동개발을 위해 손잡았다. 지난달에 GM, Toyota, Folkswagen 등 3사가 자동차와 부품설계, 개발을 공동으로 하고 이의 공용화를 위해 제휴한다고 발표했다.

(매일경제, 2000년 4월 25일)

중소기업, 무역사기에 멍든다

최근 국내 수출기업들이 외국 바이어나 거래업체에서 수출대금을 떼이는 등 무역사기 사례가 빈발하고 있어 이에 대한 대책이 시급한 것으로 지적됐다.

무역업계에 따르면 올 상반기에 수출을 하고도 대금을 받지 못한 수출미수금은 9650만 달러에 이른다. 그러나 이는 공식적으로 무역협회에 보고된 액수일 뿐 신고되지 않은 액수까지 합하면 최소한 1조 원에 이를 것으로 전문가들은 추정하고 있다. 이들이 당한 사기유형은 다음과 같다.

- **소액결제를 미끼로 이용한다**

  봉제업을 하는 국내 L업체는 지난 수년간 알고 지내던 독일의 K업체에서 외상 수출 제의를 받고 지난 해 10만 달러어치를 수출했다. 제품이 독일에 도착한 후 K업체는 대금 1만 7000달러를 결제해주고 회사가 어려우니 이해를 해 달라면서 외상으로 수차례 주문을 했다. 이렇게 해서 쌓인 미수금이 자그만치 100만 달러. 나중에 신용조사회사를 통해 알아본 결과 독일 K회사의 사장은 회사명의는 물론 거주주택, 차량 등을 모두 부인 앞으로 등기해 놓고 정작 자기는 법원에 변제 무능력 신청을 해 놓아 국내 L업체는 미수금 100만 달러를 고스란히 떼였다.

- **물건만 받고 결제는 안한다(오리발형)**

  소규모 식품업을 하고 있는 S사는 미국 샌프란시스코에 사는 한국교포가 운영하는 M사에서 고춧가루를 비롯한 식품을 외상으로 달라는 제의를 받고 13만 달러어치를 선적했다. 수출대금을 금방이라도 결제해줄 것 같았던 M사는 차일피일 미루더니 전화 조차도 받지 않는 상태가 되었다. 국내 S사 사장은 대금회수를 위해 미국까지 찾아 갔으나 소득을 얻지 못하고 결국 회사까지 부도가 났다. 이 충격으로 사장은 지난 3월에 자살로 생을 마감했다.

- **시장상황을 핑계로 결제를 미룬다(책임전가형)**

전자제품을 제조하는 국내 I사는 평소에 잘 알고 지내던 홍콩의 바이어로부터 외상 수출 제의를 받고 200만 달러어치 전자제품을 보냈다. 그러나 바이어는 상품의 사소한 결점을 트집잡으면서 결제를 미루더니 급기야 결제를 하지 않겠다고 통보해 와 현재 I사는 법적 소송을 준비중이다.

- **악덕 교포를 주의하라**

의류수출업을 하는 국내 H사는 미국 로스앤젤레스에서 한국교포가 운영하는 B사로부터 50만 달러어치 수출제의를 받고 제품을 선적했다. 계약 당시 B사 사장은 25만 달러의 신용장을 개설하고 나머지는 미국 IRS에 세금을 덜 내기 위하여 자기회사 수표로 결제해 주겠다고 했다. 그후 신용장을 개설한 부분은 대금으로 지급받았으나 나머지 금액은 결제하지 않은 채 고의 부도를 내고 잠적해 버렸다. 결국 25만 달러어치 대금을 떼이게 된 것이다. 이는 악덕 교포들의 전형적인 사기수법으로 전체 대금 중 일부는 결제해주고 나머지는 회사나 개인수표를 발행해 상품을 받고 난 후 고의 부도를 내는 것이다. 참고로 작년 한국의 수출액은 1,323억달러였다. 이들 중 L/C 방식의 거래는 40% 정도 밖에 되지 않고 나머지 60%는 바이어에게 T/T로 대금을 직접 받거나 외상수출이 대부분이다. 그만큼 떼일 확률이 높다는 얘기다.

(매일경제, 1999년 11월 6일)

제 8 장 국제통상협상 및 사례

1. 국제통상협상의 의의

2. 국제통상협상의 특성

3. 국제통상협상 이론

• 참고자료

제 8 장 국제통상협상 및 사례

1. 국제통상협상의 의의

협상의 시각에서 보면 개인은 A. Maslow의 설명처럼 생리적 욕구(physiological need), 안전욕구(safety needs), 사회적 욕구(belongingingness and love needs), 존경욕구(esteem needs), 자아실현욕구(needs for self-actualization)를 충족하기 위하여 살아가는 것이다.

기업은 이윤추구라는 계속기업으로서의 목적을 이루기 위해 경영활동을 수행한다고 볼 수 있다. 그리고 국가의 경우에도 아무리 국제화, 개방화, 국제화를 키워드로 하는 글로벌 경제의 시대라고 하더라도 주권(sovereignty)이 없이 또는 이를 행사하지 못한다면 국민과 국가 그리고 기업은 더 이상 존재의미를 찾을 수 없을 것이다.

국제협상은 이원적 게임이라는 독특한 성격을 특성으로 하고 있으며, 국가 간에 이뤄지는 국제협상에서 '누구를 위한 협상인가?'라는 헤드라인을 매스미디어에서 종종 보게 되는 것은 국제협상의 특성을 말해 주는 동시에 국제협상의 어려움을 보여주고 있는 것이다.

국제협상은 다음의 <그림 8-1>에서 보는 것처럼 협상 상대국의 협상대표들이 갖는 외부협상과 협상과 관련하여 목표와 방향(guide line)을 설정하고 지시하는 조직 및 집단에서의 내부협상으로 이뤄진다.

▌그림 8-1▌ 내부협상 및 외부현상의 과정

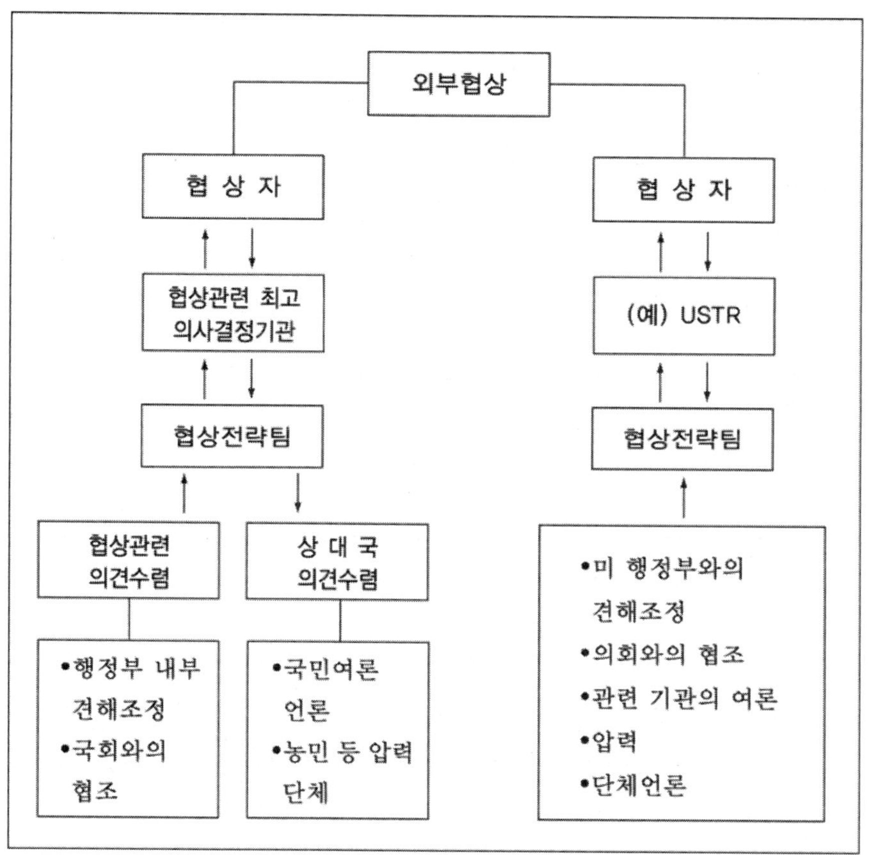

자료 : 김기홍, 한국인은 왜 항상 협상에서 지는가? 굿인포메이션, 2002, p.268

2. 국제통상협상의 특성

국제통상은 <그림 8-2>에 보는 것처럼 매도인(seller)인 수출업자와 매수인(buyer)인 수입업자라는 두 당사자 사이에 이루어지며 무역형태에 따라 제3자가 개입되는 등 2인 또는 다수의 당사자가 있을 수 있으나 두 개의 상이한 시장을 사이에 두고 매매가 이뤄지는 국제간의 협상이라는 기본적인 속성은 벗어나지 않는다.

▌그림 8-2▐ **국제통상협상의 구성요소**

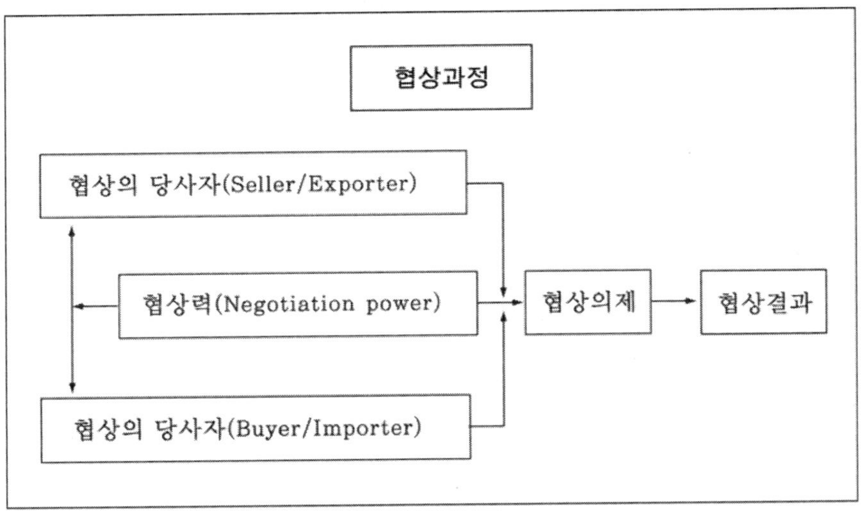

자료 : 김지용, 무역계약에 있어서의 협상행위 및 협상성과 결정요인에 관한 연구, 동국대학교 박사논문, 2001. 6. p.29.

이제 일반적인 국제통상계약의 특성들을 살펴보기로 하자.

첫째는 고 위험성으로 언어와 법규 및 상관습 등이 상이할 뿐더러 역사적, 경제적, 사회적 배경이 다른 나라와의 거래이기에 국내에서는 고려하지 않아도 될 위험들이 존재하고 있다.

둘째는 적용(適用)상의 불확실성으로 거래 상대방 국가의 법에 저촉 내지 상충될 수 있다는 점에서 법 적용의 어려움이 있다.

셋째는 거래 상대방 국가의 주권적 간섭(主權的 干涉)으로 국가를 막론하고 자국 우선주의에 의한 정책에 따른 손해나 피해가 상존하고 있다.

넷째는 당사자들간의 상관습(商慣習)에 의한 자사 위주의 편의적 해석과 적용이 문제 될 수 있다.

다섯째는 분쟁해결시의 어려움으로 거리적 어려움은 물론 법률적 해석과 적용에서의 상이(相異)에서 비롯되는 어려움이 뒤따르고 있다.

여섯째는 국제통상을 위한 거래와 거래 조건상의 통일화(統一化) 및 정형화(定型化)로 유리한 점도 있으나 때로는 부담 내지 역효과를 입을 수도 있다.

이처럼 국제통상이 갖는 특성으로 인하여 국제적인 규정과 기구가 존재하고 있음에도 불구하고 분쟁과 마찰에서의 건수나 금액은 더욱 많아지며 늘어나고 있다.

최근 한국 경제가 발전하고 국제무역에서의 위상이 높아지면서 한국을 상대로 한 사기가 급증하고 있다. 이들은 배당, 투자·대출, 무역, 귀금속, 포상 등과 관련한 미끼사례는 물론 위·변조 신용카드에서 가짜 채권 등에 이르기까지 국제거래를 빙자한 분쟁과 마찰은 국가와 기업을 가리지 않고 발생되고 있다.[1)]

3. 국제통상협상 이론

협상은 '당사자간 이해관계의 상충을 인식하는 상황에서 상호타결의사를 가진 당사자간의 의사소통을 통하여 합의에 이르는 과정'이라고 보거나 '다수의 이해당사자들이 가능한 복수의 대안들 중에서 그들이 수용할 수 있는 특정의 대안을 찾아가는 동태적 의사결정이다'라고 보는 것은 이해 당사자들 간의 합의 내지 이를 도출하는 과정의 중요성을 말해주는 것이다.

따라서 이해당사자들이 자국민이나 자국기업의 이해관계를 책임지고 대변하는 국제협상은 이원적인 협상게임일 수밖에 없으며 두 얼굴을 가진 양면게임이라는 속성을 갖게 되는 것이다.

국제통상협상은 정부조직 등의 공공기관이 주체가 되어 상호이익을 달성하면서 국가간의 통상을 촉진하는 협력 내지 협상을 말하는 것으로 해외시장을 목표로 경영활동을 벌이는 다국적 기업들의 협상과는 큰 차이를 갖고 있다.[2)]

---

1) 국가정보원, 국제금융범죄 이렇게 막자, 2003.1.
특히 국제무역과 관련한 사례로는 대 테러 인가증명 요구, 유령회사, 거액대출 알선미끼, 변제 무능력자의 외상수입, 위조수표에 위한 대금결제, 불특정 한국인 신원사항의 임의 사용, 유명은행 사칭의 수입거래, 외상수출 후 무역대금 미지급, 무역대금 일부지급 후 고의부도 등이다.

2) 백종례, 국제통상의 협상에 관한 연구－정부의 법적 협상을 중심으로, 강원대 석사

R. Keohane이 국제협상을 '정책의 조정을 통해 다수의 개인이나 조직의 행동을 서로 일치시키는 것'이라고 정의를 내린 것과는 달리 R. Putnam은 '윈셋(win－set)'이라는 개념을 도입하여 설명하였다.

그는 "주어진 환경에서 국내적 비준(批准)을 얻을 수 있는 모든 합의의 집합"을 말하는 것이며 이는 첫째로 논리적으로 따져 합의가 가능하려면 양 당사자의 윈셋이 교차하는 부분이 있어야 하기에 "윈셋이 클수록 국제합의의 가능성이 높아진다"는 점과 둘째로 "윈셋의 상대적 크기가 합의에 따르는 이득의 분배를 결정짓는다"는 점에서 중요하다고 하였다.[3)]

그에 의하면 <그림 8－3>처럼 A에서 B까지의 선은 양 당사자의 합의에 따른 공동이익의 전체 크기를 나타내며 만일 C점에서 합의가 이뤄진다면 AC와 BC는 각 당사자들의 이익 크기를 나타낸다는 것이다.

그러나 한 당사자가 취할 최소의 몫을 C^1, 같은 이유로 다른 상대방이 취할 최소의 몫을 C^2라고 하면 한 당사자의 윈셋은 BC^1이며 다른 상대방은 AC^2가 되어 양 당사자의 윈셋이 겹치는 부분인 C^1C^2는 합의가능영역이 되는 것이다. 그리하여 다른 조건의 같은 한 윈셋이 커지면 커질수록 합의영역은 넓어지며 합의의 가능성은 그만큼 높아지게 된다.

▌그림 8-3▌ 윈셋의 크기 및 협력의 가능성

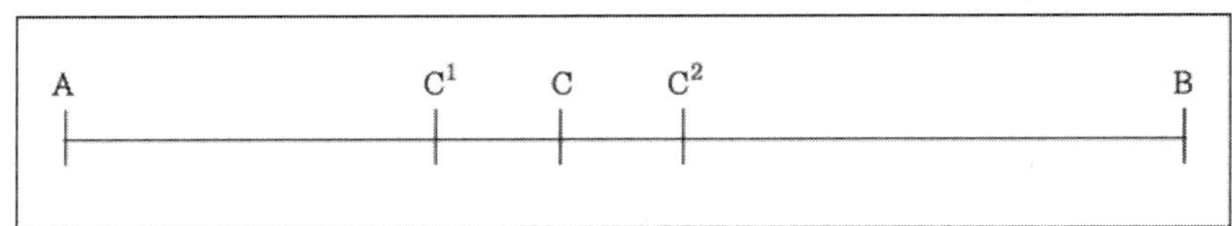

자료 : 김태현·유석진·정진영, 외교와 정치, 오름, 1998, p.89.

윈셋의 크기를 결정하는 요인들은 국내 여러 집단의 이해 및 제휴 관계와 국내제도 그리고 국제교섭에 실질적으로 참여하는 실무 당사자의 전략 등이다.

논문, 2002 p.11.

3) 김태현·유석진·정진영, 외교와 정치, 오름, 1998, p.88.

그리고이를 직접적으로 수행하는 경우 자국의 윈셋을 축소시키는 전략으로 현안의 이슈를 정치쟁점화 시키면서 여론을 강경하게 몰고 가거나 또는 분열시키는 '발목잡히기(tying – hands)'처럼 윈셋을 축소하거나 아니면 이면보상(side – payment)으로 윈셋을 확대하는 '고삐 늦추기(cutting slack)' 전략이 있다.

이외에도 상대방의 윈셋을 크게하는 '상승적 연계(synergistic linkage)'전략이나 이슈에 대한 기대나 이미지를 바꾸는 '메아리(reverberation)' 전략 등의 방법 등이 있다.

참고자료

높아만 가는 美 통상 압력

미국의 철강업계가 불만 표출에 가장 적극적이다. 한국 · 러시아 · 브라질 등 개도국 철강회사들의 덤핑수출로 타격이 크다는 것이다.

실제로 업계 대표격인 USX의 경우 3분기 순이익이 6천 5백만 달러로 작년 동기에 비해 44%나 감소했고 베들레햄 철강의 순이익도 8.6%나 줄었다. 이들은 보조금 지급을 문제삼고 있다.

미 상무부는 이들 국가의 보조금지급으로 자국 철강업계가 입은 피해여부를 가리기 위해 ITC를 통한 본격 조사에 나선다는 계획이다. 상무부는 한국과 일본 · 대만 · 프랑스 · 독일 · 이탈리아 · 영국 · 멕시코 등 8개국의 철강 덤핑수출여부에 대해서도 내년 초 판정을 내릴 예정으로 있다.

미국은 Bill Clinton 대통령의 방한 때 Willian Daily 상무장관을 통해 철강 등 일부품목의 대미수출문제를 정식으로 건의할 것으로 알려졌다. 미국의 공세는 올해 2천 5백억 달러, 내년에는 3천억 달러를 넘어설 것으로 예상되는 무역적자에서 비롯된 것이다.

EU에 대하여 영국 프랑스의 옛 식민지에 대한 바나나 수입특혜절차를 주장해 온 미국은 10일 와인 · 치즈 · 가전제품 등 유럽산 제품에 대해 1999년 1월부터 100% 보복관세를 물리겠다고 발표했다.

이밖에 불법 보조금을 받고 있다면서 예비판정을 내린 프랑스 · 이탈리아산 철강을 비롯한 서비스 · 금융 · 지적재산권분야에서도 개방을 강력히 주장하고 있다.

미국은 아시아 경제위기와 관련하여 EU의 아시아제품 수입이 미국보다 훨씬 적다는 불평도 제기하고 있다.

일본의 경우 아시아 경제위기 책임론을 앞세워 옥죄고 있으며 통신 · 금융 · 에너지 · 자동차분야의 규제완화 및 시장개방 확대를 위한 270개 조치를 나열한 문서를 전달하기도 했고 특히 임 · 수산물에 대한 관세인하에 미온적인 태도를 보이자 APEC회담에서 일전을 벌이려 하고 있다.

동남아에 대해서도 작년 APEC에서 합의된 서비스·에너지·삼림·장난감의료품·화학·통신 등에서 관세철폐를 상기시키며 다그치고 있다.

더불어 중남미에 대해서는 FTA협상을 가속화시키면서 자유무역의 명분으로 무역불균형을 바로 잡으려 하고 있다.

(중앙일보, 1998년 11월 12일)

무역 赤字 쌓이자 칼 빼든 美

미국이 '슈퍼 301조'를 부활시킨 배경은 폭증하는 무역적자를 줄이려는데 있다. 작년 10월 미국의 무역적자는 97년(1천1백억 달러)보다 78%가 늘어난 1958억 달러에 이른다.

아시아 경제위기가 계속되고 미국의 경기호황이 계속되면 적자규모는 올해도 5-6백억 달러가 더 늘어날 것이라고 한다. 특히 주요 타깃인 대일적자는 97년보다 14% 늘어난 582억 달러이며 대중국 적자 역시 전년 대비 16% 늘어난 529억 달러나 된다.

미국은 이런 적자규모 해소를 위해서 각국의 불공정 무역관행에 제동을 걸면서 슈퍼 301조 발동을 예고해 왔다. 미국에 상품을 팔려면 상대국도 개방해야 한다는 주장이다.

최근 일본과의 철강분쟁은 EU까지 확산될 움직임이고 미·EU간 쟁점인 바나나 무역분쟁도 이런 배경을 갖고 있다. 슈퍼 301조 부활은 세계경제에 미칠 파장도 커서 대미 최대 무역 흑자국인 일본, 중국·독일·캐나다·멕시코·이탈리아의 반응이 민감하다. 이러한 무역분쟁은 결국 대미 수출국들의 경기침체로 아시아에서 국지적인 경제위기가 재발될 가능성도 점쳐지고 있다.

이에 따라 일본·EU 등은 슈퍼 301조가 WTO의 분쟁해결 절차에 배치된다는 주장이 등장하고 있다. 즉 미국 측 입장만 대변하는 슈퍼 301조에 근거한 결정에 대해 분쟁 당사국들이 WTO에 제소할 경우 어느 쪽 결정을 따라야 하는지 기준이 모호한 실정이라는 것이다.

(중앙일보, 1999년 1월 28일)

미, 한국 TV 반덤핑규제 철회

미국이 한국산 컬러 TV에 대한 반덤핑 규제를 15년만에 완전히 해제했다. 미 ITC는 23일 연방 관보를 통해 한국산 컬러 TV에 대한 반덤핑규제를 2000년 1월 1일부터 제거한다고 발표했다.

미국은 지난 1984년 한국산 컬러 TV에 대한 반덤핑 규제를 시작했다. 한국 업체들이 대비수출을 자제하고 가격을 인하했음에도 불구하고 규제를 풀지 않았다. 미 상무부는 5년마다 ADD규제를 계속할 것인지 여부를 심사하는데 매번 미국의 관련 업체들이 이의를 제기했기 때문이다.

그러나 올해는 10월에 시작된 재심사 절차에 미국 업체들이 아무도 참여하지 않아 종결 결정이 내려졌다. 한국 컬러 TV 업체 중 삼성은 이미 지난 8월 27일 ADD 규제 철회조치를 받아냈기 때문에 이번 미 상무부의 결정으로 혜택을 보게 되는 업체는 LG와 대우전자 등이다.

ADD규제가 풀리면 컬러 TV는 물론 고화질 TV · 프로젝션 TV등 부가가치가 높은 신제품의 대미 수출에 도움이 될 것으로 기대된다. 미국 40개 주요 도시에서는 이달부터 디지털 TV 방송이 개시됐는데 이에 따라 고화질 TV수요가 앞으로 크게 늘어날 것으로 예상된다.

(중앙일보, 1998년 11월 25일)

"차라리 報復 甘受", 美에 逆攻 주효

한국 정부의 통상외교기능을 향상시키기 위해 출범한 외교통상부의 첫 작품은 일단 합격으로 평가되고 있다. 상호불신으로 갈등을 빚었던 전 정부와는 달리 현 정부의 이번 자동차 협상 타결에는 외교통상부 수뇌진의 팀워크, 관계부처간 협조 등이 밑거름 됐다.

이번 협상의 성공은 워싱톤의 협상 테이블 뿐만 아니라 서울에서 이미 판가름이 나있었다는 분석이다.

외교통상부의 홍순영장관은 미국이 세제 및 관세에 대한 강한 요구를 해오자 보스워스 주한 미대사에게 '미국이 한국을 금융지원하는 이유가 무엇이냐?' 미국이 무리하게 밀어붙일 경우 한국은 미국의 보복조치를 받아들일 수밖에 없다고 통보하여 미국의 양보를 유도했다.

또한 실무 총사령탑인 한덕수통상본부장은 USTR의 Barshefsky 대표와 피 Richard Fisher 부대표 등과 서울-워싱톤간 핫라인을 설치, 수시로 상호 양보가능성을 전화로 탐색했다는 후문이다. 그는 서로 이름(퍼스트 네임)을 부르는 가까운 사이인 피셔 대표와 협상기간 내내 하루 30분 이상 전화로 통화하면서 끈질기게 설득을 했다.

이번 4차 협상은 미국측 실무자들의 강경 태도로 3-4차례의 결렬 위기가 있었다. 미국으로서는 한국의 양보안은 미국차를 수입하는데 큰 효과가 없다며 결렬시 즉각적인 보복조치의 발동을 시사하면서 끝까지 관세인하를 강하게 요구했다.

이번 타결은 세계적인 금융위기 상황을 감안, 양국간 불필요한 통상마찰을 자제해야 한다는 양국 수뇌부들의 전략이 맞아 떨어진 결과로서 한-미간 자동차분쟁을 WTO로 끌고 갔을 때 미국측에 반드시 유리하지만은 않다는 결론을 내린 것으로 알려졌다.

이번 협상타결로 한국은 잃은 것이 거의 없는 대신 한국의 대외 신인도를 올리고 국내 소비자들에게는 세금 절감효과를 가져 오는 일석이조의 결과를 낳았다.

한 분석가는 『이번 협상의 최대 승리자는 한국정부도 미국정부도 아닌 한국의 소비자들』이라고 평가했다. 그러나 미국 자동차업계는 『100% 만족스럽지는 않지만 일단 받아들이되 한국정부의 합의이행 여부를 주시 하겠다』는 반응이다.

(조선일보, 2000년 10월 22일)

한 · 중 철강대금 1억불 마찰

중국으로 1억달러 규모의 철강제품을 수출한 7개 상사들이 중국 거래은행의 대금지불유예로 거액을 떼일 처지에 놓여 있다. 또 중국은행의 지급보증을 믿고 이들 상사에 이미 대금을 지급한 국내 11개 은행들은 문제가 해결되지 않을 경우 중국거래 관련 신용장(L/C)을 매입하지 않겠다는 입장을 보이고 있어 한중교역에 악영향을 미칠 것으로 우려되고 있다.

22일 무역업계에 따르면 대우, 한라자원, 쌍용, 코오롱상사, 해태상사 등 국내 7개 상사는 3국간 거래방식으로 96년부터 97년까지 러시아 등의 철강제품을 중국에 수출했다.

L/C 개설은행은 중국 하이난성 후이통은행이었으며 국내 상사들은 국내 11개 은행으로부터 L/C네고를 통해 수출대금을 받았다. 그러나 후이톤은행이 지난 3월 영업정지 상태가 되면서 모든 지불을 유예하여 국내은행과 상사들이 1억달러 규모의 대금을 받지 못하게 된 상태에 이른 것이다.

한라자원은 4천만달러 이상을 돌려받지 못했으며 대우, 코오롱상사, 해태상사 등도 각 2천만 달러 안팎을 물린 것으로 알려졌다.

이에 따라 관련상사들은 이 문제를 통상외교문제로 간주하여 오는 11월 김대중대통령의 중국 방문 때 주요의제로 채택될 수 있도록 청와대에 진정서를 제출해 놓은 상태다.

또 은행들도 대책협의회를 구성하면서 은행연합회를 통해 한국은행에 대책마련을 촉구하고 있다. 일부은행들은 이번 사건이후 중국거래와 관련된 신용장의 매입 거부 움직임조차 보이고 있다.

후이통은행은 중국 5대 은행인 공상은행과 건설은행이 각각 33%의 지분을 투자한 지방은행으로 1995년, 1996년 무디스 신용등급이 AAA인 우량은행이었다. 외환은행 등 5개 은행은 공동으로 1천2백만 달러를 투자하기도 했으나 자금회전의 어려움 등으로 지난 3월부터 모든 지불을 유예하고 영업정지 상태에 들어간 바 있다.

(한국경제, 1998년 9월 23일)

해외공관－기업공조로 공사대금 받아냈다

기업과 해외공관의 협조체제로 IMF 경제위기를 이긴다. 핵실험에 따른 서방의 경제보복조치로 극심한 외환부족과 모라토리엄의 위기를 겪고 있는 파키스탄에서 최근 (주)대우건설부문이 현지 대사관과의 긴밀한 협조체제로 5천4백만 달러의 원리금을 성공적으로 상환받은 일이 뒤늦게 알려 졌다.

대우건설은 지난 1992년 서남아시아 최초의 라호르－이슬라마바드 고속도로(354km)공사를 수주해 지난해 말 성공적으로 완공했다. 그러나 대우건설이 시공자 금융으로 파키스탄 도로공사측에 조달해 준 차관 중 1차 상환금 5천4백만 달러의 상환일이 돌아왔으나 파키스탄은 극심한 외환부족사태를 겪고 있어 지불이 불확실한 상황이었다.

대우건설의 만기지불 요청에 대해 재무부장관이나 중앙은행장은 "6개월만 연장해달라"는 답변으로 일관했다. 대우건설은 파키스탄 주재 한국대사관에 측면 지원을 요청하여 금정호대사는 대우건설 관계자들과 함께 외교채널과 각계 인사를 총동원해 압력과 회유작전에 돌입했다. 총리면담을 주선하고 재무장관, 차관과의 막후 협상에 직접 참여하여 대우건설의 입장을 대변하고 불이행시의 국가적 대응방안을 강구하기도 했다.

마침내 지불 만기일인 9월 14일 총리실과의 막후교섭을 통해 채무상환을 약속 받고 다른 채권자들의 반발을 고려해 4회에 걸쳐 분할 상환키로 하였다.

(조선일보, 1993년 10월 31일)

협상 즐기는 800만弗의 맹렬여성

'800만달러의 여자' 이는 한영시계에서 무역부 과장으로 근무하는 김선진 과장의 별명이다. 입사 7년째인 그녀가 주로 하는 업무는 우리나라 시계업체들에 시계의 구동체(Movement)를 공급하는 일이다.

월간 평균 30만개씩, 1년이면 무려 360만개 800만달러 정도의 다양한 무브먼트를 국내 시계업체에 제공한다. 그의 손을 거쳐 수입된 시계가 다시 완성품으로 만들어져 외국시장으로 수출되는 셈이다.

바이어들과의 가격협상, 거래처 개척과 관리 등 무역에서는 사장이 그에게 전권을 맡길 정도로 신뢰를 받고 있지만 그에게도 햇병아리 시절은 있었다.

원광대 회계학과를 졸업한 김과장은 1993년 한영시계에 입사했다. 처음에는 은행심부름과 서류 만들기 등 밑바닥에서부터 회사업무와 무역일을 배웠다.

무브먼트를 생산하지 않는 우리나라는 전량을 스위스나 일본 제품을 들여와야 하는 형편이다. 얼마나 좋은 제품을 값싸게 들여오느냐가 바로 시계업체들의 수출경쟁력과 직결된다고 할 수 있다.

이를 위해 그는 홍콩통이 됐다. 지금은 서울 지리와 뒷골목보다 발로 뛴 홍콩 지리에 더 익숙하다. 스위스 시계업체들의 아시아 생산라인과 많은 시계부자재 업체가 홍콩에 있기 때문에 그는 출장을 밥 먹듯 하면서 회사와 같이 성장했다.

김과장은 "정확히 입사 1년만에 홍콩에 처음 출장을 갔을 때 그곳 공급자들은 여자가 왔다는 사실에, 또 입사 1년차 직원이 왔다는 사실에 많이 놀랐다"며 "하루에 6－7명의 파트너를 만나느라 종일 화장실을 가지 못한 적도 있었다"고 말했다.

그는 일본제 무브먼트를 국내에 공급한 공로도 있다. 이전까지 독점적 위치를 누리던 스위스제 무브먼트 대신에 또 다른 일본 공급처를 개척한 것이다. 덕분에 무브먼트 단가는 떨어졌고 국내 시계업체들의 경쟁력은 상대적으로 높아지게 되었다.

(매일경제, 2000년 1월 27일)

漁協 文句 논란

지난 1998년 한－일 어업협정 체결 당시 상대국 경제수역(EEZ) 내 어획쿼터를 '3년 후 等量(같은 양)'으로 한다는 원칙을 정하는 과정에서 논란의 소지가 있는 표현이 외교문서에 포함된 것으로 밝혀졌다.

해양수산부가 25일 공개한 1998년 당시 일본 외상의 서한에서 일본측은 일본의 EEZ(Exclusive Economic Zone)에서 한국의 어획할당량을 "1999년부터 3년에(三年で) 대한민국의 배타적 경제수역에서 일본국 국민 및 어선에 대한 어획할당량과 등량으로 한다"고 명시했다.

문제의 표현에 대해 해양수산부 B 차관보는 25일 "1999년부터 '3년 후에'라는 뜻이므로 2002년부터 양국간 쿼터를 등량으로 이해하는 것이 옳다"며 "1998년 당시에도 모호한 부분을 확실히 하기 위하여 해양수산부 장관이 일본 농림수산상에게 보낸 '이면 서한(non paper)'을 통해 등량 원칙을 2002년에 적용한다는 취지의 표현을 삽입했다"고 말했다.

하지만 그는 "일본측이 지난해 말 어업협상에서 공식 이의를 제기하지는 않았지만 실무선에서 '2001년에부터 등량'으로 보아야 하는 것 아니냐는 의견 개진은 있었다고 들었다"면서 "일본이 서한의 표현을 근거로 2001년부터 등량 원칙을 적용하자고 주장할 경우 금년 말 협상에서 쟁점이 될 수는 있다"고 말했다.

(조선일보, 2000년 1월 26일)

'강아지 전쟁' 아가타가 웃었다

▲ 강아지 디자인을 둘러싸고 세계적 브랜드인 AGATHA와 SWAROVSKI가 벌인 상표권 소송에서 법원이 아가타의 손을 들어줬다. 왼쪽은 아가타 상표, 오른쪽은 강아지 모양을 한 스와로브스키 펜던트. / 서울 중앙지법 제공

주얼리 브랜드인 AGHATA와 SWAROVSKI가 '강아지 모양'을 둘러싸고 벌인 상표권 침해 소송에서 법원이 아가타의 손을 들어줬다.

AGHATA는 프랑스의 대표적인 패션 주얼리 브랜드 중 하나로서 목줄을 한 검은색 강아지 모양의 상표를 사용하는 것으로 알려져 있다. 한편 오스트리아 기업인 SWAROVSKI키는 세계 크리스털 장신구 시장의 80% 이상을 점유하고 있다.

두 업체의 다툼은 SWAROVSKI가 하늘색 강아지 모양 펜던트를 최근 몇 년간 판매한 것을 두고 AGHATA가 2008년 말 SWAROVSKI 한국법인을 상대로 소송을 내면서 시작됐다.

AGHATA는 "SWAROVSKI 펜던트는 우리 회사 상표와 유사해 상표권을 침해당했다"며 "SWAROVSKI는 제품을 모두 폐기하고 1억 원을 배상해야 한다"고 주장했다.

반면 SWAROVSKI 측은 "강아지 모양은 누구나 사용할 수 있는 디자인이며, SWAROVSKI 브랜드가 이미 널리 알려져 있어 AGHATA 상품과 구별된다"고 맞서왔다.

이에 대해 서울중앙지법 민사13부(재판장 민유숙)는 "AGHATA 상표와 SWAROVSKI의 펜던트는 자세하게 보지 않으면 차이점을 발견할 수 없을 만큼 유사하다"며 "소비자들이 SWAROVSKI 펜던트를 AGHATA 제품으로 착각할 우려가 있다"고 9일 밝혔다.

재판부는 "SWAROVSKI가 만들어 보관·전시하고 있는 강아지 모양의 펜던트를 모두 폐기하고, 향후 이 펜던트를 생산하거나 판매해선 안 된다"며 "상표권 침해에 대해서도 SWAROVSKI가 AGHATA에 5000만 원을 배상하라"고 판시했다.

지난 1월 프랑스 파리지방법원도 같은 사안으로 두 회사가 벌인 분쟁에서 "SWAROVSKI가 AGHATA 상표권을 침해했다"는 판결을 내렸다.

(중앙일보 201년 1월 20일 / 머니투데이 2011년 1월 19일)

제 9 장 국제기술협상 및 사례

1. 기술의 개념

2. 기술협상의 의의

3. 국제기술협상의 사례

• 참고자료

제 9 장 국제기술협상 및 사례

1. 기술의 개념

기업경영에서는 물론 사회 전반에 걸쳐 화두가 되고 있는 IT(Information technology), BT(Bio-technology), CT(Contents-technology), ET(Environment-technology), NT(Nano-technology) 그리고 ST(Space-technology)에 이르기까지 첨단 및 혁신적인 기술에 관련한 키워드는 기술(technology)이다.

기업이 계속기업으로서의 경영활동을 수행하기 위해서 필수적으로 요구되는 외부분석을 위해서는 기회와 위협의 파악과 같은 환경분석, 산업 매력도와 핵심성공요인의 파악을 위한 산업분석 그리고 강점과 약점에 대한 평가와 함께 미래의 전략을 예측하는 경쟁기업에 대한 분석이 있어야만 한다.

그리고 일반적인 환경의 분석을 위해서는 사회적 환경과 정치·법률적 환경 및 경제적 환경에 대한 분석이나 기술적 환경에 대한 검토가 있어야 한다.

이제 기술적 환경에서의 기본적 개념인 기술이 갖고 있는 개념을 살펴 보기로 하자. 기술은 좁게는 산업기술, 응용과학, 공학을 의미하며 넓게는 특정의 사회적 집단이 그 구성원들에게 물질적 문명재(the material objects of civilization)를 제공하는 방법의 집합체인 지식을 말하는 것이다.

기술의 변화는 현존하는 산업을 재생시키거나 소멸시키기도 하고 전혀 새로운 산업을 등장시키기도 하면서 사회 전반에 걸쳐 영향을 미치면서 기

존의 사회제도를 변화시키는 동시에 라이프 스타일과 사회구조를 변화하게 만들고 있다.[1)]

기술은 기업이 갖고 있는 무형자원으로 지적소유권이나 특허권, 계약, 라이선스, 거래비밀, 데이터베이스와 같은 무형자산(intangible assets)과 기업이 갖고 있는 무형자원(intangible resource)이다. 무형자산이 소유의 대상이라면 기술은 종업원들의 노하우와 조직문화를 구성하는 집단적 성향을 의미하는 것으로 행위(doing)적인 측면을 갖고 있다.

기술이 갖고 있는 특징의 하나는 무형자산과는 달리 판매 및 이전에 있어 제약을 받는 점이다. 결국 협상론적인 측면에서 본다면 첨단의 우수한 기술을 보유한 경우 협상력은 커질 수밖에 없게 되는 것이다.

한국의 10대 수출품목의 변화추이를 보여 주는 다음의 <표 9-1>은 첨단기술 산업을 중심으로 재편되어 왔음을 알 수 있다. 즉 1980년대에는 10대 수출품목에 불과 3개 산업품목만이 포함되어 있었으나 1990년대에는 5개, 그리고 2000년에 이르러서는 6개 품목이나 차지하고 있어 첨단기술의 중요성을 말해 주고 있다.

▌표 9-1▐ 한국의 10대 수출품목 변화추이

1980년대	1990년대	2000년
품 목	품 목	품 목
의 류	의 류	반도체
철강판	반도체	컴퓨터 및 소프트웨어
선 박	피 혁	자동차
섬유직물	선 박	섬유직물
음향기기	영상기기	석유화학
타이어 튜브	철 강 판	무선통신기기
목재류	섬유직물	선 박
잡제품	컴 퓨 터	철강판
반도체	음향기기	의 류
영상기기	자 동 차	전자제품

자료 : 산업자원부, 새로운 분류체계에 의한 2000년 품목별 무역수지분석, 매일경제, 2001.3

1) 어윤대·방호열, 전게서, 1998, pp.109-110.

2. 기술협상의 의의

미국이나 일본을 포함한 선진국가들은 기술경영(MOT ; Management of Technology)라 하여 과학, 공학, 경영분야의 지식과 실무를 결합하여 기술을 부(富)의 창출시스템에서 가장 중요한 요소의 하나로 인식하고 있다. 이는 기술과 기업경영을 접목하여 상품과 서비스를 창출함에 있어 기술을 통하여 부(富)를 창출(wealth creation)시키려는 것이다.[2)]

선진국들이 기술의 중요성을 인식하고 있음에 비하여 한국은 첨단기술에 의한 품목의 수출이 증가되고 있기는 하나 기술도입에 따른 로열티 지급액은 또 증가추세에 있다.

지난 2000년의 경우 30억6천2백만 달러로 전년도보다 14%(1999년은 전년도보다 12.5% 증가)나 늘어났다. 물론 외국에 기술료를 수출하기도 하였으나 2000년의 경우에는 2억1백만 달러로 기술무역적자를 기록하였다.

표 9-2 한국의 기술무역 추이

구 분	1990	1991	1992	1993	1994	1995	1996	1997	1998	1999	2000
기술 수출액	22	35	33	45	111	112	109	163	141	193	201
기술 도입액	1,087	1,184	851	946	1,277	1,947	2,297	2,415	2,387	2,686	3,062
기술 무역수지	-,1065	-1,149	-818	-901	-1,835	-1,835	-2,188	-2,252	-2,246	-2,493	-2,891
기술무역 수지 비율	2.0	3.0	3.8	4.7	5.7	5.7	6.7	6.7	5.9	7.2	6.5

자료 : 한국산업기술진흥협회, 기술관리, 2001.10 p.62.

2) 한국산업기술진흥협회, 기술관리, 2001.5, p.50.

또한 기술의 무역적자 못지 않게 문제되는 것은 <표 9-2>에서와 같이 기술 도입국의 편중화 및 심화현상으로 2000년의 경우만 하더라도 미국(기술 도입료 총 18억 1천 9백만 달러의 59.4%)과 일본(17.2%)에 편중되어 있는 점이다.3)

최근들어 한국의 수출상품이 질적 향상과 함께 물량이 늘어나는 등 국제경쟁력을 갖게 되면서 주요 수입국가들로부터의 통상마찰이 늘어나고 있다.

이의 사례로는 미국이 하이닉스 반도체(구 현대전자)의 회사채 신속 인수제도에 대하여 WTO 보조금협상의 의무에 위반될 개연성이 있음을 제기하면서 2001년 4월 미 슈퍼 301조 연례보고서를 통해 슈퍼 301조에 의한 감시관행으로 지정한 것에서도 찾아 볼 수 있다.

하이닉스의 회사채의 신속한 인수는 한국 정부가 산업은행을 통해 기업들의 자금난 완화를 위한 타결책인 것을 알면서도 미국은 한국의 반도체 산업이 차세대 반도체개발에 집중할 수 없는 여건을 조성하기 위한 것으로 보인다.4)

따라서 앞으로의 통상정책은 수출지상주의에서 탈피하여 적극적인 시장개방정책의 수용과 함께 제품 및 서비스에서의 경쟁력 확보 그리고 통상협상에서의 협상력(negotiation power)을 키워나가야 할 것이다.

---

3) 한국산업기술진흥협회, 전게서, pp.60-62.

4) 김규태, 최근의 통상마찰 현황과 그 대응책, KIET, 산업경제, 2001, pp.26-27.

3. 국제기술협상의 사례

1

기술 협상 사례 ①

다음의 협상사례는 국내 기업에서 있었던 기존 설계의 변경으로 협력업체와 겪게되었던 민원관련의 분쟁을 제시한 것이다.

〈개요〉

우리 회사 협력업체인 "A"에서 설계변경시 감액으로 공사비가 과투입되어 수차례에 걸쳐 보전요구를 하였음에도 응하지 않아, "A"가 발주처의 하도급 미신고에 따른 규정을 위반하였다고 "B" 위원회에 민원을 제기한 것이다. 한편 "B"에서는 물가연동분, 과투입, 대금지급 현황 등 세부자료를 문서로 대응하고 있는 실정이었다.

〈현황〉

"B"에서 물가연동제 대금지급 등이 적법하게 이루어졌는지 세부조사를 하여 "B"에서 과징금이나 시정명령을 받을 경우 조달청 등 공기업공사 입찰시 사전입찰자격심사(PQ)의 신인도 평정에 감점이 예상되는 바 적극적으로 협의하여 주의 또는 경고로 마무리 되어야 할 것으로 판단됨.

〈문제점〉

① 1997년 10월에 "A"의 부도로 "A"의 현장 근로자들이 농성을 하여 현장 직원이 철수함에 따라, 설계변경이 지연되어 수 차례에 걸쳐 기성검사를 추진하였으나 이에 응하지 않아 하도급 계약서에 의거하여 우리 회사 단독으로 정산하여 1997년 11월에 문서 통보.

② 우리 회사는 "A"의 공사운영 자금난으로 어려울 경우 다른 항목으로

분산하여 가 계상 방식으로 기성 상당액을 우선 지급한 금액에 대하여 설계변경 일부 기성 내역으로 조정이 불가피하나 문제의 소지 있음.

③ 공사대금 지급시 지연이자 또는 어음할인료를 미지급한 부분이 있을 것으로 사료됨.

더구나 상기 ①②③에서 법에 맞지 않을 경우 "B"위원회로부터 벌점 부과는 불가피함.

〈협상의 진행상황〉

① 협상의 대상 및 목적

"A"에서 민원을 계속 제기할 경우 우리회사는 물론 "A"도 이득이 없다고 설득하여 "A"로 하여금 민원을 취소하고 "B" 위원회에 우리 회사 입장을 잘 설명하여 PQ, 즉 사전입찰자격심사(Pre-Qualification)의 감정대상인 과징금이나 시정명령이 안되도록 담당자를 설득하는 것이 가장 중요한 사항임.

- ▶ "A"의 입장 : 1년 동안 충분한 자료를 수집하여 고문변호사와 시나리오를 작성한 후 "B" 위원회에 자문을 상당부분 받은 상태이고 필사적으로 소규모업체가 약자임을 내세워 강력히 민원을 제기하고 있었음.
- ▶ 우리 회사의 입장 : 국내 법률법인의 자문을 받고 있으나 "B" 위원회의 질의사항에 대해 수비적 상태여서 불리하고, 설계변경에서 수 백개의 공정 중 한가지라도 문제시 될 경우 어려운 상황에 처하게 될 것임.

② 공통 관심사는 : 추가보상비 지급

1) "A"에서 적자 보전으로 요구하는 추가 보상비가 너무 크고, "A"에서 생각하는 적정한 추가 공사비가 얼마인지가 중요한 사안임.
2) 그러나 "A"가 요구하는 보상비와 우리 회사가 인정하는 보상비 사이에는 큰 차이가 있을 것으로 사료됨.
3) ○○년 ○월 ○일까지 "A"에서는 민원 취소하기 전 보상비를 지급할 것을 요구하고 있어 시간이 촉박하고 보상비에 대한 객관성을 찾기 어려운 상태임.

〈우리회사의 협상추진방안〉

▸ 제1안

"A"를 설득하여 합의서 제출 전 보상비 객관화를 위하여 보상비를 "C" 분쟁조정위원회에 문서로 제출하여 그 결과에 따라 양사 수용하게 함.

① 장점 :

- 추가공사비를 "C" 분쟁조정위원회에 상정하여 업계의 전문가가 검토 후 결론 내리므로 객관화 될 수 있고 상호 설득력이 있게 됨.
- "A"가 민원을 취소하므로 "B" 위원회의 벌점을 최소화

② 단점 :

- "A"에서는 시간적으로 장기화 될 것을 우려한 반대가 예상됨.

▸ 제2안

"A"가 요구하는 추가공사비 추진방안

① 장점 :

- 즉각적으로 추가공사비를 지급함으로 합의서 제출하여 민원의 취소가 가능하고 모든 것이 종결됨.

② 단점 :

- 우리 회사는 추가 공사비가 객관적이지 않기 때문에 내부결재가 어렵고 가능성이 없음.

▸ 제3안

"A"의 주장에 대한 반증자료 작성 후 "B"를 설득

① 장점 : 추가공사비 미지급 하지 않을 수 있음

② 단점 :

- 만약 위반사실이 밝혀질 경우 과징금이나 시정명령이 불가피함.
- 장기간으로 변호사 수임료 과다

▸ 최종안

약간의 경제적인 손실을 감수하더라도 회사 수주(受注)에 미치는 영향을 최소화할 수 있 도록 "1안"으로 추진하는 것이 유리함.

〈협상에서 얻는 것〉

“A”를 설득하여 “A”가 민원제기 했던 “B” 위원회는 적자보전 등 추가 공사비를 결정할 수 있는 부서가 아니고 공정한 범위에서 법의 위반 사항만 체크하여 벌점부과 위주로 행정업무를 하는 부서이기 때문에 “A”가 원하는 추가공사비를 얻어낼 수 없고 우리 회사가 계속적으로 대응할 경우 쟁점의 장기화가 우려되고 있음. 우리 회사가 유리하게 되면 “A”의 추가공사비 지급이 안된다는 점을 설득하여 추가공사를 객관적으로 검토할 수 있는 “C” 분쟁조정위원회에 민원을 제기할 경우 서로가 이득을 볼 수 있는 방향이라는 점을 설득하여 우선 합의를 이끌어 내어, “A”가 민원을 취소하고 “B” 위원회에 당초 목표로 했던 “경고”로 마무리 되었으며 “C” 분쟁위원회에서도 공평하게 검토 처리하여 마무리함.

〈협상 후의 피드 백〉

“A”의 민원제기 전에 충분히 의견을 수렴하여 처음부터 “C” 분쟁조정위원회로 방향을 선회함에도 불구하고 계속 찾아온 민원인과 서로의 감정의 골만 깊어졌고 상호협상이 될 수 없다고 느껴지게 하였다. 결국 “B” 위원회에 제소케 하여 우리 회사의 협상의 여지가 좁아지게 한 것이 최대의 실수임. 앞으로는 민원인 요구를 사전에 긍정적으로 검토하여 해소할 수 있도록 노력하여야 할 것임.

사례연구 2

기술 협상 사례 ②

국내 중견무역업체가 발 빠른 대응으로 500만달러 수출계약을 20일 만에 수주하여 화제를 모으고 있다.

제일제당 계열 무역회사인 CJ 코퍼레이션은 최근 말레이시아에 500만 달러 규모의 돼지 일본뇌염 백신을 공급하는 계약을 체결 했다고 30일 밝혔다. 공급 물량은 총 800만마 리분(160만병)이며 이미 6만병이 선적되었다. 제품 공급은 대전에 있는 동물백신 전문회사인 중앙 가축전염병 연구소가 맡았다.

CJ 코퍼레이션이 말레이시아가 백신을 필요로 하고 있다는 정보를 입수한 뒤 수출계약을 따내기까지는 20일이 걸렸다. 의약품 수출에 걸리는 기간이 최소 수개월 걸린다는 점에서 속전속결로 이루어진 것이다.

이 회사는 3월 초 말레이시아 정부가 백신 공급자를 찾고 있다는 정보를 입수한 후 즉각 움직였다.

먼저 중앙 가축전염병 연구소에서는 충분한 공급능력을 갖추고 있음을 확인하고 동시에 말레이시아가 한국제품을 써본 경험이 없었기에 제품의 품질을 보증해 줄 권위자를 물색하게 되었다.

마침 세계적 권위자인 미국 미네소타 대학의 주한수교수가 국내에 머물고 있었다. 주 박사에게 이와 같은 사정을 이야기하고 16일 함께 말레이시아를 방문했다. 말레이시아 정부 관리들은 주 박사의 품질과 공급능력 보증에 신뢰를 보냈고 마침내 CJ 코퍼레이션에 손을 들어 주었던 것이다.

참고자료

계약서의 형식(table of contract)

1. Definitions ········ 定義
2. Purpose ········ 目的
3. Establishment of JVC ········ 合作投資會社의 設立
4. Capital Subscription ········ 資本金 納入
5. Promoters ········ 發起人
6. Transfer of Shares ········ 株式의 讓渡
7. Preemptive Rights ········ 株式 引受權
8. Meetings and Resolutions of Shareholders ········ 株主總會
9. Boards of Directors ········ 理事會
10. Basic Corporate and Operating Policies ········ 會社의 基本政策
11. Accounting and Auditing ········ 會計 및 會計監査
12. Technical Assistance and Trademark ···· 技術援助 및 商標使用承認
13. Term ········ 契約期間
14. Termination ········ 契約의 終了
15. Consequence of Termination ········ 契約終了의 結果
16. Non Waiver/Other Remedies ········ 權利의 不抛棄
17. Unenforceable Terms ········ 獨立性
18. Force Majeure ········ 不可抗力
19. Disclaimer of Agency ········ 相互代理의 排除
20. Arbitration ········ 仲裁
21. Assignability ········ 契約讓渡
22. Expenses ········ 費用負擔
23. Agreement with JVC ········ 合作投資會社와의 契約
24. Implementation of the Agreement ········ 契約의 履行
25. Enforcement Costs ········ 履行强制費用
26. Notice ········ 通知
27. Language ········ 準據言語
28. Governing Law ········ 準據法
29. Effective Date ········ 契約發效日字
30. Entire Agreement ········ 完全契約條項

보잉 코 '깎은' 한국의 손톱깎이

한국산 손톱깎이가 미국 보잉사의 코를 '깎았다'. 충남 천안에 있는 손톱깎이 전문 중소 제조업체 대성금속공업은 최근 세계 최대의 항공기제작사인 보잉측과 '777' 상표를 미국내에서 공동 사용키로 합의하였다. 4년을 끈 상표권 분쟁에 마침내 마침표를 찍었다.

다윗이 골리앗의 기를 꺾어 놓은 것이다. "개운치는 않지만 손해보는 건 아니니까요. 당초부터 보잉측이 억지를 부린 겁니다." '돈 많은 회사' 보잉의 일방적 승리로 돌아 갈 것 같던 싸움을 쌍방의 승리로 이끈 대성금속의 김형규사장은 "오랜 시간과 많은 돈이 드는 소송까지 안 가 다행"이라고 말했다.

손톱깎이 하나로 세계시장을 제패한 대성이 보잉과의 상표권 분쟁에 휘말린 것은 지난 1994년 4월이었다. 보잉 777 시리즈를 미 등록청에 등록하며 판촉물에 등에 대한 사용에 대비하여 손톱깎이가 속해 있는 상품권(포켓나이프류)에 대해서도 상표권을 등록을 해 놓았던 보잉은 대성측이 상표권 등록을 출원하자 이의를 제기했고, 미 특허청은 등록불가 판정을 내렸다.

대성측은 먼저 사용한 쪽에 우선권을 주는 미국 상표권 제도(선사용주의. 우리나라는 선출원주의)에 기대어 보잉이 777 시리즈를 내놓기 전인 80년대부터 미국시장에 777 손톱깎이를 수출해 왔다는 증빙서류를 제출하는 한편 재심을 요구했다. 특허청으로부터 다시 출원을 하라는 통보를 받았으나 보잉측은 소송도 불사하겠다고 나왔다.

이번 합의는 대성측이 777에 타원을 두루고 그 밑에 영문으로 '쓰리세븐'이라고 표기하기로 양보함에 따라 이루어 졌다. 명분있는 '이름'싸움이었지만 실리를 취하기로 한 것이다. 4년 동안 들어간 돈은 약 10만 달러였다. 국제특허법률사무소에 따르면 소송까지 갈 경우 소송비용으로 최대 50만 달러가 들고 최장 5년을 끌 수도 있다.

대성측은 늦어도 연내엔 상표권 분쟁이 완전히 매듭지어 질 것으로 밝혔다. "당초 보잉측은 상표권은 자기네들이 보유하고 사용권을 주겠다고 했습니다. 아마 받아 들였다면 상표권 사용에 대한 대가로 로열티를 요구했을 겁니다. 선사용주의에 따라 로열티를 받아야 할 사람은 우리인데두요.”

대성금속 권혁수차장은 “손톱깎이에도 노하우가 있는데, 손톱깎이에 대해 거의 아는게 없는 사람들이 사용권을 줄 경우 자기들이 직접 품질관리를 하겠다고 말하더라”고 전했다.

손톱깎이의 노하우는 ▲날 연마기술, ▲경도와 강도를 높여주는 쇠 열처리기술, ▲도금기술 등이다.

진출도 하지 않은 업종까지 상표권 출원을 선점, 독식하려는 보잉에 맞섰던 대성은 작지만 큰 회사다.

종업원 3백명 미만의 중소기업 대성은 지난 해 손톱깎이 7천만 개를 만들어 90%를 미국 · 중국 · 동남아 등 87개국에 내다 팔았다. 세계시장 점유율(50%) 1위이다. 특히 미국시장의 경우 2위인 미국의 Trimm사를 따돌리고 70%를 장악하고 있다. 중국에서는 777 아니면 안 살 만큼 인기가 높다고 권차장은 귀띔했다.

미국 등 27개국에 상표등록을 출원한 것도 중국 태국 등에서 777을 도용한 가짜와 유사품이 나돌고 있는데 대한 대응이었다. 지명도가 높은 일본 · 독일제와 비교하더라도 품질면에서는 손색이 없다. 777은 1996년 당시 통상산업부가 선정한 세계 일류화 품목이기도 하다.

대성은 손톱깎이 등에 관련해 120가지의 특허를 보유하고 있다. IMF 외환위기 이후 원가상승으로 압박을 받고 있지만 수출이 주종이라 타격은 크지 않다.

(The Weekly Economist, 1998년 6월 9일)

기업 R&D 이젠 Open Innovation

미국 캘리포니아주 실리콘밸리 중심에 위치한 SISA. 삼성전자의 미국 R&D 센터인 이곳은 신기술 · 신사업 탐색과 확보를 위한 첨단기지다.

장재수 SISA 법인장은 “삼성의 오픈이노베이션 센터라 불러달라”며 “트렌드 훑기와 외부와의 협력에 주력하고 있다”고 말했다.

스마트폰을 비롯한 뉴 IT, 바이오, 에너지, 메디컬 기술이 하루가 다르게 발전하는 실리콘밸리에서 SISA는 신기술 '센싱'과 '소싱'에 주력하고 있다. 미래 먹을거리를 찾는 삼성전자의 '눈과 귀' 역할을 하는 셈이다.

미국 자동차산업의 메카인 미시간주 디트로이트. 북쪽으로 약 30분을 차로 가면 Compact Power 라는 LG화학의 현지법인이 있다. 전기자동차용 2차전지 기술을 개발하고 있다. 미국 전기차 개발 컨소시엄(USABC), 미 주요 국립연구소, 미시간대학 등과 협력을 통해 제품을 개발하기도 했다.

덕분에 올해 GM이 생산하는 세계 첫 양산 전기자동차 쉐보레 볼트에 들어갈 배터리를 납품하게 됐다. 지역 자동차업계의 우수 엔지니어들을 영입하고 지식을 공유하는 전략에 힘입어 2000년에는 10명도 채 안 되던 Compact Power 직원은 120명이 넘는다.

산업과 기술의 트렌드가 바뀌는 요즘들어 글로벌 기업의 R&D 성공 방정식이 바뀌고 있다. 자체 개발을 고집하는 폐쇄형에서 외부지식과 자원을 적극 활용하는 개방형 시스템(Open Innovation)이 대세다.

필립스, P&G, 애플, 시스코 등 다국적기업은 오픈 이노베이션의 성공 사례다. 글로벌 현장에서 국내기업들의 변화도 이미 시작됐다. SISA가 미국 유명대학과 수행하는 공동연구 프로젝트(글로벌 리서치 아웃리치)는 20여개에 달한다.

컴퓨터 사이언스랩의 빅토리아 콜먼 부연구실장은 '2008년부터 UC Berckley, Standford대학 등과 멀티코어 프로그래밍 등 공동연구를 수행하고 있다며 '우수한 기초연구를 삼성전자 기술에 접목하는 효과적인 방법'이라고 말했다.

▶용어 : 오픈 이노베이션(개방형 혁신) = 기업들이 연구 · 개발 · 상업화 과정에서 대학이나 타 기업 · 연구소 등의 외부 기술과 지식을 활용해 효율성을 높이는 경영전략이다. R&D투자 규모는 갈수록 커지지만 성공확률이 떨어지면서 이런 혁신을 모색하게 됐다.

제 10 장 한국과 미국의 통상행정조직 특성

1. 한국과 미국의 통상마찰 현황
2. 한국의 통상행정조직
3. 미국의 통상행정조직
4. 요약과 결론

- 참고자료

제10장 한국과 미국의 통상행정조직 특성

눈부신 수출활동의 전개를 통하여 세계 12위의 무역대국으로 성장한 한국은 세계시장 곳곳에서 무역신장에 따른 교역 상대국으로부터 통상분쟁 내지 마찰을 받고 있다.

그동안 최대의 교역국이었던 미국과의 통상마찰은 한국으로 하여금 통상마찰에 대한 중요성 내지 심각성을 알게 해 주는 동시에 무역수지는 물론 경제발전의 발목을 잡는 최대 난제의 하나로 인식케 하고 있다.

이제 한국은 치열한 국제경제시장의 경쟁환경속에서 무역에 의한 국부(國富)를 이룩하여 왔으나 거래상품과 시장의 확대와 함께 통상에서의 마찰과 분쟁에 직면하게 되었다.

이러한 상황은 교역상품에 관련한 단순한 손해배상의 청구에서 시작하여 관세는 물론 시장개방에 이르기까지 에스컬레이트화 되고 있다.

교역환경 및 경제발전의 단계에 따라 지속적인 성장을 하여온 한국의 통상조직체제의 특징을 살펴 보고 다음에는 그동안 한국이 수출하여 온 간판상품의 대부분을 수입하면서 최고·최대의 교역상대국이었으나 이제는 협상의 최우선국가로 지명하고 있는 미국의 통상조직체제의 특성을 살펴보기로 하자.

마지막으로는 위에서의 연구결과를 토대로 하여 한국과 미국, 두 나라간에 우호적인 이익(mutual benefits)을 이끌어 내는 동시에 원만하게 해결(Win

- Win Game)을 도출할 수 있는 바람직한 통상조직체제에서의 개선방안을 모색하여 보려고 한다.

1. 한국과 미국의 통상마찰 현황

미국이 1980년대에 시장개방을 요구하면서 내세웠던 이유들은 경제여건이 호황을 보이고 있는 지금에도 달라지지 않고 있다.

미국은 원론적으로는 자유무역(free trade)을 주장하지만 국익에 불리할 경우 자국 위주의 공정한 무역(fair trade)을 내세우며 호혜적 상호주의(reciprocity)와 보복조치(retaliation)를 적용하고 있다.

다음의 <표 10 - 1>을 통하여 한국의 자동차시장을 PFCP(Priority Foreign Country Practice), 즉 우선협상대상국으로 지정하고 [슈퍼 301조]를 발동시키는 등 양국 간에 첨예하게 대립하였던 쟁점들의 내용들을 살펴보기로 하자.

❙표 10-1❙ 한·미간 현안 통상쟁점의 내용

주요 쟁점	미국측 입장	한국의 대응 방안
자동차 시장 분야	• 폐쇄적인 시장 • 관세율 인하/단일세 도입 • PFCP으로 지정	• 외제차의 M/S 급속 증가 • 관세체제의 변경 불필요 • PFCP철회, 세제개편 용의
철강 분야	• 수입규제(1983.7) • 반덤핑/상계관세 부과('93.7) • 덤핑마진 예비판정('98.2) • 상계관세 예비판정('98.11)	• 국제관행에 어긋나 수용 불가 • 수출자율규제 합의
주 세	• 위스키세 인하/WTO제소	• 추가 세율인하 불가/WTO제소
반도체 분야	• 반덤핑제소 • 상무부에서 ADD확정	• 미국의 ADD를 WTO 제소

주요 쟁점	미국측 입장	한국의 대응 방안
지적 재산권	• S/W의 대량복제 • '57년이전 지적재산권 불인정 • 외국의 유명상표 인정 미흡	• 관련법규를 정비중 • 지적재산권 침해사범 집중단속 • 홍보, 계몽활동의 강화
통신 협상	• 민간업자 장비구입시 정부불 간섭 • 통신장비구매시 지적재산권 침해방지/기술규격의 설정 • 인공위성 통신서비스 개방확대	• 합리적인 미국측의 요구는 전향적으로 수용함
농산물 식품위생	• 식품 표본검사제의 도입 (전체 선적량의 10%이내) • 감귤류의 항온기 검사폐지 • 부패과일 선별제, 일반 병충해 검역의 폐지	• 표본검사제는 정밀검사에 한 해 도입함 • 관련제도 개선 및 폐지검토
서비스 부문	• 유선 방송프로그램 공급확대 • 금융시장의 개방	• 기준, 절차를 제정 중임 • 외환/자본/금리자유화를 일정대로 추진하고 있음
기 타	• 의료기기의 제조공정상 관리 제도의 도입 • FDA승인약품 수입검사 폐지	• 제도의 개선 추진
소비 절약 운동	• 수입품 배격 의도	• 소비생활의 합리화

자료 : 산업연구원, 실물경제, 제112호, 1997년 10월 22일.
이용근, 한·미 통상마찰의 현안과 정책적 대응방안, 『국제상학』, 제14권 2호, 1999.

미국은 1998년 5월의 자동차협상을 앞두고 3월 상원 세출위원회에서 IMF의 출자금(180억 달러)을 승인하면서 '자동차는 물론 반도체, 철강, 섬유산업을 지원하는 결과가 되지 않아야 한다'고 주장하여 난관에 부딪치기도 했으나 1998년 10월 20일 [슈퍼 301조]에 따른 PFCP 지정의 마감 시일을 하루 넘기고서야 PFCP 지정을 철회하였다.

그리하여 한국은 현행 배기량 7단계의 누진세를 5단계로 축소하는 동시에 세율을 9－40%로 인하하고 1999년 7월까지 한시적으로 적용키로 했던 특별소비세 30%의 감면시한도 2005년까지로 연장하였다.

또한 현행관세율인 8%를 유지하면서 1993년에 폐지하였던 승용차에 대한 저당권제도는 1999년 중에 도입하기로 하였고 형식승인의 경우는 2002년 말까지 자사인증만으로 수출할 수 있게 하면서 할부금융제도와 소비자 인식에 대한 제도를 개선하겠다는 합의를 하였다.

최대의 통상마찰품목인 철강분야는 [슈퍼 301조]를 회생시킨 것으로 세계 제1위의 철강 수출국이었던 일본을 앞 선 한국을 선제 공격대상으로 하는 일본 등의 다른 수출국들을 겨냥한 것으로 1998년부터 미국의 철강업계는 집요하게 제소를 하여 왔었다.

1983년에 미국의 상무부가 특수강을 4년간의 수입규제로 묶으면서 시작된 철강분야는 반덤핑 및 상계관세의 부과 또는 덤핑마진의 제소와 예비판정 등을 거듭하여 왔다.

1999년 2월에 미국 상무부는 스텐레스 냉연코일에 대한 상계관세의 최종결정시기를 5월로 연기한 바 있고 1998년 이후에 대미 수출량이 증대된 포항제철과 동국제강(전년도 보다 20배 신장)도 덤핑협의를 받고 있었다.

반도체의 경우 반독점법의 역외적용, 반덤핑, 보조금 등이 현안 문제로 되어 있다. 즉 LG반도체와 현대전자의 합병이 반독점법에 의한 저촉을 받는 신고대상이 된다는 점과 WTO가 미국의 반덤핑철회관련의 규정 및 한국산 DRAM에 대한 반덤핑철회규정에 대하여 시정을 권고하였음에도 미국에 직접적으로 제안하지 않은 점과 한국정부의 구조조정정책에 의하여 이뤄진 지원여부에 대한 이해상충의 문제 등이 걸림돌이 되고 있다.

1998년 1월에 WTO는 한국산 DRAM에 대한 미국의 ADD조치에 대한 위반 여부를 조사할 것임을 천명한 바 있었으며 2월에 미국 상무부는 3월에 덤핑마진의 예비판정을 하였고 9월에는 현대와 LG에 대하여 각기 3.95%와 9.04%의 덤핑마진을 판정을 내렸다.

지적재산권의 경우 한국이 세계지적재산권기구인 WIOP(World Intellectual Property Organization)에 1996년 5월에 가입을 하였음에도 미국은 지적재산권보호의 미비를 빌미로 우선감시대상국(PWL; Priority Watch List)으로 지정한 바 있다.

미국은 한국이 WTO 지적재산권협정의 발효일인 1997년 1월보다도 2년이나 지연될 수 있도록 한 점, 지적재산권의 소급보호규정이 충분하게 적용되지 않은 점, 의장권의 미보호 및 디자인도용과 제3국으로의 유출가능성이 많은 점, 등록이나 인증절차시에 청사진이나 제조공법에서의 영업비밀 정보를 요구하고 있다.

특히 미국기업들의 제품디자인 및 기계설계도가 무단 복제되고 있음에도 불구하고 이에 대한 적절한 대응책이 미비한 점과 영상작품법(Audio/Visual Works Act) 및 컴퓨터 프로그램 보호법상에 있어서도 과도한 등록이나 검열을 요구하는 점 등으로 난관에 봉착하고 있다.

통신협상의 경우 미국은 1989년에 통신시장에 대하여 PFC로 지정하는 등 적극적인 태도를 보여 왔다. 양국은 1992년 2월에 양해각서를 체결하여 통신서비스의 제한완화, 형식승인의 간소화, 정부조달의 참여와 부가통신(VAN)사업에 대한 외국인투자제한의 폐지 및 국제데이터베이스(DB)사업에 대한 등록제의 폐지 등을 합의한 바 있다.

그러나 1996년 3월에 다시 민간통신장비업자도 협정의 적용대상으로 하는 등 기존 내용을 수정하자고 요구하면서 PFC로 지정하여 합의점에 이르지 못하고 있다.

한국은 통신분야에서의 기술개발수준이나 시장측면에서 첨예하게 대립되고 있으나 미국에서는 일방적인 조치를 취할 가능성이 적고 이러한 경우에 WTO의 규범을 위반하는 것이기에 유리한 입장에 있다.

그러나 미국이 전자상거래(EC)에서의 국제규범제정을 강력하게 주장하면서 비공식적인 채널이기는 하지만 UNCITRAL과 같은 다자간이 아닌 쌍무적인 차원에서의 협상을 제안하고 있어 경쟁력을 확보하지 못한 한국으로서는 난관을 갖고 있다.

2. 한국의 통상행정조직

지속적인 수출신장으로 높은 경제성장을 이룩한 한국이 "통상(通商)"이라는 용어를 처음으로 사용한 시기는 문헌적으로 차이를 보이지만 본 연구에서는 무역의 3대 기본법의 하나인 [대외무역법]을 통하여 살펴보기로 한다.1)

1967년 법률 제1878호로 제정된 [무역거래법] 제1조에서 '수출을 진흥하며 수입을 조정하고 대외무역의 건전한 발전을 촉진함으로써 국제수지의 균형과 국민경제의 발전에 기여함에 둔다'고 하였으나 교역상대국과의 통상분쟁이 커지면서 1996년에 법률 제3895호로 [대외무역법]을 제정하고 '대외무역을 진흥하고 공정한 거래질서를 확립하여 국제수지의 균형과 통상의 확대를 도모함으로써 국민경제의 발전에 이바지함을 목적으로 한다'로 하여 세계무역질서와 환경에 부응할 것임을 공포하였다.

이는 [무역거래법]이 '국민경제의 발전과 함께 국제수지의 균형'에 두었음에 비하여 [대외무역법]은 국민경제의 발전을 위한 수단만이 아닌 '공정한 거래질서의 확립과 통상의 확대'임을 규정한 것이다.2)

그동안 수출입국(輸出立國)의 막중한 사명을 감당하며 한국의 무역과 경제발전에 커다란 원동력(原動力) 내지 견인차(牽引車)가 되어 왔던 무역 및 통상관련의 행정조직체제의 변천을 살펴보기로 하자.

먼저 상공부는 대한민국 정부가 수립되던 제1공화국시대(1948.7.17－1960.4.26)에 정부조직법 제2조에 의하여 설치된 중앙행정기관(11부 4처 3위원회)으로 설치되었다. 상공부는 1993년에 이르러 문민정부(1993.2－1998.2)

---

1) 무역의 3대 기본법은 [대외무역법], [관세법], [외국환관리법]으로 알려져 있으며, [대외무역법]은 무역 및 무역업과 무역대리업에 정의나 등록 그리고 수출입의 공고와 승인 및 수입에 의한 산업피해조사 및 구제조치 등에 관한 내용을 담고 있으며, [관세법]은 수출 및 수입상품에 대한 관세의 부과와 징수에 따른 보세 및 통관절차 등에 관한 내용을 담고 있으며, [외국환관리법]은 무역거래에 따른 대금결제에 관련한 내용을 담고 있다.

2) [대외무역법을 제정하던 1996년의 수출실적은 600억 달러로 대외 교역전체로서는 1천 125억 7백 만 달러에 이르는 것으로 세계 10위를 차지하는 놀라운 신장세이었다.

가 출범하면서 동력자원부와의 통합으로 상공자원부로 개편을 하여 2원 14부 15청 2외국 1위원회의 중앙행정직제를 갖추게 되었다.

1994년에는 '경제개발 5개년계획 공업화과정에서 추구하여 왔던 산업의 육성 및 수출제일주의정책에서의 탈피와 함께 개방화시대에 대비하여 산업활동에 대한 정부개입을 줄이고 WTO체제 및 자유무역질서에도 부합하면서 통상능력을 강화시킨다는 차원에서 통상산업부로 개편하게 되었다.

그리하여 경제기획원과 재무부를 통합하여 재정경제원으로 하는 등 2원 13부 5처 15청 2외국으로 구성하게 되었으며 통상산업부의 경우 1차관보, 3실, 4국, 42과로 조직되었다. 특히 통상무역실에는 3인의 통상무역심의관직제를 신설하고 여기에는 통상정책과, 세계무역기구담당, 다자협상담당관, 지역협력담당관, 무역정책과, 수출과, 수입과, 무역협력과, 국제기업담당관, 미주통상담당관, 아주통상1 · 2담당관, 아중동통상담당관, 구주통상담당관 등을 두었다.

'문민정부'가 끝나고 '국민의 정부'가 들어서면서 급변하는 국제경제환경에 대처 및 효율적인 행정력의 도모를 위하여 외무부와의 합병을 통하여 외교통상부로 하는 등 총2처 17부 16청 1국으로 대대적인 직제 개편을 하였다.

새롭게 개편된 외교통상부는 외교통상부장관의 바로 아래에 3개국이 있어서 통상지원국에는 통상정책전문팀, 통상정보전문팀, 통상진흥전문팀, 투자진흥전문팀, 투자진흥전문팀, 통상법률전문팀이 있고 지역통상국에는 지역통상총괄담당팀, 아 · 태통상담당팀, 북미통상담당팀, 유럽통상담당팀이 있으며 다자통상국에는 다자통상총괄담당팀, 세계무역기구담당팀, 아 · 태경제협력체무역투자담당팀, 아시아 · 유럽정상회의무역투자담당팀을 두었다.

세계 각국의 통상행정조직은 그들 국가의 경제 및 무역정책에 따라 차이점을 갖고 있기는 하지만 다음의 <표 10 - 2>와 같이 구분된다.[3)]

---

3) 김남현, 한국의 통상산업행정조직개편에 관한 연구, 단국대 대학원, 1996.
이수철, 통상행조직체제개편에 관한 연구, 한국행정연구원, 1993.
정경영, 클린턴 행정부의 통상정책동향에 관한 연구, 고려대 대학원, 1994.

▌표 10-2▐ 세계 각 국가별 통상행정조직의 유형

집 중 형	통 상 전 담 형	미국(USTR), 중국(대외무역부)
	외 교 통 상 형	호주, 캐나다, 뉴질랜드, 북구 3국, 벨기에 등
분 산 형	산 업 통 상 형	일본, 영국, 프랑스, 독일, 대만
	별 도 조 정 형	한국

자료 : 김현구, 국제경쟁력강화를 위한 정부조직개편, 제27권 1호, 한국행정학보, 1993.

크게는 통상행정기능의 집중도에 따라 집중형과 분산형으로 나눠지고 있다. 집중형은 다시 미국의 통상대표부나 중국의 대외무역부처럼 통상만을 전담할 독립부서를 두고 있는 통상전담형과 호주나 캐나다와 같이 외교와 통상을 한 부서에서 담당하는 외교통상형으로 나눠 볼 수 있다.

분산형은 일본이나 영국 등에서 채택하고 있는 산업통상형과 한국 등에서 채택하고 있는 별도조정형으로 구분된다.

이러한 유형들은 다음의 <표 10－3>에서 보는 바와 같은 장 · 단점과 함께 차이점을 갖고 있다.

집중형은 통상교섭의 창구가 일원화되어 있어 각 부처의 개별적인 이해보다는 국가적인 차원에서 체계적이고 효율적인 교섭이 가능한 장점을 갖고 있으나 개별산업 및 분야에 대한 전문성이 결여되어 내용보다는 기술적인 면에 치중되는 단점을 갖고 있다.

한편 분산형은 담당의 부처에서 전문적인 지식을 갖고 관련된 분야의 이익을 반영할 수 있는 장점이 있으나 책임소재가 불분명할 뿐만 아니라 업무중복이 있게 되는 등 협상 효율성이 떨어지는 단점을 갖고 있다.

┃표 10-3┃ 통상행정조직의 유형 및 장·단점 비교표

	장 점	단 점
통상전담형	• 일관성있는 정책추진 • 통상협상의 전문화 • 국가적 차원의 통상정책수립 • 통상 전문인력의 양성 용이	• 외국 통상압력의 표적화 • 부서신설로 정부조직 확대 • 산업 및 자원정책의 연계미흡
외교통상형	• 창구 일원화로 정책추진 일관성 • 외교, 통상정책의 종합적 수립과 집행 • 다양한 외교채널과 축적된 정보활용 • 외교망 이용의 홍보, 친선강화	• 산업과 경제의 연계부족 • 경제부문에서의 전문성 결여 • 외무부의 부처간 조정역할 한계
산업통상형	• 무역, 산업, 자원정책의 연계 • 부처간 통상기능강화 및 결과의 집행 용이 • 민간부문 상호교류의 협조, 지원 용이 • 사안의 전문 및 기술적 대응 가능	• 국가차원의 통상업무 추진 미흡 • 제조업외 통상문제 해결어려움 • 부처간 업무중복과 마찰, 책임회피
경제통상형	• 국내 및 대외정책의 조정 용이 • 조직개편시 혼란 최소화 가능 • 부처간 의견 수렴과 합의 용이	• 재정원 외 통상관련 기능약화 • 통상환경에 신속한 대처부족 • 업무의 비전담화로 협조 미흡

자료 : 이수철, 전게서, 1994 p.103.

문민정부시대(1993.3－1998.2)에 이르러 통상정책의 조정기능을 재정경제원의 대외경제국에서 담당하고 있는 경우를 들어 별도조정형으로 구분하면서 재정경제원의 기능을 강화하고 기존의 통상체제를 보완하는 대안을 제시하였다. 이는 통상문제에 대한 각 부처간의 이기주의를 극복할 뿐만 아니라 통상정책과 거시경제정책과의 연계로 적극적인 대외경제정책을 추구할 수 있어서 무역제도나 관행의 개선도 촉진시킬 수 있다고 보았기

때문이다.[4)]

물론 시기적으로는 경제통상형의 시대(1948년－1993년), 산업통상형의 시대(1993년－1988년), 외교통상형의 시대(1988년－현재)와 같이 세분화시킬 수도 있다. 정부의 조직형태는 그때마다의 이유와 논리에도 불구하고 국제무역환경에 대한 이해나 입장보다는 정치적인 입장과 여건에 우선 순위를 두어 왔다.[5)]

1998년 3월에 대한상공회의소와 한국국제통상학회에서 개최된 정책토론회에서는 산업보호를 위한 수비형의 통상행정체제에서 탈피하여 국익의 극대화 및 효율성, 전문성과 대외 신뢰도의 제고 등을 최우선적으로 고려하여 다음과 같은 3가지의 개편방안을 제시하였다.

첫째는 현행체제를 강화시키기 위하여 재정경제원의 대외경제국을 대외경제조정실로 승격시키어 통상정책의 종합·조정기능을 강화하면서 주요 무역상대국과의 부처별 대화 창구는 그대로 존속시키되 WTO나 OECD 등의 포괄적인 각료급의 다자간 관련 협상업무는 통상산업부장관이 참석 내지 관장하는 방안이었다.

둘째는 통상전담기구를 설립하는 것으로 국가전략적인 차원에서 통상정책을 수립·종합·조정하여 전담하는 것으로 대통령직속의 체제를 갖춰 산업분야의 이해관계를 초월하면서 세계경제적인 환경에서 효율화를 도모하려는 것이었다.

셋째는 통상협상전담기구를 설립하는 것으로 통상협상분야를 전담할 부서의 신설을 통하여 통상협상업무의 일관성과 효율성의 제고와 통상전문가를 양성하는 인프라의 구축에 중요성을 두려는 것이다. 그리하여 대외경제조정실은 통상정책의 종합·조정업무만을 담당하고 통상협상은 협상대표부

---

4) 이수철, 국제화시대에 부응하는 통상행정체제 개편에 관한 연구, 한국행정연구원, 1993.
김남현, 한국의 통상산업행정조직개편에 관한 연구, 단국대학교 대학원, 1996.

5) 경제통상형의 시대에는 상공부로, 산업통상형의 시대에는 상공자원부로, 외교통상형의 시대에는 외교통상부로 조직되었으며, 최근 행정자치부를 행자부로 줄여 부르는 것은 괜찮지만 외교통상부는 어감(語感)이 좋지 않다는 이유로 외통부 대신 외무부로 부르자는 공식적인 언급이 있어 통상기능이 외교보다는 상대적으로 격하되는 듯한 인상을 준다는 신문 등의 보도가 있었다.

가 수행하게 하려는 것이다.

현행의 통상관련업무에서의 정부조직체제는 다음의 <표 10 - 4>에서 보는 것처럼 분점화되어 있어 기능의 중복과 업무의 다원화로 업무의 효율성은 물론 대외적인 통상정책면에서의 일관성과 신뢰성이 저하되는 문제점을 가지고 있다.

▌표 10-4▐ 정부조직법상의 부처별 통상기능

	정 부 조 직 법	시 행 령
재정경제원	「 — 대외경제협력 —— 」	「대외경제에 관련한 정책의 종합 ·조정」
외 무 부	「외국과 통상교섭조약」	「통상에 관련한 외교정책의 수립」
통상산업부	「 — 통상 ———— 」	「통상 정책의 수립과 통상교섭」

자료 : 대한상공회의소·한국국제통상학회, 「신정부 통상행정조직의 개편방향」, 1998.1.16

즉 대외경제조정위원회의 위원장인 경제부총리가 주관하면서 통상의 현안문제에 대한 조정기능은 재정경제원이 수행하고 조정을 거친 포괄적인 협상업무는 외무부가 수행하지만 대외협상시의 정부대표 임명 등의 업무와 재외공관 및 본국 정부와의 공식적인 채널은 외무부가 수행하고 교역업무에 대한 조정과 협상은 통상산업부가 수행하는 것이다.

1998년 2월 현재의 행정부에서는 외무부와 통상산업부를 외교통상부로 통합하여 조직에서의 효율화와 함께 국제경제의 여건에도 대처할 수 있도록 한다고 하였으나 2003년 러시아와의 외교분쟁으로 외교통상부장관을 경질한데 이어 같은 해 10월에는 조직의 비능률화를 내세워 통상교섭본부를 해체하면서 전면적으로 조정하였다.

즉 <그림 10 - 1>에서 보는 바와 같이 종전의 금융협력분야는 재정경제원에서 수행하며, 통상교섭과 산업협력은 통상산업부에서 관장하고, 외무부는 형식적으로 총괄하는 업무만을 수행해 왔으나 개편 이후에는 재정경제부는 종전과 같은 금융분야를 수행하고, 산업협력분야는 산업자원부에서 관장하고 외교통상부는 부분적으로만 총괄하는 등 통상관련의 업무를 모두 통상교섭본부에서 관장하도록 하였다.

그 결과 외무통상부서의 경우 국제경제국간의 업무갈등과 함께 경제 및 무역 마인드의 결여 그리고 무엇보다 업무처리에 있어 우선순위(priority)의 배제 내지는 열의부족 등으로 전문기관으로서의 기능을 다하지 못하게 되는 결과를 가져 왔다.6)

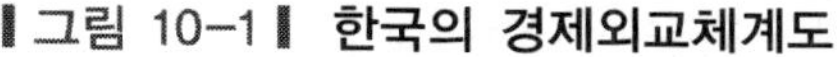
❚그림 10-1❚ **한국의 경제외교체계도**

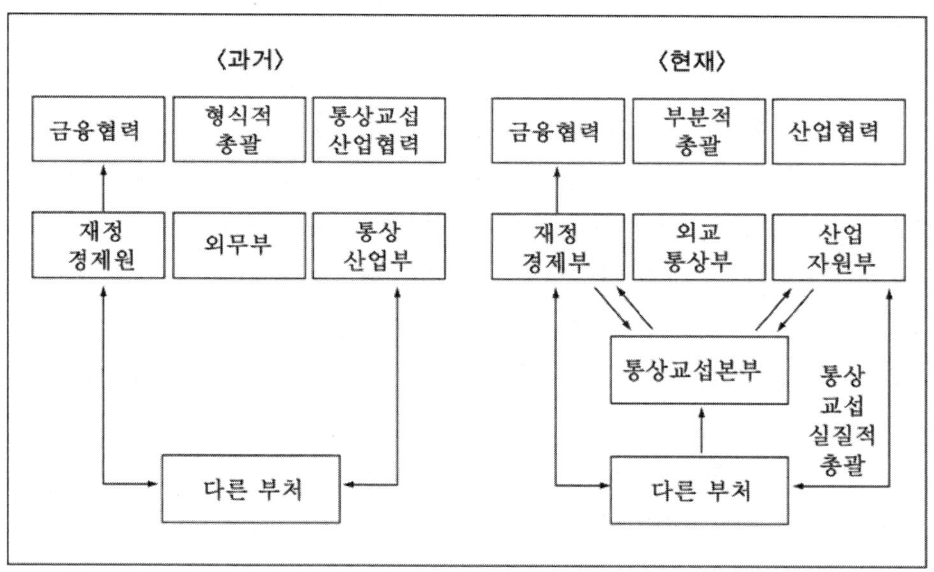

당시의 외교부장관은 정부기구의 구조조정 와중에서 '외무부는 IMF 환란에 따른 경제위기극복을 내세우며 외교통상부로의 변신을 하게 되었다'고 하면서 외교기관은 당면 금융현안처리나 투자유치 및 수출진흥에 관여할 수 있는 능력이 없음을 지적하였다.

또한 그는 한국의 3대 교역국인 미국, 일본, 중국은 물론 특히 무역의존도가 절대적인 싱가폴의 경우에도 외무부에 통상부서는 없을 뿐만 아니라 경제규모가 매우 작거나 무역의존도가 극히 낮은 극소수의 내각제의 국가들

6) 매일경제, 1998년 10월 28일

만이 외교통상부라는 행정조직체를 갖고 있다고 주장하면서 외교통상(外交通商)장관들은 통상(通商)장관으로서의 업무를 수행하지도 않아 결과적으로 통상장관(또는 통상업무)을 없이하면서 외무부의 고유한 정체성마저도 흐려놓은 것이라고 강력한 주장을 폈다.

더불어 그는 '회의 때마다 대표가 바뀌어 국제회의시에 우스갯거리가 되고 있다'는 사실과 특히 김대중 정부의 출범한 1년 10개월 사이에 외무부장관이 3번이나 바뀌고 5년 동안에 '한국의 외무장관이 6번이나 바뀌었음'을 지적한 외국대사의 충고를 인용하면서 5년 동안 재임하더라도 외교의 속성(屬性)상 결코 긴 것이 아니라고 까지 단언하였다.[7)]

이러한 주장은 과장된 면도 있으나 절실한 외교적 당면과제가 없거나 통상환경이 안정된 국가들처럼 외교통상부를 고집하는 것은 비현실적이며 외무부가 '해외시장개척을 위해서는 외무부 산하에 있는 재외공관을 지휘할 수 있어야 한다'는 해외시장의 개척 명분을 내세우며 외교통상부로의 개편을 주장한 것은 지나친 과장이라고 지적한 점은 외국에 나가면 또 하나의 국가가 되고 국민을 대표하면서 국익을 위하여 전력투구해야 할 전문가 집단인 외무부의 중요성만을 강조한 것이 아니라 통상 내지는 무역의 중요성을 말해 주는 것이다.

결국 한국의 통상행정조직은 정치적인 요소 및 국제적인 상황과 여건에 따라 임기응변식(臨機應變式)의 조직형태로 현안 문제에 대하여 즉각적으로 반응하고 대처할 수 있을 지는 몰라도 장기적으로는 업무의 치밀성 및 전문성의 결여로 책임소재가 불분명하고 협상에서의 상대방(국가)으로부터 신뢰성도 얻지 못하는 결과를 초래하고 있다.[8)]

---

7) 이장춘, '외교부 인사-조직 이대로 안된다', 국민일보, 2000년 2월 11일
송문홍, '왕따 당한 한국외교의 외로운 늑대', 신동아, 2000년 3월호,

8) IMF 여파에 따른 재외공관 주재관의 감축계획에 따라 1998년 5월만 해도 23국에 34명의 상무관을 금년 8월에는 19개국 25명으로 감축할 계획이었으나 최근 정부는 '상무관 등 국외 파견인력 확충에 힘쓰겠다' 대통령의 지시에 따라 증원대책을 수립하고 있다. 외국인투자나 대규모의 프로젝트수주를 위하여 실물경제 및 기업을 잘 알고 있는 산자부에서 파견해야 한다는 주장과 통상외교의 수요증대에 따라 상무관이 파견되어야 함은 물론 상무관이 통상교섭본부의 지시를 받고 있는 점에서 외무부에서 파견해야 한다는 주장이 상충되고 있다. 참고로 각국의 상무관 파견 현

3. 미국의 통상행정조직

세계의 무역당사국들과 끊임없이 마찰을 야기하면서 분쟁과 협상을 제기하면서 GATT는 물론 WTO의 출범에 지대한 역할을 하였음에도 불구하고 최근에 이르러서는 오히려 WTO로부터 제재를 받고 있는 미국 통상행정조직에 관하여 살펴보기로 하자.

최근들어 점차로 고위급의 협상기구로 이관되는 경향을 보이는 미국의 통상행정조직상의 특징은 다음과 같다.

첫째는 정책결정과정에 10－12개의 부처가 참여하고 있으며 미국통상대표부(USTR)나 상무부는 생산자의 이익을 옹호하여 규제를 주장하나 재무부는 소비자권익을 내세우며 자유시장원칙을 고수한다.

둘째는 연방정부의 통상정책결정이나 실시의 경우 부처간의 교섭은 물론 제품분류, 인・허가수속, 규정정비, 소송 등의 행정수속을 위한 시간과 노력의 필요성에 따라 통상협상업무에 관련한 로비스트들이 활동하고 있다.

셋째는 '엽관(獵官)제도'의 채택으로 3,000명이 넘는 상위직은 선거결과에 따라 정치적으로 임명하는 점과 상의하달식(上意下達式)의 의사결정형태로 정부의 의사결정은 임명권자에 의해 영향을 받지만 통상마찰에 관련한 정보 등은 직접적인 이해당사자인 기업의 민원이나 정보에 크게 의존하게 된다.

넷째는 의회로 하여금 통상에 관련한 규제를 정할 수 있도록 되어 있어 이의 역할은 클 수밖에 없다.[9] 즉 '의회법률주의'에 따라 의원들의 제출법안은 위원회로 위양되고 입법타당성에 대한 회계감사원의 조회 및 청문회를 거쳐 본회의 결정 및 양원의 통과와 대통령의 서명 후 법률로 성립되기에 의회(혹은 의원)는 국익보다는 선거구의 이익에 민감할 수밖에 없고 제

황을 살펴보면 대만은 45국 95명, 일본은 51국 132명이며 특히 프랑스는 100명, 중국은 900명을 파견하고 있으며, 미국의 경우 한국에만도 31명을 파견하고 있으며 중국·러시아·스페인 등도 10여명의 상무관을 상주시키고 있다.(매일경제, 2000년 5월 19일)

9) 미 헌법 제1조 8절에는 '연방의회가 관세를 부과징수하고 다른 외국과의 통상을 규제한다'고 되어 있다.

이호열, 워싱톤 이렇게 움직인다, 전경련, 전국경제인연합회, 1996. 6－11월호

출된 법안이 법률로 성립되기까지에는 상당한 시일이 소요된다.

다섯째는 정책입안과정에 국익옹호를 내세우는 민간자문기구들의 영향력으로 기술자문위원회, 통상정책 · 협상자문위원회, 국제경제연구소, 미국기업연구소 등의 민간연구소와 Brookings연구소와 Heritage재단 및 특정 집단의 이익을 위해 활약하는 전문의 로비스트집단들이 속한다.

다음 <그림 10 - 2>는 미국의 통상정책에 영향을 미치는 주요 기구와 집단들을 정리한 것이다.

USTR은 대통령의 직속기관으로 미국의 대외통상 정책수립 및 국제통상협상을 조정 · 통괄하는 미국 통상정책 레짐(Trade Policy Regime)으로 대내적으로는 정책조정자의 기능을 갖고 있다. 또한 협상대표자로서 역할을 담당하면서 교역상대국의 시장개방을 강력하게 요구하고 불공정한 무역장벽을 철폐하도록 압력을 가하고 있는 국제통상분쟁에서 선봉장의 역할을 수행하고 있는 기구이다.[10]

USTR의 설립과정을 살펴보면 1962년 Arkansas주의 세입세출위원장이었던 Wilbur D. Mills의원에 의해 제의가 되었고 1963년 1월 15일에 Kennedy 대통령에 의하여 STR(Special Representative for Trade Negotiations)로 설치되었다.

Carter대통령의 임기 말년이었던 1980년 1월 4일에 일본의 통산성에 상응하는 독립된 무역부(Department of Trade)를 설치하기로 하여 STR의 기능이 확대되면서 현재와 같은 이름을 갖게 되었다.

STR은 40년에 가까운 역사와 통상문제에서의 노하우를 갖고 미국의 이익에 반하는 세계의 통상분쟁당사국들과 무역이익을 대변하며 싸우는 무역전사(Trade Warrior)로서의 역할을 담당하고 있다.

---

10) 김정수, 미국통상정책 레짐의 변화와 USTR의 역할 변화, 서울대학교 출판부, 1995, pp.90 - 109.

▌그림 10-2▐ 미국 통상정책의 결정 메커니즘

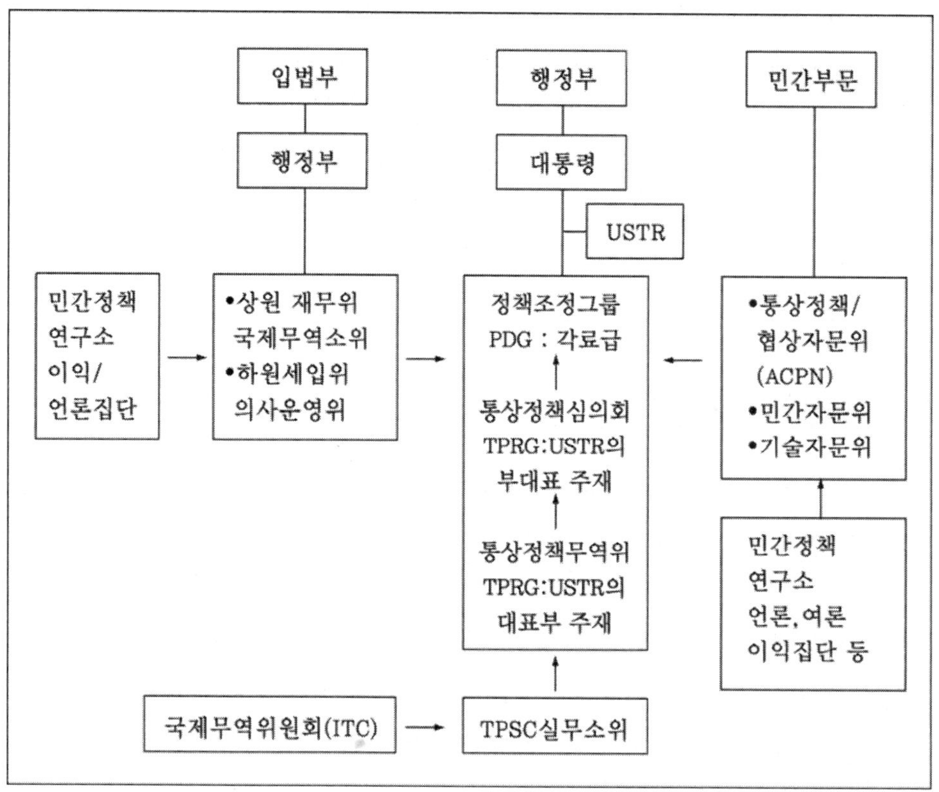

자료 : 이호열, 미국 통상정책의 결정자들(1), 전경련, 전국경제인연합회, 1996.2.

미국은 UR 이후에 다자간협상에 대처하기 위하여 독점금지법, 환경정책, 투자, 노동, 기술정책 등의 분야를 연구하기 위한 특별위원회를 두기도 하였으나 NAFTA는 물론 APEC에 대한 관심은 아시아 · 태평양지역에서의 시장경쟁력을 확보하려는 지역주의의 일환일 뿐이다.

1990년대에 한시적으로 운용한 바 있는 [슈퍼 301조]와 [통상법 301조] 및 [스페셜 301조]의 적용 그리고 반덤핑관세, 상계관세, 독점금지법의 역외적용 등은 일방주의에 의한 것이다.[11)]

미국의 무역정책은 그들이 비교우위를 갖고 있는 금융 · 통신과 첨단산업

11) 정경영, 클린턴 행정부의 통상정책동향에 관한 연구, 고려대학교 석사논문 1994.12.

분야 등과 상품교역에서의 지속적인 무역적자를 보이고 있는 특히 일본이나 중국 등과의 협상시에 활용하고 있는 보호주의적인 쌍무주의이다.

미국의 통상행정조직은 자유무역에 기초를 둔 다자간무역주의를 내세우지만 소기의 목적을 이루지 못하게 될 경우 통상분쟁의 당사국은 물론 여타의 국가나 국제기구들로부터 불평과 질타에도 불구하고 지역주의나 쌍무주의는 물론 일방주의를 주장하고 행사하면서 자국의 여건을 최우선적으로 고려하여 수행하는 전형적인 통상전담형이다.

4. 요약과 결론

국제통상에서의 마찰(friction) 또는 분쟁(dispute)은 이해당사자들간의 이해득실이나 논의의 쟁점에 대한 관점에 따라 다를 수 있을 것이다.

일반적으로 분쟁이란 특정한 입장이나 주장을 유지·관철시키거나 이를 저지하기 위하여 투쟁하는 상황을 지칭하고 있으나 광의로 해석한다면 어떤 입장이나 주장을 고수하려는 행위자(actor)와 이를 반대하는 행위자들 사이에서 발생하는 갈등상태를 해결하기 위하여 나타나는 사소한 언쟁부터 투쟁까지의 상태를 말한다.

분쟁과 마찰은 이를 해결하기 위한 노력으로 직결되어 흥정(bargaining)이라든가 협상(negotiation)으로 이어지게 되지만 이해당사자들 즉 행위자간의 가치 또는 이익과 목표의 충돌의 정도에 따라 대립이나 협조행동으로 나눠지며 순수한 대립이나 협조보다는 대립과 협조가 복합적으로 나타나는 양상을 보이게 된다.

여기에는 당사자(당사국)간의 교섭에 제3자가 개입하여 타협을 촉진시키는 국제조정의 경우에는 주선(good offices), 중개(mediation), 심사(inquiry), 조정(conciliation)의 방법이 있게 된다.

국제통상에서의 분쟁과 마찰에서 협상의 중요성은 다음과 같은 이유들로 더욱 커지고 있다.

첫째는 국제화 및 세계화가 빠른 속도로 전개되어 협상의 대상이 국내에 국한되지 않고 국외의 경제주체들에게 즉시 확대되어 미치는 영향과 비중이 증대되는 점 때문이다.

둘째는 통상범위의 확대와 포괄화에 따라 협상대상범위와 내용이 크게 증가되었으며 협상으로 얻어지는 당사자들간의 이익도 역시 많아진 점 때문이다.

전형적인 집중형의 통상전담형태를 보이고 있는 미국은 통상정책의 지속적인 추진으로 국제수지에서의 적자를 개선하여 안정적인 경제성장을 이룩하고 정치와 안보면에 있어서도 세계적인 강대국으로서의 위치를 고수하려 하고 있다.

따라서 미국과의 통상마찰에 대한 해결방안은 결코 단문단답(短問短答)식의 즉흥적인 해결이 아니라 장기적이고 거시적인 대책으로 수행되어야 할 것이다.

다음은 한국의 통상조직체제가 특히 미국과의 통상분쟁시에 고려해야 할 내용들을 정리한 것이다.

첫째는 국제협상은 문화적으로 상이한 배경을 가진 사람들끼리의 합의에 도달하기 위한 과정이므로 특히 미국(인)과의 협상에서는 그들의 문화에 대한 깊은 이해가 요구된다. 즉 힘의 논리에 의존하면서도 실무자에게 주어진 업무재량권의 폭이 커 이를 자랑스럽게 생각하고 있는 점이라든가 협상은 어디까지나 협상이라는 인식으로 융통성(또는 비논리적인)이 없는 이견은 배척하는 점 등이다. 12)

둘째는 통상협상에서 엄격한 상호주의의 적용을 통하여 국내적으로는 물론 품목별 · 지역별교역의 불균형을 시정하려는 노력을 가시적으로 보여 주며 세계경제 및 교역환경의 국제화 · 개방화가 일반화 내지 확산되고 있는 추세에 발맞추어 기업집단 및 산업합리화정책, 중소기업 고유업종제도 및 독점규제법의 적용제외정책, 수출자율규제 및 수출자율 확대정책 등 각종 경쟁정책에서 국제규범화를 보여 주어야 한다.

셋째는 현안의 문제만을 해결하려는 단세포적이고 방어적인 자세에서 벗

12) 장대환, 전게서, pp.84－86, 1998.7.

어나고 노동집약적인 상품구조에서 국제경쟁력이 있는 선진국형의 상품구조를 갖춰야 한다. 즉 그들(동종 또는 경쟁업계조차도)이 필요로 하는 뛰어난 수준(world class)의 상품을 생산・판매하여야 한다.[13)]

넷째는 일단 분쟁이 제기될 경우 이를 즉각적으로 대응하여 신속하게 해결할 수 있는 언어는 물론 협상기술(negotiation technique)에도 유능한 전문가의 양성 및 활용과 함께 전담체제인 QRS(Quick Response Strategy)를 가동할 수 있는 전문기구를 구성하여야 한다.

한국에서는 부정부패 또는 뇌물이나 브로커의 부정적인 이미지를 갖고 있는 로비(또는 로비스트)에 대한 인식의 전환을 통하여 현지 산업계(특히 한국과 첨예하게 부딪치고 있는 업계)를 설득하고 의견을 관철할 수 있도록 미국의 경우 상원과 하원에 이어 '제3원(院)'이라고 불리우는 로비스트를 이용할 수 있어야 한다.[14)]

다섯째는 완성상품의 수출에만 급급하지 말고 제품의 개발 및 디자인에서 생산은 물론 유통과 판매에 이르기까지 협력체제를 통하여 다원화되고 고도화된 통상환경을 구축하여야 한다.

여섯째는 상품은 물론 기술과 자본까지도 연결시키면서 미국의 공급업자와 에이전트라는 상호보완적인 관계에 있는 무역대리점의 적극적인 활용을 통하여 상품홍보는 물론 통상압력에서의 분쟁과 마찰을 완화시킬 수 있도록 이들을 통한 민간차원의 외교기능을 강화하여야 한다.

일곱째는 WTO는 물론 APEC과 ASEM은 물론 WIPO나 MAI와 같은 국제기구나 회의 등의 모임(Conference/Meeting)에 적극적으로 참여하여 위상을 제고시키면서 개인이나 기업을 통한 민간형태(NGO)의 참여도를 높여야 한다.

세계경제의 침체가 장기화되면서 통상마찰은 더욱 건(件)수와 수준(水準)에 있어 다양화되고 심화되고 있을 뿐만 아니라 복잡해지고 장기화되는 추세로 분쟁과 마찰에서의 해결방안은 다궤도(多軌道)의 접근방법(multi－track approach)에 의한 다양하고 다기화(多技化)된 대안모색과 협

13) 윤동진역,(Rosabeth M.Kanter저) 월드 클래스, 한・언, p.145, 1998.6.
14) 시사저널, 영어 짧은 통상관료, 몰라서 당한다, 1994년 5월 19일.

상으로서만 가능하게 되었다.

따라서 국제화가 급진적으로 이뤄지면서도 지역화 내지 블록화의 추세가 일반화되고 있는 21세기의 국제교역환경속에서는 한국으로서는 사전적(Ex Ante)이고 거시적인 안목과 함께 전문성을 최대의 요건으로 하여 조직되고 운영될 수 있어야 한다.

참고자료

미국의 최근 통상정책 동향

클린턴 행정부는 표면적으로는 자유무역의 기조를 표방하면서도 보호무역주의적 성향을 보이더니 공화당의 부시 행정부에서는 경제성장이 완만하여 지면서 이러한 경향은 더욱 표면화되고 노골화되어지고 있다.

• 통상협상정책

다자적, 지역적, 쌍무적 측면의 3가지 차원에서 이루어지고 있다. 다자간 협상은 기본적으로 WTO내에서 이루어지고 있는데, 자국이 강점을 가지는 분야에서 새로운 협상의제들을 계속적으로 제기해 나가고 있다. 이들은 다양한 이름을 가지는 라운드(블루라운드, 그린라운드, 반부패라운드, 인터넷 라운드, 기술라운드 등)들이다. 지역적 차원에서는 NAFTA, APEC 등 지역경제블럭에 적극적으로 참여하고 있으며, NAFTA에 이어 남미를 포함하는 미주 전역의 자유무역권 형성의 추진과 장기적으로는 ASEAN 등 아시아국가들과의 FTA체결도 검토하고 있다. 또한 쌍무협상은 미국 통상협상의 주요한 수단으로 주요 무역국과의 시장개방 및 통상현안을 해결하려는 것이다.

• 수출진흥정책

수출진흥전략에 초점을 맞추고 있는데, 주요내용은 국가수출전략(National Export Strategy)으로 집약된다. 이는 미국 무역진흥조정위원회(TPCC: Trade Promotion Coordinating Committee)의 수출진흥을 위한 통합전략으로 거대신흥시장에 대한 수출을 향후 5년간 75% 늘리려는 것이다. TPCC는 1993년 설립되었으며 상무부장관이 위원장으로 되어 있고 기존 전략의 이행여부 점검과 함께 새로운 전략을 마련하고 있다.

• 무역규제조치

일본, EU, 아시아 NIES와 경쟁하면서 무역규제를 계속 강화하고 있다. 일부 농산물 분야의 수량제한, 섬유, 신발, 철강, 자동차 등 전통산업분야에서의 수량제한과 수출자율규제, 반덤핑·상계관세조치 등의 가격규제, 섬유류 및 의류수출에 적용되는 신원산지규정과 첨단기술부문에서 기술독점적우위를 방어하기 위한 지적재산권보호 등이며 대상품목의 범위도 점차 확대되고 있다.

• 기존협정의 이행감시기능 강화

외국의 통상협정 이행 점검 및 해외시장의 무역장벽 발굴 등의 업무를 추진할 수 있게 1996년에 상무부내에 통상협정이행센터(Trade Compliance Center: TCC)를 설치하였다. TCC는 미국과의 쌍무적인 통상협상과 조약은 물론 다자간협정이나 조약의 이행여부를 조사하고 각종 정보를 수집하여 DB를 구축하며 통상정책의 방향을 설정하여 적절한 대응책을 마련하고 있다. 또한 USTR내에 협정이행 여부를 감시하기 위한 MEU(Monitoring Enforcement Unit)를 설치하였다. MEU는 협정의 이행감시와 함께 연례 국별무역장벽보고서의 작성과 수퍼 301조 및 스페셜 301조의 적용대상국을 지정하는 과제를 수행하고 있다.

정부 조급증이 협상 망쳤다

미국과 월맹이 1972년 프랑스 파리에서 정전 협상을 할 때의 일이다. 월맹은 계속 협상을 기피했다. 미국으로서는 가시적인 외교성과가 아쉬운 대통령 선거 직전에야 월맹은 협상장에 나타났다. 미 대표단은 파리 중심부의 리츠호텔에 묵으며 일주일 단위로 방값을 치렀다. 반면 월맹 측은 외곽에 있는 단독주택을 2년반의 계약기간으로 세를 얻어 놓고는 느긋하게 협상에 임했다.

협상의 결과는 물론 월맹의 완승이었다. 뉴욕 타임즈 선정 30주 연속 베스트 셀러의 기록을 세웠다는 '협상의 법칙'(허브코헨 저)에 나오는 일화다.

이는 협상에서 시간과 여유가 얼마나 중요한 변수로 작용하는지를 보여준다.

잘 진행되는 듯 보였던 현대투자신탁 매각협상이 AIG의 매수포기 선언으로 막판에 결렬됐다. 1년 이상 진행되어온 협상이 무산됨으로써 "현대투신 등 구조조정 기업의 처리를 끝내 신뢰를 높이겠다"는 정부의 약속을 곧이 곧대로 믿은 '시장'은 뒤통수를 맞은 꼴이다.

협상이 깨진 것은 AIG가 막판에 억지를 부렸기 때문이다. AIG는 '향후 우발채무가 발생할 경우 한국정부가 100% 책임져라'는 굴욕적인 요구를 해왔다.

AIG는 그 전에도 합의된 가격에서 더 깎자느니, 우선주가 아니라 보통주로 달라느니 하는 추가요구를 매번 제기하고 관찰해 왔다.

존 퓨리트는 협상이란 "서로 다른 이해관계를 지닌 개체가 갈등을 해소하기 위해 공동으로 내리는 의사결정"이라고 정의를 내린 바 있다.

그러나 현대투신 매각협상을 지켜보면 '공동으로 내리는 의사결정'이 과정이 과연 있었는지 헷갈린다. AIG가 억지주장을 남발한 것은 상당부분 우리 정부의 자업자득(自業自得)이다.

협상이란 '도입, 전개, 절정은 없고 대단원만 있는 기묘한 이야기'라는 표현도 있다. 그동안 금융감독원장은 설익은 협상을 놓고 툭하면 "거의 타결(妥結)" 곧 "타결"등의 경솔한 발언을 일삼았다.

구조조정의 성과를 과시하고 싶어한 조급함 때문이었다는 것이 관계자들의 지적이다. 만약 금감위가 목을 매는 듯한 태도를 내보이지 않았다면 AIG가 오만하게 억지를 부릴 수 있었을까?

이번에도 협상이 깨지자마자 금감위는 즉시 "다른 원매자(願買者)들이 있으므로 협상은 곧 재개될 것"이라며 성급한 낙관론을 발표했다.

우리 협상팀의 강박관념(强迫觀念)은 지적되어야 한다. 그러나 '협상실패'만을 이유로 협상팀을 비난하는 것은 결코 바람직하지 않다.

국민들 까지도 협상의 조기타결에만 매달리는 조급증을 보일 경우 우리의 입지는 더욱 좁아지고 구조조정의 원칙도 훼손(毁損)될 수 있다.

이번 협상은 다음과 같은 몇 가지의 메시지를 우리에게 던져 주고 있다.

1. 부실기업은 협상 테이블에서 항상 약자다.
2. 약자는 '공동으로 내리는 의사결정'에 제몫의 발언권을 가지고 참여할 수 없다.
3. 약자가 여유마저 잃으면 결과는 더욱 참담해 진다.
4. 이런 억울함을 다시 겪지 않으려면 내실을 다지는 수밖에 없다.

(허승호, 동아일보, 2002년 1월 28일)

주고받는 협상원칙 중시, 부처 조정기능 강화해야

"뉴라운드에서 한국은 134개 회원국중에서 아마 가장 힘든 협상을 할 것 같습니다" 30일 시애틀 협상개막식에 참가하는 외교부 통상교섭본부 관계자들은 한국의 입지는 좁고 쓸수 있는 카드도 극히 제한적이라고 솔직히 토로한다.

한국은 경쟁력이 취약한 농산물시장의 개방폭은 최소화해야 하는 반면 100여개 교역상대국들로부터 공산품관세인하와 반덤핑 남용방지 등을 얻어내야 하는 '이중플레이'를 해야하기 때문이다.

개발도상국가에서 중진국으로 도약한 한국은 자유무역체제의 최대수혜자라고 자부하고 밖에서도 그렇게 통한다. 한국경제는 미국을 비롯한 교역상대국들의 보호주의 기운을 가라앉히면서 무역장벽을 지속적으로 제거해 나가야 앞날이 보장되는 시스템으로 짜여진지 오래다. 이 때문에 한국은 뉴라운드체제를 순조롭게 출범시키는데 앞장설 수밖에 없는 처지다.

한국협상대표단은 국내 농산물시장을 사수하라는 농어민과 관련단체 정치권의 요구까지 관철해야 하는 모순된 과제를 안고 있다. 수출 덕분에 성장한 도시중산층까지도 농업문제에 관한한 보수적이고 폐쇄적이다.

한국의 대외경제 기조는 일찌감치 '개방'쪽으로 잡혀졌는데 이 문제로 인해 협상때마다 우왕좌왕하고 있다.

농산물	• 쌀시장 개방 불가피 • 임, 수산물 시장개방 대폭확대 전망	불리>유리
서비스	• 시장 추가 개방개 • 도국 등에 적극적인 개방 요구	불리≤유리
공산품	• UR수준의 관세인하시 연 10억불 교역확대의 혜택 가능	불리<유리
반덤핑	• 세계3위 반덤핑 피해국 • AD규제완화 방안마련시 수출효과 증대	불리<유리

한국은 80년대 후반부터 대외개방을 추진했고 선진국 클럽이라는 OECD에 가입한데다 IMF체제를 거치면서 개방을 지속적으로 시행하였다. 특히 외환위기 이후 '개방을 통한 외자유치와 수출이외는 다른 선택이 없다'는 것이 대외경제정책의 기조로 자리잡았다.

수동적인 개방에서 적극적이고 능동적인 개방으로 대외경제관을 완전히 바꾼 것이다. 이 과정에서 한국은 20년간 지켜온 대일수입규제(수입선다변화)를 포기했을 뿐만 아니라 미국, 일본과는 투자협정, 칠레와는 경제통합의 첫 단계인 FTA를 서두루고 있는 상황이다.

동시에 APEC를 통해 '열린 지역주의'를 표방하는 등 대외적으로 자유무역체제의 모범생으로 처신해 왔다. 이런 상황에서 농산물시장을 지키면서 NR에서 한국의 입지를 살린다는 것이 얼마나 현실성이 있을지 협상팀조차 회의적이다.

하지만 누구도 직설적으로 "대세는 정해졌다. NR를 계기로 농어촌도 근본적으로 변해야한다"고 말하기 힘든 분위기다. UR때와는 한국경제의 근본이 변했는데도 통상협상에 임하는 국내적인 합의를 도출하는 작업은 그때나 지금이나 크게 달라진게 없다. 몇몇 통상전문가들과 개방파 관료들이 '구조조정의 호기'라고 말하지만 총론에 그칠 뿐 구체적인 작업을 서두는 기색은 별로 없다.

UR당시 정부실무대책위원장을 지낸 김인호국가경영전략연구원 원장은 "뉴라운드 같은 다자협상으로 시장을 개방할 때 개방해야 하는 시장 규모보다 진출할 수 있는 시장 규모가 훨씬 크다는 것을 국민들이 이해하도록 해야 한다"고 말했다.

뉴라운드에 임하는 정부의 조정기능이 과거 UR때 보다 떨어지고 있다는 우려도 나온다. 외교통상부 통성교섭조정관이 위원장인 NR대책위원회는 '협상 자체에는 효율적이지만 재원이 부족하고 관련부처의 저항을 극복할 힘이 약하다'는 지적을 받고 있다.

(한국경제, 1999년 11월 26일)

memo ~

제 11 장 한·미 통상마찰의 현황과 대응방안

1. 최근의 통상마찰 현황

2. 한·미간의 통상마찰 현황

3. 대응방안의 모색

• 참고자료

제 11 장 한·미 통상마찰의 현황과 대응방안

WTO의 가동이 본격화되면서 미국의 한국에 대한 시장개방의 요구가 더욱 높아지고 있다. 그동안 이해당사국들간의 첨예한 분쟁과 마찰에도 불구하고 자유무역의 기치를 들고 무역을 통한 세계경제의 활성화에 기여하여 왔던 GATT의 시대에도 상대국 시장에 대한 개방요구는 지속적으로 있어 왔으나 최근의 개방요구는 종류와 범위 또는 양(量)과 수준에 있어 유례를 찾아 볼 수 없을 정도이다.

그야말로 무한경쟁의 시대에 걸맞게 포괄적이고 전면적이어서 이의 해결은 복합적이고도 다층적인 구조적인 상황으로 시작은 있으나 끝은 찾아보기 어렵게 되어 있다.

국제경쟁력을 확보하고 있는 제품이나 기업에서는 사전적인 예방책을 강구하고 있겠으나 수출 기업들은 물론 심지어는 내수에 치중하고 있던 기업들 조차도 사전적인 대응방안의 강구라든가 수립은 커녕 현안의 문제처리에도 급급한 실정이다.

이번 장에서는 먼저 GATT에 이어 세계 경제의 새로운 규범으로 등장한 WTO의 특성을 살펴 본 후 최근 들어 확대되고 있는 한국과 미국간의 무역분쟁에서의 현황을 개괄적으로 살펴 보며 다음으로는 한국 상품의 자국 시장진입은 물론 한국시장에 대한 개방요구로 끊임없이 분쟁의 소지를 보이고 있는 미국의 무역현황을 최근의 자료를 통하여 살펴보려고 한다.

또한 시장개방에 관련하여 본격적인 개방요구가 시작된 1983년과 1996년의 내용을 산업분야별로 살펴보고 미국이 요구하고 있는 시장개방과 관련한 역사적 및 경제적 배경을 시대별로 비교하여 보려고 한다.

마지막으로는 다양한 분야에 걸쳐 첨예하게 부딪치고 있는 협상 쟁점들에 대한 대안을 모색하여 보려고 한다.

1. 최근의 통상마찰 현황

최근 미국과 일본간의 자동차분쟁에서 일본은 미국의 일방적인 보복에 대하여 1995년부터 가동을 시작한 WTO에 제소를 하여 해결을 본 경우가 있다.

그러나 최근 WTO는 국내법 우선의 원칙을 내세우는 가운데 세부적인 분야와 항목에서 예외적인 적용 또는 합의나 적용의 시기를 늦추려는 행태를 보여주고 있어서 다시 GATT로 회귀하는 듯 한 양상들이 보여 지고 있다.

WTO는 국제무역분쟁의 해결은 물론 강력한 세계경제질서의 규범으로 GATT의 대안으로 등장한 것이지만 쌍무협정이라는 해결방식으로 보복조치의 강도에 따라 적용하려고 하기 때문이다.

그리하여 국제수지의 개선과 실업문제의 해결을 위한 산업구조의 조정책 등으로 야기된 세계 각국들은 교역당사국간의 불만 등을 WTO와 같은 국제적인 기구의 중재나 판정보다는 상대방 국가에 전가할 가능성이 더욱 커지게 되었다.

다시 말해 자국의 담장은 더 높게 하고 빗장은 천천히 열어 가면서도 상대국의 담장은 낮게 하고 빗장은 더 빨리 열어 줄 것을 요구하는 이율배반적인 양면성을 표출하게 되었다는 것이다.

국제경제에 관련하여 적극적인 관심과 해결방안을 이끌어 내기 위하여 창설된 WTO의 또 다른 걸림돌은 세계경제의 통합화현상이다.

국가간의 무역을 위시한 국제경제에 관련하여 관심 국가별 또는 이해당사국들이 우선은 지정학적으로 결합을 한후 문제점의 해결 내지 목적 달성을 위하여 집단적으로 공론화시키면서 공동전선을 펼치려고 하기 때문이다.

제2차 세계대전 이후 세계무역질서를 이끌어 왔던 GATT 보다 강화된 기능을 통하여 21세기의 밀레니엄을 주도해 나갈 WTO의 특징 및 주요 내용을 비교하면 다음의 <표 11 - 1>과 같다.

GATT는 물론 WTO의 창설에 있어서도 주도적인 역할을 수행하여 온 미국은 GATT출범 당시의 자유무역(Free Trade) 대신에 공정무역(Fair Trade)을 내세우며 국내 및 대외정책을 연계하는 통상정책을 추진하여 왔다.

미국의 통상정책이 갖고 있는 주요 내용을 요약하면 다음과 같다.

첫째는 공정무역의 구현이다. 외국기업의 덤핑행위나 지적재산권 침해는 물론 자국정부로부터의 보조금혜택은 불공정행위로서 미국의 산업경쟁력을 약화시킨다고 보고 덤핑규제, 상계관세, 지적재산권 침해의 제소 등으로 보호조치를 취할 뿐만 아니라 교역상대국이 불공정행위로서 미국의 상품 및 기업활동을 제약하는 경우에는 [슈퍼 301]조의 발동과 같은 적극적인 방식으로 대응하고 있다.

둘째는 시장개방 및 서비스 교역의 확대이다. 이를 위하여 미국은 쌍무간은 물론 다자간의 협상을 병행하여 왔다. 미국이 그동안 GATT의 존속에도 불구하고 WTO체제의 출범을 가속화시키려고 하였던 것은 더욱 강화된 다자간의 협상체제를 구축하려는 의도 때문이다.

미국은 최대의 흑자를 보이던 일본과는 자동차 및 부품분야에서, 중국과는 지적 재산권의 보호문제를, 그리고 한국과는 자동차시장의 개방과 관련하여 쌍무협상을 통하여 적극적인 공세를 취하여 왔으나 앞으로는 WTO를 이용한 다자간 협상의 체제를 강화시키게 될 것이다. 특히 미국은 무역과 관련하여 발생되는 투자와 금융 및 통신분야에서 시장규모를 더욱 확대하려 하고 있다.

▌표 11-1▐ GATT와 WTO의 특징 및 주요 내용

	GATT	WTO
창설년도	1948년	1995년
전 신	ITO(Int'l Trade organization)	GATT
가입국	145개국	128개국
적용범위	공산품(Goods)	상품, 서비스, 지적재산권, 투자협정 등
기구성격	국제협정 성격	법인 성격
분쟁해결	분야별로 산재	해결전담의 상설기구 설치
적용관세	관세인하에 주력 비관세는 선언적 수준	모든 관세의 일률적 철폐 및 하향 NTB 철폐강화/회색조치 4년 이내 철폐
주요이슈	TR,KR,GR,BR,UR	CR, TR
법적수준	법원(法源)이 결정, 권고로 무산됨	혁신적 변혁, 적용범위의 확대
해결방식	무차별대우, 관세인하, 수량제한 철폐 등 실용주의의 정치적 접근방식	진화적 국제법 형성의 대표적 사례/강제 사안별로 담합적 해결체제(DSB)
결정요소	Positive consensus	Negative consensus
상소기구	없음	신설(Appellate body)
제소단계	단일제소만 가능	복수제소(Multiple complaints)가능
패널구성	비상임으로 수시 구성	상임위원 구성
검토범위	1건의 제소만 취급	제소 내용 모두 취급
전문위원	해당 없음	위생검역/지적 재산권 등의 전문가 필요
관할여부	자국에 유리한 Forum shopping 가능	불능

자료: 서용현, WTO 분쟁해결제도의 운용현황, 통상법률, 1996
이은섭, 미국통상법, 법률행정연구원, 1996.8
정만식외, WTO 체제하에서 미통상법 301조의 일방적 보복조치, 한국무역학회, 1996.5

셋째는 무역협정의 적극적인 개입 및 확대이다. 1994년에 발효된 NAFTA와 유럽지역의 EU 및 남미지역의 MERCOSUR가 구체화되고 확대되면서 이를 FTAA로 확장시켜 거대한 통합시장으로 권역화하려 하고 있다. 아시아 및 태평양지역에서는 ASEAN이 AFTA를 추진하려는 움직임을 보이자 이의 가입을 추진하고 있고, APEC의 결성에도 적극 참여하여 기술과 투자분야 나아가서는 경쟁정책과 노동분야에 이르기까지 시장을 넓히려 하고 있다.

넷째는 거대신흥시장으로의 적극적인 진출이다. 세계적인 경제의 침체현상에도 불구하고 꾸준히 성장하고 있는 떠오르는 시장(BEMs)인 멕시코, 아르헨티나, 브라질, 중국경제권(중국, 대만, 홍콩), 인도, 인도네시아, 한국, 폴란드, 터키, 남아프리카공화국 등의 핵심 개도국들에도 진출하려고 하고 있다.

결국 미국은 이들 지역에서의 적극적인 시장진출 내지 개입으로 환경은 물론 정보와 보건, 수송 그리고 에너지와 금융 서비스의 분야에서 선점을 지속화하려는 것이다.

다음의 <표 11－2>는 위에서 언급한 APEC과 NAFTA 및 EU권역의 경제지표를 살펴 본 것이다.

▌표 11-2▐ 주요 경제권별 교역량 및 GDP의 비중(1995년)

경 제 권	APEC	NAFTA	EU
교역량(10억달러)	4549.9	1859.2	3764.5
세계 GDP의 비중(%)	55.7	28.8	28.5

자료 : 중앙일보, WIN, 1997.1

2. 한·미간의 통상마찰 현황

(1) 통상마찰의 배경

최근들어 미국경제는 활황세를 보이고 있다. 그럼에도 불구하고 시장개방 또는 통상마찰과 관련한 문제의 제기는 강도나 범위에 있어 다양하게 지속적으로 이어지고 있다.

오히려 그동안 협상 대상국에 대하여 높은 강도로 요구하여 왔던 이유들이 호전되었음에도 강화되는 경향마저 보이고 있다.

미국은 1980년대 후반에 들어 교역 대상국에 대하여 소위 [슈퍼 301조]로 알려진 [1984년 통상법(Trade Act of 1984)]을 통하여 무역불균형의 수정을 요구하면서 통상마찰을 일으키기 시작하였다.

미국이 교역 대상국들에게 시장개방을 요구하였던 배경을 살펴보면 다음과 같다.

첫째, 미국의 대외경제정책인 동시에 GATT의 기본정신인 자유무역(Free trade)에서 공정무역(Fair trade)으로 전환하기 시작하였다는 점이다. 즉 최혜국대우(MFN)원칙의 무차별적용과 상호주의에 의거하여 개발도상국들도 책임분담을 해야 한다고 주장하기 시작하였다.

둘째, 막대한 무역 및 재정부문에서의 적자와 고금리, 인플레의 압박 및 정체상태의 생산성 문제와 같은 마이너스요인이 수출부진을 가져 오게 하였으며 이는 무역적자 회복을 어렵게 하여 경기후퇴를 야기시켰다.

셋째, 미국은 개발도상국에 대하여 GSP의 졸업개념을 적용하여 수입규제와 함께 이들 국가에 개방압력을 강력히 요구하기 시작하였다.

넷째, 달러의 고평가와 같은 가격면에서의 국제경쟁력 약화는 물론 품질과 같은 비가격경쟁력의 약화가 무역수지 적자의 급증을 야기시키고 산업의 구조적 약체화를 가져 온 점이다. 특히 한국·대만 등에서 생산한 섬유, 잡화, 가전제품과 같은 경공업제품 및 일본에서 생산되는 승용차, 공작기계 등 중화학제품에서 경쟁력을 상실하였으며 농산물이나 일부 첨단산업부문을 제외하고는 미국산 제품의 경쟁력은 계속 떨어지는 추세를 보이게 되었다.

그러한 결과 교역상대국으로부터의 수출자제 내지 수입시장개방을 요구하게 된 것이다.

그러나 1993년에 미국은 NAFTA를 출범시키면서 국내경기의 지속적 호황에 따라 재정적자가 감축되는 등 호황국면을 맞게 되었으며 1994년 11월에는 제2차 APEC정상회담을 통해 동아시아지역에 교두보를 확보하게 되었고 동년 12월에는 WTO를 출범할 수 있게 되었다.

이를 좀더 자세히 살펴보면 1994년 미국경제는 지난 10년간 4%의 실질성장세를 보여 안정적인 물가세를 이룩하였다. 특히 산업생산과 설비가동률의 증가는 자동차, 컴퓨터, 반도체, 기계 등의 핵심제조업의 성장으로 이어지는 동시에 매출호조와 임금상승의 둔화로 나타나 20여년만의 높은 수익률 증가를 보이게 되었다.

그리하여 수출은 예상보다도 높은 8.7%의 증가세를 보이고 수입은 자본재 수입증가로 인하여 이보다도 높은 13.7%를 보였으나 순수출이 실질성장에 미치는 부(－)의 기여율은 더욱 높아졌다.

1994년 말의 UR의 타결로 수출여건이 개선되고 유럽과 일본 등의 경기가 회복되면서 수출증가세도 가속화되고 있어서 빠른 경기회복세는 노동자들로 하여금 임금보다는 고용안정에 관심을 갖게 하여 물가를 안정시키고 나아가 미국의 생산성을 더욱 높아지게 하였다.

무역의 현황을 통해 살펴보면 더욱 극명하게 나타나고 있다. 다음의 <표 11－3>에서 보는 바와 같이 1994년에 상품 및 서비스분야에서는 6,964억 달러의 수출을 기록하였으며 수입은 8,045억 달러를 기록하여 1,081억 달러의 적자를 보이게 되었다.

이러한 적자는 전년도보다 25%나 증가한 1,663억 달러에 이르는 상품무역의 적자 때문이었으며, 서비스부문의 무역수지는 582억 달러의 흑자를 기록하였다. 수출품목은 자본재와 소비재, 자동차 등이 주종을 이루면서 전년도에 비해 10.1%나 증가되었고 특히 아시아와 남미 등의 개도국에 대한 자본재의 수출이 호조를 보여 왔다.

그러나 국내 기업들의 설비투자와 소비재에 대한 수입증가로 적자폭은 여전하여 특히 일본과는 총 무역적자의 39.5%(657억 달러)를, 중국과는

17.7%(295억 달러)를 보였으나 한국과의 거래에서는 1993년의 23억 3,600만 달러에서 1994년에는 16억 2,900만 달러로 적자폭이 축소되었다.

이러한 경기회복의 추세는 1995년에 들어서는 상반기의 경우 일본의 경기침체, 캐나다의 정치적 혼란, 멕시코의 금융위기 등으로 잠시 둔화상태를 보이게 되었으나 하반기에 이르러서는 동남아시아지역을 중심으로 활력을 보이면서 성장세를 지속시켜 주었다.

표 11-3 미국의 상품별 수출·입 현황(1994년)

단위 : 100만 달러

	수 출		수 입	
	금 액	증가율(%)	금 액	증가율(%)
식음료품	42,017	3.4	30,959	11.1
산 업 재	121,326	8.5	161,987	11.3
자 본 재	205,302	13.0	184,540	21.1
자 동 차 관련제품	57,253	9.3	118,636	15.9
소 비 재	59,989	9.8	146,303	9.2
기 타	26,783	12.1	21,344	16.1
총 계	502,804	10.1	669,091	13.5

자료 : US Department of Commerce, Commerce News, December 1995

물가 또한 생산성 향상으로 가격인상요인 및 에너지가격의 하락세 등에 힘입어 안정세를 보이면서 1995년의 경우 미국의 도매물가 상승률은 1986년 이후 가장 낮은 2.5%에 그치게 되었다.

특히 무역부문은 다음의 <표 11-4>에서처럼 상품 및 서비스의 수출은 전년 대비로 11.8%가 증가한 7,837억 달러였으며 수입은 10.8%가 증가한 8,947억 달러로 였고 무역수지적자는 전년도 대비 4.5%가 증가한 1,110억 4,000만 달러를 기록하였다. 수출증가세를 주도한 상품은 민항기, 원유시추장비, 자동차 및 부품, 산업재 등이었다.

서비스 부문의 무역수지는 수입이 전년에 비해 12.0%나 증가한 1,483달러로 7.9%나 증가하여 2,088억 달러나 증가한 수출보다 많아져서 605억 달러의 흑자를 기록하였다.

통상마찰이 심화되었던 중국과의 교역에서 미국은 전년 대비로 14.6%나 증가한 338억 달러의 적자를 보인 반면에 한국과의 교역에서는 수출증가율은 41.0%에 달하여 23.2%에 이르는 수입증가율을 크게 앞질러 그동안의 적자로부터 전환하게 되었다.

▎표 11-4▎ 미국의 수출·입 현황(1993－1995년)

단위 : 10억 달러

	1993년	1994년	1995년
－ 수 출	641.7	701.1	783.7
•상 품	456.9	503.0	574.9
•서 비 스	184.8	198.1	208.8
－ 수 입	717.4	807.4	894.7
•상 품	589.4	669.1	749.4
•서 비 스	128.0	138.3	148.3
－ 무역수지	-75.7	-106.2	-111.0
•상 품	-132.6	-166.1	-174.5
•서 비 스	-56.9	59.9	60.5
－ 대한교역			
•상 품	14.8	18.0	25.4
•서 비 스	17.1	19.6	24.2
•무역수지	-2.3	-1.6	1.2

자료 : US Department of Commerce, Commerce News, December 1995

(2) 통상마찰의 주요 내용

먼저 미국의 국가별 수출입의 현황을 살펴보자. 한국과의 무역에서 <표 11－5>에서와 같이 미국과의 교역은 1993년의 23억 3,600만 달러, 1994년에는 16억 2,900만 달러의 적자를 보였다.

1995년에 들어서 미국은 서비스 수출을 중심으로 개선되어 졌다. 이는 클린턴 정부가 강력하게 추진하여 왔던 국내산업의 보호조치와 180여개에 달하는 무역협정의 체결 및 대외시장에 대한 개방압력의 결과 때문이다.

특히 상반기에 큰 폭으로 증가한 상품교역에서의 적자규모는 지속적으로 감소되기 시작하였다. 예를 들어 그동안 지속적인 적자를 보이던 대일교역의 수출증가율은 미국 전체의 20.3%를 상회하여 4년만에 처음으로 감소되어 1994년의 656억 7,000만 달러에서 592억 8,000만 달러로 개선되었다.

❙표 11-5❙ 미국의 국별 수출·입 현황(1994년)

단위 : 100만 달러

	수 출		수 입		무역수지
	금 액	증가율(%)	금 액	증가율(%)	
북 미	165,282	16.4	178,440	18.1	-13.159
캐나다	114,441	13.9	128,941	15.9	-14.506
멕시코	50,840	22.3	49,493	24.0	1,348
일 본	53,481	11.7	119,149	11.1	-65,669
E U	102,788	-4.2	110,861	0.4	-8.073
중남미	41,775	13.4	38,494	11.7	3,262
NIES	59,573	13.5	71,416	10.6	-11,584
한 국	18,028	22.0	19,658	14.8	-1,629
대 만	17,078	5.6	26,711	6.4	-9,633
싱가포르	13,022	11.5	15,361	20.0	-2,339
홍 콩	11,445	15.9	9,698	1.5	1,748
중 국	9,287	5.9	38,781	23.0	-29,494
전세계	502,804	10.1	669,091	13.5	-166,287

자료 : 전게서.

이는 반도체 및 자동차를 중심으로 전개된 협상과정에서 얻어진 결과로 미국의 자동차 및 부품 등의 대일수출은 증가하였음에도 일본으로부터의 주종 수입품목인 자동차는 10.5%나 감소되어 무역수지의 적자폭을 개선할 수 있게 된 것이다. 한국과의 교역에 있어서도 미국의 수출증가율은 41.0%에 달하여 23.2%인 수입증가율을 훨씬 상회하는 실적을 보여 한국에 대한 무역수지 적자는 흑자로 전환되기 시작하였다.

이제부터는 한국과 미국간의 통상마찰에서 첨예하게 대립하면서 현재 제기 중이거나 앞으로 제기하려는 산업분야에 관하여 살펴보기로 하자.

• 자동차 분야

최근 현대자동차는 조업을 중단하기 시작하였으며 대우자동차와 기아자동차도 조업중단을 고려할 것이라고 한다. 이는 달러화강세 및 엔화절하와 같은 환율변동으로 가격의 메리트가 전혀 없어진 때문이기도 하지만 근원적인 원인은 다른 측면에서 찾아 볼 수 있다. 즉 고비용 저효율이라는 왜곡되고 취약한 구조적인 경제여건과 미국과의 통상마찰 때문이다.

미국은 미니 밴의 승용차 분류, 배기량 기준의 내국 세제개선, 소비자에 대한 인식의 개선을 강력하게 요구하고 있다.

한국과 미국과의 자동차분야에 관련한 마찰은 오랜 기간에 걸쳐 진행되어 왔는 바, 1994년 3월에 미국의 무역대표부(USTR)에서는 국가별 무역장벽 보고서(NTE ; National Trade Estimate Report on Foreign Trade Barriers)를 통하여 한국을 [불공정 무역관행(unfair trade)]에 포함시킨 적이 있으며 1995년 9월에는 PFC(Priority foreign country)에 의하여 우선협상대상국으로 지명한 적이 있다.

당시 미국은 수입관세가 높은 점(미국은 2.5%이나 한국은 10%)과 외제자동차구입자에 대한 세무조사의 실시 및 외제 자동차의 판매위축을 겨냥한 소비절약운동, 광고, 매장의 제한 등을 문제시 하였다.

미국은 1995년 9월에 양해각서(MOU)를 체결한 바 있으며, 1996년 10월에는 전략적 이행분야로 표명을 한 후 한국정부의 지프차에 대한 자동차세 인상문제를 두고 양해각서의 현상동결원칙(standstill) 위반여부에 대한 논의 외에는 별다른 쟁점을 갖고 있지 않다.

물론 미국은 한국의 자동차에 대한 관세율을 2.5%로 내릴 것을 종용하고 있지만 EU의 10%나 캐나다의 9.2%에 비해 낮은 8%의 수준인 점을 고려하면 유리한 입장에서 협상에 임할 수 있다. 특히 고용흡수력이 큰 자동차산업의 경우 실업문제의 해결을 강력하게 요구하고 있는 UAW(Union Auto Workers)의 압력으로 경제적인 차원에서 보다는 정치적인 이슈로서 쟁점화되어 해결될 가능성이 농후한 분야이다.

이밖에도 미국이 한국과의 협상에서 요구하고 있는 사항은 승용차 관련의 세제 단일화, 형식승인의 철폐 및 통관절차의 간소화, 할부금융제도의 조기 도입 및 지분제한의 철폐 등이며 협상의 수단으로는 [슈퍼 301조]에 의한 PFC의 지정을 내세우고 있다.

그러나 한국은 대형자동차에 대한 특소세의 인하와 자동차세의 인하, 형식승인의 완화, 할부금융의 도입(1997년) 그리고 꾸준한 외국산 자동차의 수입증가 등으로 협상에서의 유리한 요건을 갖고 있다.

미국은 USTR로부터 PFC로 지정되고서도 1년 이내에 협상을 통한 합의가 이뤄지지 못하는 경우 [슈퍼 301조]를 발동시킬 수도 있다.

그럼에도 불구하고 [슈퍼 301조]의 발동 또는 PFC의 지정 가능성은 매우 희박하다고 보여지며 그 이유는 다음과 같다.

첫째는 앞에서 언급한 바와 같은 매도인(Seller's market)이 아닌 매수인(Buyer's market)이 갖게 되는 협상에서의 유리한 점(Bargaining Power)을 한국이 갖고 있는 점이다.

둘째는 한국과 미국의 양 당사자간에 자동차 분야는 물론 교역 물동량의 전체적인 수준을 고려할 때 합의를 이룰 여지가 많기 때문이다.

실제로 이의 발동은 없었으며 자동차분야에 대한 통상마찰은 한국 자동차의 대미 수출이 계속되는 한 여전히 있게 될 것이나 경제적인 여건이 성숙되고 정치적인 노력과 시도가 모색될 경우 해결될 수 있을 것이다.

• 투자분야

1997년 미국의 USTR에서 펴낸 NTE를 통하여 한국의 시장개방에 대하여 언급한 내용은 다음과 같다.

한국은 1997년 1월부터 표준산업분류표상의 97개 분야에 대하여 외국인 투자를 개방하였지만 여전히 많은 법률과 규정 그리고 암묵적인 행정지도와 자의적인 법률의 해석 등으로 외국인 투자자들의 시장접근이 제약을 받고 있다고 하면서 특히 OECD 국가들은 물론 아시아국가들의 수준에도 못 미치고 있음을 지적하고 있다.

또한 OECD가 주관하고 있는 다자간 투자협정인 MAI(Multilateral Agreement on Investment)는 지역주의의 강화책인 동시에 APEC에서의 투자자유화와 관련하여 일정수준 또는 가시적인 합의점에 이르지 못할 경우를 대비한 협의체로 현재는 OECD회원국들간에만 논의가 이뤄지고 있으나 앞으로는 개도국들까지 포함한 다자간의 협상으로 확대될 것으로 보고 있다.

즉 <표 11 - 6>에서 보는 대로 OECD는 물론 WTO보다도 강력한 투자에 관련한 국제규범으로 정부나 대기업은 물론 중소기업과 자영업자 등의 모든 경제의 주체들에게 영향을 끼치는 것으로 경제적 가치가 있는 유형, 무형의 모든 자산을 대상으로 외국인의 투자에 대하여 전면적으로 내국인 대우를 의무화시키려고 한다고 보고 있다.

▌표 11-6▌ 투자관련의 국제기구 및 특징

단위 : 100만 달러

	WTO	OECD	MAI
대 상 국	130개국	29개국	29개국 + EU
발 효 일	1995년 1월	1996년 12월 12일	1997년 5월
규율대상	무역은 물론 투자, 금융,지적 재산권	금융,. 투자, 무역, 환경 등 전 산업분야	투자
구 속 력	있음	없음(선언적 의미임)	강함
분재해결 절 차	정부간의 분쟁만 인정	없음	정부 대 정부, 정부 대 민간기업의 분쟁도 인정

자료 : 조선일보, 1997. 4. 4. 1997. 4. 5.
기업경제, 현대경제사회연구원, 1995.12

여기서 말하는 외국인은 기업은 물론 개인이나 법 등을 모두 포함하는 것으로 기업을 설립하는 것은 물론 영업활동과 기업확장 그리고 기업의 인수와 합병 등 기업활동을 수행하기 위한 모든 투자과정에서의 차별이나 제한을 금지하는 것이다.

지금까지 해외시장에서의 기업활동에 있어 애로사항이 발생되는 경우 정부간의 협상차원에서 해결을 보았으나 MAI체제가 가동되면 외국기업은 해당 국가를 상대로 소송을 제기할 수 있게 되는 것으로 투자분야에서의 영향력을 강하게 행사할 수 있는 신경제질서이다.

• 금융분야

지난 1996년 4월 미국의 USTR은 NTE를 통하여 한국의 무역 및 투자 등의 장벽에 대한 보고서를 발표하면서 금융분야에 대하여 다음과 같이 언급한 바 있다.

먼저 외국은행의 경우 대표 사무소의 설치 이후 1년이 경과하여야 지사 설치가 가능하도록 되어 있는 점과 지사 설립시에 과도한 자본을 요구하고 있는 점 그리고 신규의 상품 및 서비스에 대한 사전승인제도 등을 문제시하고 있다.

증권의 경우 외국 증권사의 자회사 설립금지는 물론 합작투자시 외국인의 지분을 50% 이하로 규제하는 점과 일단 지사의 설립이 허용될 경우에도 국제기준에 비추어 과도한 자본요건의 부과는 물론 복수 지사를 허용하지 않고 있다는 것이다.

한국 보험시장의 규모는 보험료 기준으로 연간 380억 달러에 이르고 있어 일본에 이어 아시아에서는 2번째로 규모가 큰 시장이며 세계 전체로는 6위를 차지하고 있다. 그럼에도 불구하고 생명보험사의 개인에 대한 상해보험 취급이 허용되지 않는 점과 경제성 검사, 엄격한 요율 및 양식규제, 투자 및 브로커 등의 규제를 문제시하고 있다.

한국은 OECD에 가입하면서 자본 및 금융시장개방안을 제시하였음에도 미국은 기간을 단축할 것을 강력하게 주장하고 있다.

• **정보통신분야**

미국과는 1992년에 통신장비의 시장개방협정을 체결한데 이어 1997년에 EU와도 시장개방협정을 맺었으며 캐나다와 일본에서도 협정을 요구할 것으로 전망되어 통신분야의 통상마찰은 더욱 심화될 것이다.

미국은 1989년에 한국의 통신시장에 대하여 PFC으로 지정하는 등 매우 적극적인 태도를 보여 왔다.

전자통신연구소와 삼성전자, LG정보통신, 대우통신, 한화 등이 멀티미디어정보를 수용할 수 있는 최신형의 전전자교환기(TDX)를 국산화하여 대량보급으로 자국의 위축된 시장을 확보하기 위한 것이었으며 양국은 3년간에 걸친 협상을 통하여 1992년 2월에 양해각서를 체결하게 되었다.

주요 내용은 통신서비스의 제한완화, 형식승인의 간소화, 정부조달의 참여 등이며, 또한 부가통신(VAN)사업에 대한 외국인투자제한의 폐지와 DB사업에 대한 등록제의 폐지 등이다. 한국의 조달청 및 한국통신의 통신기조달에 미국기업이 참여할 수 있는 계기를 마련해 주는 것으로 한국기업의 미국 진입에 차별을 하지 않겠다는 조항도 있었으나 결국은 미국에게 일방적으로 통신시장을 개방한다는 내용이 되었다.

미국은 1996년 3월에 민간통신장비업자도 협정의 적용대상으로 하자고 하면서 기존협상의 내용을 수정하자고 요구하여 왔다. 동시에 한국을 1996년 7월에 통신분야 우선협상대상국(PFC)으로 지정하여 합의점에 이르지 못한 상황이지만, 더 큰 문제는 2000년에 발효될 정보기술협정(ITA)이다. 이 협정의 내용은 반도체, 영상표시기 등 정보기술산업분야의 관세율을 0%로 하려는 것으로 현재 8%인 관세를 철폐하게 될 경우 미국 등의 통신업체는 가격경쟁력을 제고시키게 될 것이다.

또한 장비조달에 대한 정부의 불간섭 및 투명성의 제고와 위성통신시장의 개방확대 그리고 다자간 정보기술협정을 통한 관세철폐 등을 요구하고 있다.

미국, EU 등은 2백16개 품목(HS 6단위기준)을 협상의 대상으로 하고 있으며, 회원 각국들은 원칙적으로는 찬성을 하면서도 개별 국가의 사정을 반영할 수 있는 일정상의 신축성을 주장하고 있다.

일본은 '관세수단을 통한 각국 정부의 무역에 대한 관여를 봉쇄, 세계규모로 자유경쟁을 확대함으로써 기술력에서 우위에 있는 미국 하이테크기업의 경쟁을 확고부동하게 하는 시나리오'라고 하면서 전략적 통상정책의 일환이라고 비난을 하고 있다.

통신기기산업의 경우 세계무역의 규모는 연간 5천억 달러에 이르고 있으며, 한국은 연평균 성장률이 15.6%나 되는 고성장분야로 내수에서의 시장규모가 5조원에 이를 것으로 전망되고 있다.

미국은 세계적인 통신장비회사의 하나인 모토로라사의 디지털전화기가 한국시장에서의 점유율 1%에 머무르게 되자 강력하게 시장진입을 시도하고 있다.

미국의 경우 통신서비스의 분야에 외국업체의 참여를 제한적으로 허용한데다 개방의 수준에 미흡하며 한국이 국산품 구매정책을 지속하고 있는 점을 지적하고 있다.

그러나 한국은 주파수의 대역을 넓게 하여 디지털화한 음성정보에 부호를 부여하고 신호를 전송하는 방식인 디지털이동전화기술, 즉 [부호분할다중접속(CDMA)]에서 뛰어난 기술을 갖고 있어서 러시아와 홍콩은 물론 미국 등에 까지 수출을 하면서도 내수시장은 고수하지 못하는 입장에 있다.

• 지적재산권분야

한국은 1987년에 세계저작권협약(UCC)에 가입하였으며 세계지적재산권기구(WIOP)에는 1996년 5월에 가입하였다.

WIOP(World Intellectual Property Organization)의 '문화 예술적 저작물 보호를 위한 베른협약'에 따르면 1996년 8월부터 효력을 갖고 1957년 이후에 사망한 저자의 작품을 포함하여 모든 번역물에 저작권료를 지불하여야 한다.

1995년 1월 1일을 기준으로 하여 이전에 저자의 허락이 없이 무단 제작된 번역물은 1999년 말까지 배포할 수 있게 되었으며 복제물은 1996년까지만 배포가 가능하게 되었다.(이를 위반할 경우 3년 이하의 징역 또는 3천만원 이하의 벌금형이 부과된다)

미국은 지적재산권보호가 미약하다고 보고 우선감시대상국(PWL; Priority

Watch List)으로 지정하면서 한국이 1995년에 지적재산권의 관련법규를 개정은 하였으나 WTO 지적재산권협정의 발효일인 1997년 1월보다도 2년이나 지연될 수 있도록 되어 있는 점과 이의 소급보호규정이 충분하게 적용되고 있지 않다는 점 등을 지적하고 있다.

소프트웨어에 대한 관세평가는 소프트웨어를 포함하고 있는 매체 자체가 아니라 내용물의 가치에 대해서 평가하고 있는 점에 대하여 방법 자체의 불명료성 및 재량권 남용을 지적하고 있으며, 또한 의장권의 미보호 및 디자인의 도용과 제3국으로의 유출 가능성이 많다고 보고 있을 뿐만 아니라 등록이나 인증 절차시에 청사진이나 제조공법과 같은 영업비밀의 정보를 요구하고 있다는 점도 불평하고 있다.

특히 미국 기업들의 제품 디자인 및 기계설계도 등이 한국기업에 무단복제되고 있음에도 불구하고 적절한 대응책이 미비한 점과 영상작품법(Audio/visual Works Act) 및 컴퓨터 프로그램 보호법상에 있어서도 과도한 등록이나 검열을 요구하는 점 등도 지적하고 있다.

WIOP에서의 새로운 변화는 문학, 음악, 미술, 시청각 등에서의 인쇄물에만 제한되는 것이 아니라 디지털 테크놀로지의 발전에 따라 문자, 음성, 정지화면, 동화상(動畵像) 등 이질적인 형태의 정보를 디지털 신호방식에 따라 통합적으로 처리하고 전송하며 표시하는 멀티 미디어까지도 포함하고 있다.

3. 대응방안의 모색

1980년대에 미국이 한국에 시장개방을 요구하면서 내세웠던 이유들은 1993년에 들어서면서 경제상황의 호전에도 불구하고 달라지지 않고 있다.

원론적으로는 자유무역체제를 주장하면서도 자국의 국익에 불리하게 될 경우 자국위주의 공정주의의 무역을 내세우며 호혜적 상호주의(reciprocity) 및 보복조치(retaliation)를 적용하고 있는 것이다.

이러한 통상정책의 지속적인 추진으로 미국은 국제수지에서의 적자를 개선하여 안정적인 경제성장을 도모할 뿐만 아니라 정치와 안보 등에 있어 세계적인 강대국으로서의 위치를 가져오게 할 것이다.

일본이 주세(酒稅)문제로 지난 1995년 6월 EU에 의해, 7월에는 미국과 캐나다에 의하여 제소되자 평결에 불복하고 항소기구(Apellate Review Body)에 항소하였으나 패소를 당하여 1997년 이내로 소주 등의 세율은 높이고 위스키 등은 낮추어 주세율의 차이를 3%이내로 만들게 된 경우를 보더라도 내국인우대의 전통적이고 국내 지향적인 제도와 관행은 용납되지 않음을 인식하여야 한다.

따라서 미국과의 통상마찰에 대한 해결방안은 결코 단답식의 방안이 아니라 장기적이고 거시적인 대책과 함께 특히 분쟁이 제기될 경우 다음과 같은 점에 유의하면서 즉각적이고도 적극적인 대응방안의 제시와 함께 단기적이고도 미시적인 대책방안을 갖고 협상에 임하여야 할 것이다.

첫째는 통상협상에서 엄격한 상호주의의 적용을 통하여 전체적으로는 물론 품목별 교역불균형의 시정을 이루는 방안이 요구된다.

둘째는 노동집약적인 상품구조에서 과감히 탈피하여 국제경쟁력이 있는 상품의 개발로 분쟁의 소지를 사전에 차단할 수 있는 선진국형의 상품구조를 갖춰야 한다.

셋째는 분쟁이 제기될 경우 즉각적으로 대응하여 신속하게 해결할 수 있는 전담체제인 QRS(Quick Response Strategy)를 구성하여야 할 것이다.

넷째는 현안문제의 해결을 위한 방어적인 준비만이 아니라 국내산업의 경쟁력을 키울 수 있는 근본적인 정책 및 대안을 마련해야 한다.

다섯째는 완성상품의 수출에 머무르지 아니하고 제품의 개발 및 디자인에서 생산은 물론 유통과 판매에 이르기까지 협력체제를 통한 고도화된 통상환경을 구축해 나가는 거시적인 방식을 시도하여야 한다.

여섯째는 WTO는 물론 APEC과 ASEM 나아가 WIPO나 MAI와 같은 국제기구 및 회의 등의 모임(Conference/Meeting)에 적극적으로 참여하는 동시에 정부는 물론 개인이나 기업 등 민간형태(NGO)의 참여를 극대화시켜야 할 것이다.

APEC은 점차로 정치적인 색채가 강하게 드러나게 되어짐에 따라 APEC에 비가입된 국가들로부터 불만과 함께 반발을 초래하게 될 것다.

APEC이 아직까지는 경제블럭인 EU나 NAFTA와 같이 국제법상의 지위를 갖지 못한 경제협력체에 불과하여 소지역주의의 면모를 보이고 있으나 어느 경제 블럭에도 가입하고 있지 않은 한국으로서는 동남아시아지역의 교두보를 지속적으로 확보하기 위해서도 APEC에 적극 참여하여 협상력을 키워 나가야 할 것이다.

지역경제의 활성화를 도모하기 위하여 결성되어진 ASEAN이 AFTA로 확대되면서 정치색을 띄게 되고 NAFTA와 MERCOSUR가 FTA의 깃발아래 뭉친다는 것은 지리적인 확장과 더불어 영향력 또한 지대하게 커지는 것을 의미하는 것이다.

또한 세계경제의 침체가 장기화되면서 통상마찰은 더욱 건수(件數)와 수준(水準)에 있어 다양화되고 심화되면서 통상문제의 해결은 더욱 어려워지고 장기화되어 질 수도 있다.

1920년대에 세계적인 공황이 시작되자 미국에서는 1930년에 Smoot－Hawly Act을 제정하여 농산물을 비롯한 주요 원자재의 평균 관세율을 38.1%에서 48.9%로 올렸으며 기타 상품은 31.0%로 인상을 하였다. 이는 곧 프랑스, 이탈리아, 캐나다 등 여러 나라의 관세인상을 유발시키게 되었고 수입금지, 할당제, 허가제 등의 행정규제로 이어지게 되었다.

그리하여 1934년에 미국은 상호 통상협정법(Reciprocal Trade Agreement Act)의 제정으로 자유무역정책으로의 전환을 시도하였으나 실패하게 되었고 이에 따라 세계 각국들은 다른 나라를 궁핍화시키는 정책을 추진하게 되었으며 그 결과 1937년에 세계무역의 규모는 1929년의 87% 수준으로 감소하게 되었다.

결국 세계 각국들의 경쟁적인 관세장벽 및 극단적인 경제에서의 고립주의는 세계무역의 감소 및 통화불안을 야기시키고 드디어는 세계대전을 일으키는 원인이 되었다.

GATT의 대안으로 창출된 WTO가 제대로의 기능을 할 수 없다면 세계경제질서는 GATT 이전보다도 더욱 악화되고 와해될지도 모른다.

기업의 경영활동은 특정한 국가에 머무르지 아니하고 세계 전체를 시장으로 하는 국제화를 기본으로 하기에 경제적인 면에서의 국경이 사라지고 다국적기업의 경영활동은 개별 국가들의 기업활동을 위축시키게 될 것이다.

또한 국가들 간의 상호의존적인 경향은 더욱 부각되며 영향력은 커지게 될 것이므로 교역당사국들간의 법체제 및 제도의 차이는 국제통상협상에서 최우선의 현안과제로 부각되면서 각 국가들의 법체제 및 제도의 차이에 대한 해석과 조화는 새로운 과제가 될 것이다.

그리하여 통상문제에서의 갈등으로 야기된 제소와 접수 그리고 협상과 결렬 등은 WTO의 영향력을 강화시키게 할 것이다.

1996년 11월 WTO는 일방적인 보복을 할 수 있는 미국의 [슈퍼 301조]에 대하여 '개방되고 예측가능한 미국의 경제가 세계무역체제를 건전하게 유지하는데 결정적인 요소'인 점을 간과하고 있는 점과 '미국시장의 개방이 생산성을 높이는데 있어서도 기여할 수 있을 것'임을 강조하였다.

더불어 '미국은 WTO의 출범에도 불구하고 다자 및 쌍무협상의 접근법을 동시에 구사하는 이중적인 태도를 취하고 있어 국제무역에 갈등을 유발시키고 있다'고 비판하면서 미국 및 교역대상국들은 다자간의 접근방식으로 풀어 가는데 노력해야 할 것임을 천명한 바 있다.

WTO는 결코 최고, 최상의 도구가 아니라 최선의 대안일 뿐이다. 정치 및 경제전문가들은 제3차 세계대전은 무역전쟁일 것이라고 지적하고 있다.

그러므로 APEC과 OECD 및 UNCTAD 등과 같이 역사나 가입회원국가에 있어서 영향력을 미치고 있는 국제기구에서의 다국간 규칙이나 관행(Rule or Code)의 협상 및 제정에 적극적으로 개입하여 의견을 제시하고 역할을 분담하는 등의 적극적인 참여를 통하여 미국을 비롯한 선진국들의 통상압력을 완화시킬 수 있어야 할 것이다.

이제 한국은 대외경제적인 성장과 시장의 확대라는 거시적인 차원에서 이해당사국으로부터의 분쟁제기에 대하여 신속한 대응과 더불어 협상에서의 적극적인 자세를 보여야 할 뿐만 아니라 장기적으로는 시장개방의 범위와 속도에 있어 능동적이고도 사전적인(Ex Ante)정책을 마련하여 WTO 등과 같은 국제적인 기구에서의 적극적인 참여로 적극적이고 가시적인 태도를 보여 주어야 할 것이다.

참고자료

무역 분쟁 최상책은 중재활용

"국제거래 때 발생하는 상사분쟁에 대한 해결수단으로 '중재'를 적극적으로 이용하는 기업문화가 확산되어야 합니다."

지난 1월 국제상업회의소 산하 국제중재재판소 중재위원에 선임된 이재기변호사가 '중재제도의 활성화'에 앞장섰다.

ICC 국제중재재판소는 1923년 설립된 세계 최대 규모의 국제거래분쟁 해결기관이다. 이변호사는 앞으로 2년 간 주요 중재사건에 참여해 국내기업의 권익을 옹호하는 역할을 하게 된다.

"국내 기업들은 국제거래 상사분쟁의 해결방식에 대해 소홀한 경향이 있습니다. 분쟁이 발생하면 재판권의 관할문제 등 대립되는 일이 많이 생기므로 상거래 계약서에 분쟁해결수단으로 '중재조항'을 삽입하는 것이 중요합니다."

그는 지난 1958년 체결된 '뉴욕중재협약(UN협약)'에 따라 중재판정은 세계 어디서나 집행할 수 있다며 외국기업과 상거래 계약을 체결할 때는 분쟁해결 방법에 대해 주도권을 가질 필요가 있다고 말하면서 분쟁 해결방식으로 중재를 이용하지 않고 상대방 국가의 법정을 이용한다는 조건을 수용한다면 큰 손해를 볼 수 있다고 강조하였다.

이 변호사는 그 동안 국내기업들이 분쟁해결 방법에 대한 소극적인 태도로 선진국의 기업들에 주도권을 내주었던 것이 사실이라며 베트남, 중국 등 개발도상국과의 거래관계에서는 'ICC 중재조항'을 적극 요구할 수 있어야 한다고 말했다.

(매일경제, 2000년 2월 14일)

실종된 한국 경제 외교

지난 3월 중국 정부는 한국과 미국 캐나다 등지에서 수출하는 신문용지에 대해 덤핑판정을 내렸다. 중국이 내린 덤핑률에서 최대 수출업체인 H제지는 예상보다 낮았던 반면 물량이 많지 않은 다른 업체들은 상대적으로 높았다.

H제지는 중국의 덤핑 여부 조사가 시작된 뒤 중국 현지 주재원들을 활용해 소명서를 제출, 낮은 덤핑률을 끌어냈으나 다른 업체들은 대응이 늦거나 소극적으로 대응하여 결국 높게 되었다. 사건이 끝난 뒤 제지업계에서는 '이번 덤핑판정 과정은 한국 통상외교의 현주소를 보여주는 대표적인 사례'라고 말했다.

중국이 한국상품에 대해 최초로 덤핑판정을 내린 이 사건에 정부와 업계가 기민하게 대응하는 데 실패했다는 것이다. 물론 소명서를 제출하기는 했으나 제출시한을 초과했고 소명서의 내용도 부실해 높은 덤핑률을 피할 수 없었다.

베이징의 한국 기업인들은 요즘 '통상외교란 것을 차라리 안 했으면 좋겠다'고 말한다. 무슨 일이 있을 때마다 대사관측이 문제를 해결해 주기보다는 사사건건 보고서를 요구하거나 대책회의를 한답시고 '사람을 오라 가라 한다'는 것이다. 중국에 대한 통상외교의 최대 문제점은 '정보 수집능력'이 현저히 떨어진다는 데 있다.

중국 정부는 철강제품 과잉생산으로 가격인하 경쟁이 벌어지자 「반덤핑 법안」제정 등의 조치를 내렸다. 이는 외관상 중국 국내 업체들의 덤핑방지를 목표로 삼고 있지만 다음 타깃은 한국 일본 러시아 등 외국 철강업체란 것이 업계의 공통된 인식이다.

중국시장에 목을 매고 있는 한국 철강업계는 중국으로부터 덤핑판정을 받을 경우 치명타를 입게 된다. 이 때문에 포철은 이미 작년부터 중국 정부의 동향에 촉각을 곤두세우고 있다. 그런데 정작 우리 대사관 담당자는 중국의 「반덤핑 법안」이 언론에 보도될 때까지 그런 사실조차 모르고 있었다.

그러니 향후 법안이 가져올 파장에 대해 분석하고 대처하는 작업이 이루어질 리 없다. 이는 중국 국무원 야금국 등 해당부처와 접촉이 거의 없다는 증거다. 중국 관리와 만나지 않고 정보를 얻거나 정책의 진의를 파악하기는 힘들다.

지난 3월 중국 하이난(海南)성 훼이퉁(匯通)은행의 영업정지로 한국 7개 상사가 1억 달러 가량의 수출대금을 떼일 위기에 놓인 것도 정보력 부족에 원인이 있는 것으로 지적된다. 훼이퉁 은행은 영업정지 1개월 전부터 이미 인민은행 등 중앙부처에 '살려 달라'고 로비활동을 벌인 것으로 전해지고 있다. 이런 움직임에 대해 우리 외교관들은 전혀 정보를 얻지 못해 우리 상사들은 은행과 계속 거래했다는 것이다.

광둥(廣東)국제신탁투자공사(GITIC)가 인민은행에 의해 영업정지 당한 사실도 우리 대사관에서는 중국 현지 신문에 공고가 난 뒤에야 비알았다. 한국 금융기관들이 2억 6,000만불 가량 물린 사실은 파악조차 되지 않았다. 원인은 경제전문가의 부족 때문이다. 2~3년이면 보직이 바뀌는 외교통상부의 순환보직 원칙 때문에 경제전문가가 클 틈이 없기에 북경대사관의 경제 파트에서 경제전문가 내지 중국전문가를 찾기 어렵다.

중국에서 외교관들의 정보수집능력이 떨어지는 또 다른 원인은 언어문제다. 1대 1 만남을 좋아하는 중국인들과 접촉할 때 중국어를 못한다는 것은 결정적인 약점이다. 서로 서투른 영어로 하거나 통역이 있어야 하는데 중국 고위관리들 중 영어를 잘하는 사람이 많지 않고 다른 사람이 끼어들면 대변인 발표식의 말만 되풀이할 뿐 깊이 있는 얘기는 하지 않는다. 결국 우리의 경제정보는 신문보도에서 얻는 것이 고작이다.

주 중국대사관이 새 정권 출범 후 인터넷 홈페이지도 열고, 매주 경제 정보를 작성해 배포하며 나름대로 노력은 하고 있으나 깊이 있는 정보의 수집 및 사후의 대처 능력도 떨어진다는 평을 받고 있다.

부처간 영역다툼

지난 9월 중순 워싱턴 주미 한국대사관에서는 작은 소동이 있었다. IMF 추가출연 문제 등 미 의회를 설득차 방문키로 예정되어 있던 국회사절단이 불과 1주일 전에 갑자기 방문 취소를 알려 왔기 때문이었다.

대사관측은 미 의회측에 방문 취소 사유를 막연히 국내정치 사정이라고 얼버무릴 수밖에 없었다. 여당이 야당의 장외투쟁에 대응하는 단독국회를 소집하려고 소속의원 출국금지령을 내린 사실을 미국인들에게 차마 자세히 밝히기 어려웠던 것이다.

미국이 통상, 투자, 과학기술 등 모든 분야에서 한국의 가장 중요한 상대국가임은 한국에선 삼척동자도 다 아는 사실이다. 중요성은 누구나 인정하면서도 실제로는 고질적으로 취약한 분야 또한 대미 경제외교이다. 대미 수출실적은 1995년 이후 연속으로 후퇴했으며 양국의 통상분쟁은 갈수록 증가해 온 기형적인 현실이다.

워싱턴 주 미대사관과 재경부 출신 IMF 및 세계은행 파견관들은 작년말 금융위기에 대한 조기경보 기능을 제대로 수행하지 못했다는 뼈아픈 평가를 받고 있다. 한국에 경제개혁을 강제하는 IMF체제가 김대중정부 출범과 맞물리면서 대미경제 관계는 과거보다 분위기가 좋아진 것은 사실이다. 특히 최근의 양국 간 자동차 분쟁의 타결은 외교통상부의 성공작으로 꼽히고 있다.

이런 긍정적인 측면에도 불구하고 현 정부에서 대미 경제외교의 오래된 문제점들이 근본적으로 개선됐느냐는 질문에는 많은 전문가들이 고개를 갸우뚱거리는 것이 사실이다. 이는 외교부나 다른 정부부처만의 문제가 아니라 국회나 정치권, 심지어 민간기업에 이르기까지 전반적으로 안고 있는 과제들이기도 하다.

한달 전 이뤄진 미 의회의 IMF법안 입법 과정을 들여다보더라도 한국정부의 대미 정보력 취약, 일선 외교관의 전문성 부족, 부처간 책임 떠넘기기, 부처간 영역다툼, 대사관내 직업외교관과 경제부처 출신 주재관들간의 갈등 등 모든 문제점들이 고스란히 발견되고 있다.

미 의회가 한국이 IMF자금을 국내산업에 지원할 경우 추가지원금 제공을 반대한다는 내용의 IMF개혁안을 검토하고 있다는 정보의 입수 자체는 미 재무부 혹은 미 의회와 한국 대사관간의 공식 채널을 통해서가 아니라 한국 모 재벌그룹에 의해 고용된 미국 변호사에 의해 이뤄진 것이었다. 문제 해결을 위해 당시 워싱턴에 체류중인 이규성재경부장관이 먼저 나서느냐, 아니면 이홍구대사이냐를 놓고 워싱턴 대사관내에서는 재경부에서 파견된 재경관과 외교부 출신 외교관 사이에서 책임 회피성 공방이 전개됐다는 것이다.

결국 IMF법안에 한국 조항이 들어가는 것으로 결론이 난 후 직업외교관들은 '앞으로 경제부처 파견 주재관들도 미 의회를 분야별로 담당하도록 해야한다'고 주장한 반면, 주재관들은 '우리는 계속 담당 행정부처만 맡고 미 의회에는 로비스트를 별도로 고용해야 한다'며 팽팽히 맞섰다고 한다.

대사관 내에서는 작년 이맘때쯤 재경관들이 '외환보유고가 충분하므로 IMF에는 절대 안간다'고 큰소리친 '죄'로 한때 다른 외교관들로부터 불신을 받는 분위기마저 있었다. 외교통상부 출범 이후에는 금융외교문제를 놓고 직업외교관과 재경관 사이에서 영역다툼 마저 벌어지고 있는 양상이다.

워싱턴의 통상 및 경제전문가들은 '워싱턴에 파견나온 한국관계자들 중 미국 전문가가 거의 없다'고 개탄하고 있다. 미국에서 공부한 사람은 수없이 많지만 정작 미국을 분야별로 깊이 연구한 사람은 거의 없다.

고시제도라는 한국정부의 낙후된 인력충원 제도상 문제점과 외부인사 영입에 대한 관료사회의 폐쇄성과 맞물려 더욱 심화되고 있다.

대만이 워싱턴에서 무려 15년 동안 미 의회를 담당해온 전문가를 채용하고 있는 것과 너무나 대조가 되고 있는 현실이다.

환경규제 장벽 높아지는 수출시장

올 초 A기업은 홍콩 의 바이어에게 2억 7000만 원을 물어달라는 클레임을 제기당했다. A기업은 당황할 수밖에 없었다. 수출금액은 1000만 원이었고, 그중 순이익은 50만 원에 불과한 작은 거래였기 때문이다. 속사정은 이랬다.

홍콩의 바이어는 A기업에서 납품받은 원단을 사용해 의류 완제품을 만들어 유럽에 수출하는 업체였다. 홍콩의 바이어는 A기업에 EU의 환경규제 중 화학물질 관리규정인 'REACH'에 걸리지 않는 수준의 원단을 판매한다는 보증서를 요구했다.

A기업은 EU의 환경 규제에 대해 잘 모르는 상태에서 흔히 요구하는 품질 보증서의 수준이라 생각하고 이 보증서에 사인을 했다. 하지만 최종 수입업체인 독일의 업체로부터 옷에서 특정 화학물질이 기준치 이상으로 나와 수입이 불가능하다는 통보가 왔고, 홍콩의 바이어는 이에 대한 책임 일체를 원단을 납품한 한국의 A기업에 물어 온 것이다.

A기업은 문제 해결의 실마리를 찾기 위해 국내의 전문가들과 이 문제를 상의해서 일부 진전을 보았으나, 최종적으로 순수익의 40배인 2000만 원 정도를 배상했다. 전체 거래 금액의 두 배에 해당하는 금액이다.

사건을 상담했던 한국섬유기술연구소 이정현 팀장은 "국내 대부분의 기업들이 수출 상대 국가의 환경 규제에 대해 잘 알지 못하는 경우가 대부분"이라며 "설혹 규제에 걸려 피해를 보더라도 자사 제품에 유해 물질이 있다는 소문이 날까 봐 쉬쉬하며 추가 대책을 세우지 못하는 경우가 많다"고 말했다. 기업의 인식 변화 속도가 환경 규제 강화의 속도를 따라가지 못하고 있는 셈이다.

A기업의 사례에서와 같이 선진국들은 환경 규제를 계속 강화하고 있다. EU는 이미 2003년 6월에 제품과 서비스의 전 과정에서 환경에 대한 영향과 에너지 효율성을 개선하기 위한 통합 제품 정책(IPP)을 수립했고 이를 실현할 수 있는 세부적인 이행 규정들을 마련하고 있다.

KOTRA 통상조사팀의 과장은 "EU의 규제는 제품이나 서비스 자체뿐만 아니라 제품이나 서비스의 전 과정을 포괄적으로 아우르고 있다"고 강조했다.

"이 규정들의 범위는 넓고도 구체적입니다. 오염을 유발하는 화학물질에 대한 규정, 지구 온난화를 가속화하는 탄소 배출에 관한 규정들은 기본이고 에너지 효율 등급을 표시하는 라벨 부착 규정, 타이어 연비 라벨링 등 13개에 이르는 규정이 있습니다."

규정 자체도 많지만, 13개에 이르는 각각의 규정들이 요구하는 개별 지침의 수준도 매우 구체적이다.

미국의 경우도 마찬가지다. 친기업 정책을 펼쳤던 부시 정부가 물러나고 오바마 정부가 들어서면서 환경 규제를 강화하고 있다. 미국의 주요 환경 규제책은 화학산업 분야에서 2가지, 전기 전자 분야에서 4가지, 자동차에서 1가지와 산업 전반에 걸친 온실가스 규제 등을 들 수 있다.

한국의 주력 수출품인 자동차의 경우 작년 5월 기업 평균 연비기준과 배기가스 배출량을 규제하기로 발표한 바 있는데, 이에 따르면 미국에서 제조 및 수입, 판매되는 승용차나 경트럭은 2016년까지 기업 평균 자동차 연비를 35.5mpg(L당 15.08km)로 상향 조정해야 한다. 우리나라 자동차 업계도 이에 발맞춰 연비개선기술 개발에 박차를 가하고 있다.

2008년 한국 경제의 무역의존도는 92.3%다. 무역의존도가 92.3%라는 것은 경상 국민소득 대비 수출입 비중이 92.3%란 뜻이다. 그만큼 한국 경제는 대외적인 규제들에 민감하게 반응할 수밖에 없고 환경 규제도 예외가 아니다.

삼성경제연구소 도건우 연구원은 "환경 규제를 통한 일련의 조치는 선진국에서 일종의 보호무역조치로 활용할 가능성도 크다"며 체계적인 대응을 주문했다.

이러한 세계 시장의 흐름에 뒤처지지 않고 생존하기 위해서는 실질적이고 체계적인 대비책을 세워야 한다는 목소리가 높다. 지식경제부 산하 국제환경규제기업지원센터(www.kotrack.or.kr)나 중소기업청의 중소기업 그린넷(www.greenbiz.go.kr)은 규제 대응을 위한 다양한 지원 체계를 구축하고 있다.

그럼에도 불구하고 정부 차원의 지원 못지 않게 기업 스스로 환경에 대해 민감하게 생각하는 방향으로 인식을 바꾸어야 한다는 지적도 있다.

제 12 장 협상 및 설득의 기술

• 참고자료

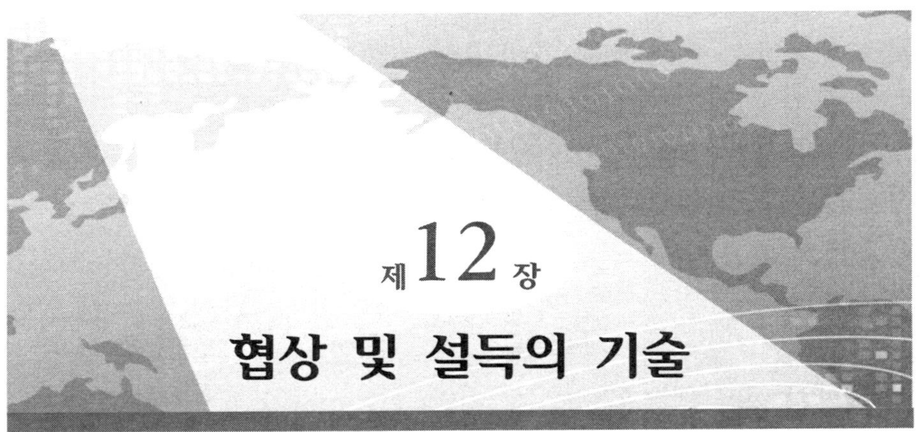

제 12 장 협상 및 설득의 기술

협상의 목적이 무엇이든지 간에 협상의 당사자들은 목적을 이루기 위한 기술이 필요하게 된다.

여기에서의 기술은 특정의 상품을 만들기 위한 제조나 공정에서의 기술이 아니라 기업의 사명을 이루기 위한 대전제인 전략의 하부개념으로서의 기술이다. 다시 말해 상품제조에 관련한 제조기술이 아니라 협상의 기술을 말하는 것으로 통상 설득력(說得力) 또는 설득술(說得術)이라 할 수 있는 것이다.

협상에서 성공하려면 유리하게 이끌어야 하고 그러려면 효과적인 전략과 전술이 있어야 한다.

첫째는 무엇보다 완벽한 사전 준비가 있어야 한다. 협상에 들어가기 전에 문제점이 무엇인지와 함께 그리고 이를 위해서는 어떤 목표를 세워야 하는지를 미리 준비하여야 한다. 협상론을 연구하는 학자들은 프랩(PREP)을 강조하고 있는데 이는 목표의 확인과 협상주제의 검토 그리고 협상 상대방의 파악 등을 말하는 것으로 상대방이 자신의 주장을 거부할 경우를 대비한 합리적인 대응방안을 마련하라는 것이다.

둘째는 유리한 협상 장소의 선택이다. 될 수 있는 대로 상대방을 이끌어 자신과 가까운 장소에서 협상을 이끌어 갈 수 있도록 유도하여야 하는데 이는 자신 또는 자신이 대표하고 있는 측과 의견을 듣거나 쉽게 자료를 활용할 수 있기 때문이다. 만일 이러한 자신의 요구가 받아들여지지 않게 될 경우에는 차라리 제3의 장소를 제안하여야 한다.

셋째는 협상시기의 결정이다. 예를 들어 회사 내에서 중요한 문건을 보고 내지 결재를 받으려고 한다면 월요일은 피하는 것이 좋다. 이는 상대방의 기분이나 컨디션을 고려하기 때문이며 노조 위원장이 밤낮을 가리지 않고 협상한다는 것을 보이려고 낮보다는 밤에 협상을 하려는 것에서도 찾아 볼 수 있다.

넷째는 대안을 준비하는 것이다. 협상론에서는 BATNA라 하여 최선의 대안을 강조하고 있는데 이는 협상의 결과가 협상실패시의 결과보다 나아야 하므로 이에 대한 대안(代案)의 설정이 매우 중요함을 강조한 것이다. 따라서 협상자는 상대방에게 협상 결렬시 입게 되는 결과가 더욱 나쁘다는 것을 주지시키면서 협상시기를 앞당기거나 상대방이 갖고 있는 협상 이외의 최선의 대안(best alternative to negotiated agreement)을 낮추도록 하여야 한다. 협상에 의한 합의중단이나 다른 협상 상대방으로 전환하여 법원판결의 호소 또는 파업 등으로 합의가 불가능한 경우의 다른 대안을 말하는 것이다.

다섯째는 협상의 상대방을 잘 선택하여야 한다.

여섯째는 협상에 할 때는 여유를 갖고 임해야 한다.

일곱째는 결정권이 없는 당사자와의 협상을 피해야 하며 또한 성급한 양보의 정도와 시기를 피해야 한다.

여덟째는 신중한 태도 또는 자세의 필요성이다. 이는 매매가격을 협상하는 경우 매각하는 사람이 먼저 가격을 제시하고 사려는 상대방이 대안을 제시하게 되는 것이 일반적인 것처럼 대안의 제시는 협상의 결론과 직결되므로 매우 신중하여야 한다.

아홉째는 위에서의 사례와 같은 경우 상대방의 제시 가격이 수락할 수 있는 범위내에 있다고 하더라도 쉽게 결정하지 말아야 한다.

열 번째는 협상 초기에는 가벼운 사항부터 양보해 주어야 한다.

열한 번째는 마무리단계의 중요성을 인식하여 여태까지의 협상이 일순간에 무위로 돌아가지 않도록 하여야 한다.

열두 번째는 주로 상대방의 얘기를 들어 주어야 하며 일단 상대방에게 한 말은 반드시 지켜야 한다.

열세 번째는 신의를 지켜야 한다는 것이다.

그리고 일단 분쟁이 야기되었을 경우에는 양 당사자들간의 양보를 유도하는 조정을 통하여 이른바 ADR(Alternative dispute resolution)을 이끌어내야 하며 협상에 임할 때에는 항상 '중재는 재판보다 낫고 조정은 중재보다 나으며 분쟁의 예방은 조정보다 낫다'는 경구(警句)를 유념하여야 한다.

협상은 기업경영에 있어 핵심을 이루는 경쟁력이 되는 것으로 효과적인 협상을 위한 기술은 경영자는 물론 특정 조직의 리더 및 관리자에게 다음과 같은 이유에서 중요한 요소로 인식되고 있다.

첫째는 사업이 지니는 본질적인 역동성으로 유동성과 융통성을 요구하기에 조직의 구성원들과 지속적인 협상 내지 재협상을 반복해야 하기 때문이다.

둘째는 조직 구성원들간이 속한 부서와 자신의 갖고 있는 기능을 연관시켜 이익을 증대시켜야 하는 수평적 · 수직적 상호의존성이 나날이 증가되기 때문이다.

셋째는 점차로 기업간에 치열하여 지는 경쟁상황으로 성공적인 협상은 필수불가결의 요소가 되고 있다.

넷째는 정보기술의 발전으로 인하여 경영자들은 유효한 정보의 즉시(real－time) 활용 및 판단으로 협상할 수 있어야만 하게 되었다.[1)]

다음에 인용하는 설득기술들은 일반적으로 활용하기에는 전문적이고 기능적인 치우친 면에 치우친 것 같으나 협상력(negotiation power)을 키우기 위한 대안으로서 상황에 따라 크게 도움이 될 수 있을 것이다.

---

1) 박현준·이종건·최용성, 협상상황과 정보공유가 협상성과에 미치는 영향에 관한 실증 연구, 인사조직연구(제10권 제2호), 한국인사조직학회, 2002.8

1. Narrow the field. Reduce it to as few points of disputes as possible, so negotiations can get under way on each point.
2. Take the step - by - step approach. Focus attention on one Issue and agree on it before any other agenda items is discussed.
3. Get a blank check. When assigned a delicate yet urgent task, get full authority to execute your plan.
4. Bait your hook. Use bonuses, vacations, and the like as effective motivators.
5. Disguise your true desires. If you are too eager to accept an adversary`s offer, he may assume he`s been too generous.
6. Be a casting director. Subtly suggest the rules that you want people to play for you. Many people, wanting to be liked, may accommodate your wishes.
7. Carry a big stick. Status symbols or comments such as "I must meet one of my directors for lunch," infer the possession of power.
8. Bring your own expert. When you lack authority on a matter at issue with an adversary, bring your own expert to the confrontation.
9. Set up straw men. Put forth a condition solely for the opposition to knock down; he will then believe that he has had a victory.
10. Get your nose in the tent. At first, settle for small, immediate gains. Then it will be easier to put your "foot in the door."
11. Keep Pandora`s box closed. Don`t venture into areas fraught with potential troubles.
12. Raise the skates - buy the pot. As in poker, anyone richer than you can out bet you and the pot.
13. Know the adversary`s limits. How far can you push him before negotiations are severed?
14. Bluff the adversary. Lead him to beleive something that will make him do what you want.

15. Keep a trump card. Bring it out into the open only when needed in the last moments of battle.
16. Document a lie. People generally believe things that are presented in writing.
17. Use a red herring. Confuse the adversary by giving false – but socially acceptable and rational – reasons for an action.
18. Keep talking. By keeping the door open, some basis for a compromise of accommodation can often be worked out.
19. Keep quiet. silence can project the image that you have the upper hand.
20. Stall. When the time pressure on his adversary is greater, a negotiator can hold out until he gives in.
21. Capitalize on defeat. The winner often feels obliged to bestow some consolation.
22. Listen. At adversary`s tone of voice and gestures frequently give away his true motivations and feeling.
23. Send messages through the grapevine. Persuade your target indirectly by sending informal messages.
24. Take a vote. When confident of support, propose that a vote be taken to settle a matter.
25. Force the issue. Use this only when you hold the upper hand.
26. Make the vanquished think they`ve won. Be a gracious winner.
27. Avoid personalities. Focus your arguments on the facts of a case.
28. Plant the seed. Use the power of suggestion on the right individual.
29. Hitch a lie to a truth. After you tell the adversary several recognizable truths, he is more likely to believe a lie.
30. Make the future look more expensive. Convince the client that it will be more costly to delay agreement with your proposition.
31. Salt the mine. In the days of the old West the owner of a worthless mine might scatter some rich are around the premises.
32. Set the hook. Before closing the deal, make sure the adversary has the

hook firmly set in his mouth.

33. Establish expertise early. Thus, your statements will carry more weight.
34. How does the land lie? Find out the other party`s state of mind and plans before such information pops up to block you.
35. Give away a grand prize. Dangle it before your adversaries to ensure their cooperation.

1. 협상의 범위를 축소시켜야 한다. 가능한 한 논쟁의 포인트를 줄여서 각각의 요점에 대해서 협상을 진행시켜야 한다.
2. 단계별로 접근해야 한다. 또 다른 안건들이 논의되기 이전에 지금의 토의 안건에 초점을 맞춰 합의를 이뤄내야 한다.
3. 백지위임수표를 받아내야 한다. 아무리 촉박하더라도 미묘한 안건을 결정하게 될 때에는 당신의 계획을 시행할 수 있도록 전권을 위임받아야 한다.
4. 낚시바늘에 미끼를 끼워야 한다. 보너스라든가 휴가 등과 같은 효과적인 동기를 부여해 주어야 한다.
5. 진정한 의도는 감춰야 한다. 상대방으로 받아내는 것에만 열중하게 되면 상대방은 자신이 협상과정에서 너무 관대하였다고 생각하게 된다.
6. 자신을 감독처럼 생각하고 행동하여야 한다. 그래서 협상의 상대방으로 하여금 당신을 돕고 싶은 마음을 갖게 하여야 한다. 칭찬을 받고 싶어 하는 대다수의 사람들은 결국에는 당신의 바라는 것들을 이루어 준다.
7. 큰 지휘봉을 들고 다녀야 한다. 지위를 보여주는 상징물이나 '높은 분과 함께 점심을 먹어야 해!'라는 말 등은 상당한 힘을 갖고 있는 것처럼 만들어 준다.
8. 전문가를 대동해야 한다. 어려운 난관에 봉착했을 때는 이를 직접적으로 대응할 수 있는 전문가가 필요하기 때문이다.
9. 허수아비를 세워 놓아야 한다. 상대방이 넘어지도록 밖에 세워 두면 상대방은 마치 승리를 얻은 것처럼 믿게 될 것이다.
10. 텐트에 먼저 코를 박아 넣는 것이다. 처음에는 조금씩이지만 머잖아

문안에 발을 집어 넣는 격이 될 것이기 때문이다.

11. 판도라의 상자를 닫은 상태로 두어야 한다. 숱한 문제를 불러 일으킬 수 있는 난관에 빠지는 모험을 겪을 수 있기 때문이다.
12. 금송아지를 키우고 황금 솥단지를 구입해야 한다. 포커를 할 때처럼 그 누구든 당신이 거는 것보다 더 많이 걸어 큰 부자가 될 수 있기 때문이다.
13. 상대방의 한계를 알아야 한다. 협상이 체결되기 전까지 그를 얼마나 몰아 부칠 수 있을까를 생각해 보라.
14. 상대방을 추켜 세워야 한다. 그리하여 당신이 원하는 것을 상대방은 그가 원하는 대로 이뤄지고 있다고 믿게 해야 한다.
15. 승리의 카드를 갖고 있어야 한다. 최후의 순간에 극적으로 사용할 수 있어야 한다.
16. 거짓말에 대하여 서류로 작성하여야 한다. 사람들은 대개 문자로 작성된 서류를 제시하면 믿게 마련이다.
17. 주의를 다른 곳으로 돌려야 한다. 그러나 결정적인 순간에는 받아들일 수밖에 없도록 논리적으로 접근하여야 한다.
18. 대화는 계속되어야 한다. 대화의 문을 열어둠으로서 협상에서 얻어 내야할 기본적인 타협점들이 받아들여지기 때문이다.
19. 침묵이 요구된다. 침묵은 상대방에게 당신이 유리한 입장에 있다는 생각을 갖게 해주는 것이다.
20. 시간을 끌어라. 상대방에게 시간적인 압박을 많이 줄 수록 당신은 그에게서 더 큰 양보를 얻어 낼 수 있다.
21. 협상에서 실패를 과장하여야 한다. 승리자는 종종 이런 점에 대해서 연민을 가지게 마련이다.
22. 상대방의 말에 귀를 기울여라. 상대방의 목소리나 행동 속에 그가 내심 원하는 동기나 감정들이 나타나기 십상이다.
23. 풍문에 메시지를 실어 보내야 한다. 비공식적인 메시지를 보내는 식으로 당신이 갖고 있는 의도를 간접적으로 전달해 주는 것이다.
24. 투표에 부쳐야 한다 당신이 절대적으로 지지를 받는다는 확신이 있을

경우 투표를 실시하자는 주장을 하여야 한다.

25. 쟁점에 집중을 하여야 하지만 이는 당신이 유리한 입장에 있을 때 사용되어야 한다.
26. 상대방도 이기고 있다고 생각하게 하는 것이다. 즉 겸손과 아량을 보이라는 것이다.
27. 개인적인 입장을 너무 주장하지 말아야 한다. 정당할 때에만 논쟁을 하여야 한다.
28. 씨앗을 뿌린다는 생각을 하여야 한다. 적임자를 만났을 경우에만 강력하게 주장하라.
29. 진실만을 주장하지 말아야 한다. 너무 많은 진실을 이야기하게 하면 상대방은 오히려 거짓으로 믿기 쉽다.
30. 시간을 끌면 금전적 손실이 더욱 커지게 된다는 것을 알게 해야 한다. 상대방으로 하여금 당신의 제안한 것을 지연시키면 시킬수록 더 경제적으로 비용이 늘어나게 된다는 사실을 믿게 해야 한다.
31. 매우 값비싼 물건처럼 보이게 해야 한다. 서부개척 시대의 광산주들은 텅빈 광산일 망정 비싼 광물을 채워서라도 비싸게 보이려고 했다는 사실을 상기 해보자.
32. 낚시대를 설치해야 한다. 담판을 끝내기 전에 상대방으로 하여금 이미 그가 낚시에 물렸다는 것을 믿게 해야 한다.
33. 사전에 미리 점검을 끝내야 한다. 그리하여 당신의 주장에 힘이 실려야 한다.
34. 어떤 상황인가를 살펴야 한다. 상대방의 주장에 방해를 하기 이전에 상대방의 심중이나 계획을 알 수 있어야 한다.
35. 큰 것만을 노리지 말아야 한다. 상대방의 협조가 필요함을 인식시켜야 한다.

참고자료

협상, 그 기술과 즐거움

- 협상은 언쟁이 아니라 즐거움이다.
- 협상에서 가장 나쁜 행동은 상대방의 제안을 덥석 수락하는 일이다. 협상 상대방이 에누리하는 기쁨을 없애지 말라.
- 일류 협상가들도 종종 딜레마에 빠진다.
- 선의의 양보란 아무짝에도 쓸모 없다.
- 처음 가격을 제시할 때 충격적인 값을 부른다.
- 깎을 수 있다는 인상을 주어서는 안된다.
- 협상을 할 때에는 성 프란시스가 될 필요가 없다. 스크루지처럼 행동하라.
- 다른 판매조건도 가격에 끼워 팔아라.
- 휘황찬란한 사무실과 말쑥한 직원들의 환대에 여러분은 기가 죽지 않는가.
- 협상이 교착상태에 빠졌을 때는 감정을 노출시키지 말고 문제를 직시하여 느리지만 끈덕지게 해보라. 그래도 소득이 없을 때는 짐을 챙겨라.
- 'Yes' 단어는 런던과 카이로에서 각각 다른 의미로 쓰인다.

- 협상시 속임수나 협박의 수단으로 사용되는 것들

- 외견상 호화롭게 장식된 사무실
- 해외 지사망의 나열표
- 회사 전용 제트 비행기나 헬리콥터
- 지중해나 카리브에 떠있는 고급 요트
- 롤스로이스같은 고급 승용차
- 사장의 기침소리에도 황급히 달려오는 충성스런 비서진
- 값비싼 의상, 악세사리 및 장신구

- 중요한 숫자를 척척 외우며 간략한 계산은 쉽게 해내는 능력
- 유명 인사와의 교분 관계
- 현금 보유능력, 신용상태의 우수 과시
- 결코 당황하거나 침울한 표정이 없는 당당한 모습
- 많은 해외여행(골프 등)의 경험
- 사업 규모의 방대함 자랑
- 자신보다 우위의 인물에게는 친절과 존경을, 낮은 사람에게는 함부로 대함

• 이에 대한 당신의 대처방안은 '반짝인다고 해서 다 모두 금이 아니다'(All is not gold that glitters)임을 기억하라.

(Gavin Kennedy, Everything is negotiable,
이재호 · 이재훈 역, 협상, 그 기술과 즐거움, 김영사, 1998)

협상을 잘하는 기법

요즈음 협상을 갖고 말이 많다. 우리나라는 왜 국제협상에서 그렇게 판판이 지는지 많은 사람들이 궁금해 하는 것 같다. 협상은 사실 하나의 전문분야이다. 배우고 훈련하면 훨씬 더 잘 할 수 있다. 무엇보다 협상의 본질을 정확히 이해해야 한다.

협상의 본질은 무엇인가? 우선 협상은 결코 '땅 따먹기', 즉 물질적 이해관계의 '갈라먹기' 또는 '숫자놀음'이 아니다. 협상은 본질적으로 인간의 가장 기본적인 욕구를 충족해 나가고자 하는 하나의 게임이다.

인간의 기본적인 욕구란 무엇인가? 크게 세 가지다. 물질적 이익(benefit)을 얻고자 하는 마음, 위험(risk)을 피하고자 하는 마음, 그리고 가능하면 공평(fair)하고자 하는 마음이다. 나에게도 상대방에게도 이런 마음이 있다.

성공적 협상이란 서로 상대방의 이 세 가지 마음을 이해하고 활용하고 호소하며 궁극적으로 이 세 가지의 합(合)을 각기 원하는 만큼 이루어내는 과정이다.

협상을 이런 식으로 이해하면 자연히 협상에 대한 접근법이 달라진다.

첫째로 협상을 포지션(position)간의 싸움으로 보지 않게 된다. 나는 50원을 주겠다고 하고 상대방은 100원을 달라고 할 때 협상은 얼핏 보면 100원과 50원이라는 포지션의 싸움인 것 같다. 협상이 실패하는 가장 큰 이유는 협상을 포지션간의 게임으로 접근하기 때문이다. 이렇게 포지션에 얽매이면 중간 지점인 75원에 합의할 때에는 타결이 되겠지만 그렇지 않으면 밀고 당기다가 결렬되기 십상이다. 자존심 때문이다.

그러면 어떻게 접근해야 할까? 상대방에게 100원을 50원으로 깎아달라고 요구하기 전에 100원을 요구하는 이면에는 'benefit' 'risk의 최소화', 그리고 'fairness'에 대한 기본적인 욕구가 자리잡고 있다는 것을 인식하고 침착하게 그리고 우호적으로 파악해 나가야 한다.

대부분의 경우 상대방은 물질적 benefit 이외에 특정한 risk에 대한 걱정이 깔려있고 다른 사람에게 준 것만큼 받아야 fair하다는 생각도 하고 있을 것이다. 그러면 나는 이런 생각들을 해소해 주기 시작하는 것이다. 예를 들어 나는 왜 risk가 적은 사람인가를, 또 risk를 줄이기 위해 내가 어떤 조치를 취할 것인가를 가르쳐 준다. 또 내가 가지고 있는 커다란 잠재력, 그동안 사업상의 기여, 성실성 등을 적시해 주면서 다른 사람과 좀 다르게 취급해 주는 것이 도리어 fair할 수 있다는 생각을 일깨워 주는 것이다.

이렇게 되면 자연스럽게 상대방의 100원이란 position에 얼마든지 융통성이 생길 수 있게 된다. 협상은 이렇게 position간의 싸움이 아니라 서로의 걱정거리를 해결해 주는 과정인 것이다.

협상을 이런 식으로 이해하기 시작하면 또 다른 면에서 접근법이 달라진다. 협상은 떡을 '갈라먹는' 게임이 아니라 떡을 '키우는' 게임이라는 것이다. 각자의 걱정거리를 이해하고 그것을 해소할 수 있는 창조적인 아이디어를 생각해 내는 것이다.

예를 들어 한국 내 독점 판매권의 기한을 외국의 제조업자는 3년을 원하고 한국의 업자는 6년을 고집하는 경우를 생각해 보자. 외국의 업자는 한국인이 앞으로 얼마나 잘 할지 모르는 상황에서 단번에 6년을 주기에는 risk가 너무 크다고 생각할 것이며 한국인은 3년 후 계약이 끝날 지도 모르는 상황에서 투자를 하기에는 역시 risk가 너무 크다.

이렇게 3년과 6년이라는 position의 싸움이 되면 협상은 어려워 진다. 이때는 제3자의 창조적 옵션을 생각해 내야 한다. 즉 일단 기한을 3년으로 하되 판매량이 일정 수준 이상 되면 자동적으로 3년간 더 연장할 경우 양쪽의 risk를 다 커버할 수 있어 협상은 훌륭하게 타결될 수 있는 것이다.

협상은 이렇게 하면 왜 나에게 좋은지 보다 상대방에게 좋은지를 설득력 있게 끊임없이 일깨워 주자고 노력할 때 성공할 수 있다.

협상을 인간의 기본적 욕구를 만족시키는 과정이라고 본다면 기본은 양 당사자간에 흐르는 신뢰의 감정이다. 협상가가 '얼마나 이 신뢰를 지키려고 노력해 나가는가' 하는데서 협상의 성공은 크게 좌우된다.

(전성철, 한국경제, 2002년 1월 28일)

'보디 랭귀지'로 열차공사 受注

하인리히 폰 피레 독일 지맨스 그룹 회장이 주룽지(朱鎔基) 중국 총리와 '보디 랭귀지'를 동원한 담판 끝에 상하이 자기부상열차 건설계약을 따낸 일화를 슈테른이 소개했다.

금융－경제 중심지로 야심차게 개발되고 있는 푸둥(浦東)지역과 공항을 연결하는 이 열차는 2003년 운행을 목표로 지난 주 착공됐다.

지난 2003년 1월 협상에서 진전이 없자 피레회장은 주총리와 면담한 자리에서 빈양복 주머니를 뒤집어 내보인 뒤 일어나 두팔을 허공으로 벌렸다. 지멘스로서는 더 이상 양보하기 어렵다는 뜻을 전한 것이다.

2분동안 물끄러미 피레회장을 쳐다 본 주총리가 마침내 악수를 청했고 계약은 체결됐다. 약 10억달러(1조 2000억 원)의 계약으로 지멘스와 티센크루프가 열차 공급과 역사건설을 맡게 됐다.

뉴욕타임스는 일본과 함께 자기부상열차 건설기술을 개발한 독일조차 막대한 전력소비와 환경파괴 문제로 지난해 베를린－함부르크간 철도부설을 포기했다며 이 계획에 회의적인 평가를 내렸다.

보디 랭귀지의 효과를 적극 활용한 피레회장의 협상력과 주 총리의 판단이 자기부상열차 상용화에 좋은 선례를 남길 수 있을런지는 좀더 지켜봐야 할 것이다.

(세계일보, 2000년 3월 9일)

「진짜 현지화」로 300% 매출신장

LG전자 차국환 사우디 아라비아 젯다 지사장은 차림새만 봐서는 사우디인과 구별할 수 없다. 기다란 수염에 현지 정통복인 토브(Thoub)를 입는다. 매주 한번씩 딜러를 음식점으로 초대하여 토속음식인 만디(찐 밥과 찐 양고기 요리)를 똑같이 오른손만으로 집어 먹는다.

『처음 부임했을 때 수염도 없고 양복을 입은 저에게 현지인들은 거리감을 가졌습니다. 진짜 현지화를 해보겠다고 결심했습니다』.

사내에서 차 지사장은 사우디시장을 제로상태에서 일궈낸 공로자로 평가받는다. 「지역 유지가 되자」는 행동신조에 충실한 결과다.

일본업체들이 장악해버린 「와이드 TV」 「프로젝션 TV」 「3DO」와 같은 고급제품 시장을 과감히 공략하여 3년만에 사우디에서 소니와 파나소닉에 이어 3위를 차지했다.

그가 외모를 바꾸고 친근감을 보여주자 그들은 신제품 개발 아이디어는 물론 시장동향이나 경쟁업체 정보까지 술술 알려 주었다고 한다. 그는 중국어를 전공했다. 다음에는 중국인으로 변신을 통해 중국시장을 개척하는 도전을 꿈꾸고 있다.

(조선일보, 1996년 12월 26일)

Negotiation English

A: Did you sign the contract?

B: No. It gave the other side every benefit, and no advantage at all to us.

A: Then we would have assumed all the risks?

B: That's right. It was a yellow－dog contract.

* A: 계약서에 서명하셨습니까?

B: 아니요. 상대방에게만 모든 혜택을 주고, 우리에겐 전혀 이득이 없는 계약이었어요.

A: 그럼 위험부담은 모두 우리가 질 뻔했네요?

B: 맞아요. 일방적인 계약서예요.

** A yellow－dog contract : 어느 한편에 일방적으로 유리한 계약

A: You're back! How was your trip to Beijing?

B: The trip was great, but I did have a few problems.

A: Oh, really? Like what?

B: When I was visiting the Forbidden City, I lost my passport!

A: That's terrible! Was it hard to replace it?

B: Oh, yeah! There was too much red tape to deal with at the embassy.

A: 돌아왔구나! 베이징 여행은 어땠어?

B: 여행은 잘 했는데, 약간의 문제가 있었지.

A: 그래? 무슨 문제?

B: 베이징 시내에서 그만 여권을 잃어버렸지 뭐야!

A: 저런! 재발급 받기가 어려웠니?

B: 그래! 대사관에서 처리해야 할 일이 너무 많았어.

Civil Litigation Process

민사 소송(civil litigation)의 시작은 원고(plaintiff)가 법원에 소송장(complaint)을 접수(file) 시키면서 시작된다. 소송장에 적힌 소송의 법적 근거를 cause of action이라고 한다. 예를 들어서 계약 위반(breach of contract), 사기(fraud), 억울한 죽음(wrongful death), 성적 회롱(sexual harassment), 부당 해고(wrongful termination) 등이 이에 해당된다. 소송장이 접수되면 법원에서는 소환장(summons)을 발부(issue)한다.

법원은 피고(defendant)의 summons와 complaint를 전달받기 전에는 피고에 대한 관할권(jurisdiction)이 없다. summons와 complaint등 법적 서류를 전달하는 것을 serve the process라고 한다.

피고는 원고의 complaint에 대해 답변서(answer)를 제출한다. 원고와 피고는 사실 조사(discovery)를 할 수 있다. discovery는 자료 제출 요청(request for production of ducments), 서면 질문(written interrogatories)과 선서 증언(deposition)이 있다. deposition은 변호사가 상대 소송 당사자나 제3자 증인을 불러서 선서(under oath)를 시키고 증언을 청취하는 것이다. 증언 내용은 속기사(Court reporter)가 글자 그대로 받아 적어서 책(transcript)으로 만든다.

재판(trial)은 배심원(Jury) 앞에서 하는 Jury trial이나 배심원 없이 판사 앞에서 하는 Court trial이 있다. 민사재판에서는 Jury trial이 필수 사항이 아니다. 재판은 주로 변호사들이 증인(witness)을 심문(examine)하는 것으로 진행된다.

Jury trial은 모든 심문 절차가 끝난 다음 배심원단의 결정과정(deliberation)을 거쳐서 평결(verdict)이 나온다. 판사는 verdict에 따라서 판결(judgment)을 내린다. 아주 특별한 경우에 판사는 verdict를 무시하고 판결을 내릴 권한이 있다.

計戰, 和戰

凡用兵之道 以計爲首
未戰之時 先料將之賢愚
敵之强弱 兵之衆寡
地之險易 量之虛實
計料已審 然後出兵 無有不勝
法曰 料敵制勝 計險隘遠近
上將之 遣也

대개 用兵의 道는 計를 으뜸으로 한다
싸우기 前에 먼저 將의 어질고 어리석은 석음
敵軍의 强하고 弱함 兵力의 많고 적음
地形의 險하고 平坦함 食糧의 虛實을 判斷한다
計劃과 判斷 後에 軍을 出動시키면 勝利하지 않을 수 없다
兵法에 이르기를 敵을 料하여 勝을 制하고 險隘를 判斷함은
上將之道라고 하였다.

凡與敵戰 必先遣使約和
敵雖許諾 言語不一
因其懈怠 選銳卒擊之
其軍可敗
法曰 無約而請和者 謀也

무릇 敵과 싸울 때는 必히 먼저 使節을 派遣하여 和平을 맺고
비록 敵이 許諾한다고 해도 言語가 不一致하면
敵이 懶怠해지는 것을 틈타 精銳軍을 選拔해 이를 치면
敵을 敗北시킬 수 있다.

(劉基著, 百戰奇略, 文化文庫, 1994)

배짱영어로 거래처 뚫어

기업을 경영하는 최고경영자가 갖추어야 할 조건은 앞을 내다보는 안목이라고 말한다. 우리 제품이 국내시장에서 호황을 누리고 있으면서도 외국시장으로 눈을 돌려야겠다고 결심한 것은 우리나라가 1973년 10월 제1차 석유파동을 겪으면서 부터다.

고유가 여파로 국내의 많은 기업이 몸살을 앓고 있었으나 우리 회사는 별다른 영향을 받지 않았다. 오히려 석유파동을 계기로 어떤 외부충격에도 견딜 수 있는 힘을 갖추어야 한다고 생각했다.

나는 직원들에게도 누누이 강조했다. "앞으로 석유파동과 같은 위기는 또 언제 올지 모릅니다. 위기를 극복하고 우리가 살 수 있는 길은 수출 뿐입니다. 그러기 위해서는 제품 질이 우수해야 합니다. 생산직 여러분은 좋은 물건을 만드는 데 최선을 다해 주십시오. 수출은 내가 맡겠습니다. "

우리 제품을 본격적으로 수출할 수 있는 활로를 찾기 시작한 것은 1973년 가을 미국 시카고에서 열린 세계 전자전람회에 참가한 것이 계기가 되었다. 그때 나는 직접 제품을 들고 가서 전자전람회에 참가했다. 외국 전시회에 처음으로 우리 제품을 진열한 것이다. 한쪽 귀퉁이에 우리가 만든 10여 가지의 인터폰을 좌판을 벌이듯 놓아 둔 것에 불과했지만 세계시장에 처음으로 우리 물건을 선보였다는 데 자부심을 가질 수 있었다.

전람회가 끝나고 이왕 미국까지 온 터에 수출 길을 찾아야 하겠다는 생각으로 현지의 KORTA지사를 찾아가 바이어를 알선해 달라고 부탁하자 몇 곳을 소개해 주었다. 차를 타고 몇 시간을 달려 찾아간 곳은 조그만 구멍가게 수준의 도매업체였다.

신용장이 뭔지도 모르는 사람을 붙들고 인터폰을 팔려고 애쓰기도 했지만 도저히 안되겠다고 판단한 나는 수소문 끝에 뉴욕에 소재한 '레카톤'이라는 제법 큰 회사가 인터폰을 취급한다는 사실을 알아냈다.

오로지 수출을 하겠다는 일념으로 뉴욕으로 날아간 나는 도착하자마자 '레카톤'사의 사장을 만날 것을 시도했다. 마침 친척이 미국에서 대학원을 나와 뉴욕에 살고 있어서 언어 소통은 그의 도움을 받을 요량이었다.

당시 나의 영어실력은 초급 수준이었다. 군 복무 시절에 카투사에 근무하면서 대화가 가능했으나 10여년 동안 사용하지 않아 거의 잊고 있다시피 하다가 새삼 영어의 필요성을 느껴 몇 개월 동안 열심히 공부한 덕분에 가까스로 의사소통을 할 수 있었다. 그러나 나의 속마음을 시원하게 이야기 할 수없어 친척에게 '레카톤'사에 전화를 걸어 사장을 만날 수 있도록 약속을 받아달라고 부탁하였다.

그런데 사흘이 지나도록 성사를 시키지 못하고 있었다. 저쪽사장이 바쁘다는 이유로 만나기를 피한다는 것이었다. 큰일이었다. 며칠만 지나면 경비가 바닥날 판이었다. 다운타운에 있는 고급호텔에 묵고 있었기 때문에 숙박비가 큰 부담이 되었다. 중급 호텔에 묵으면서 숙박비를 아낄 수도 있었으나 당당하게 비즈니스를 하기 위해서는 반드시 고급호텔에 들어야 한다는 어느 바이어의 충고를 따른 탓이었다.

이렇게 많은 경비를 들이고 그냥 헛걸음으로 돌아간다면 낭패다 싶어 나는 직접 사장과 통화를 해 봐야겠다고 결심하고 다이얼을 돌렸다. 비서인 듯한 여자의 응답에 미리 준비한 대로 나를 소개했다. 나는 한국에서 인터폰을 만드는 회사 사장인데 귀사의 사장을 만나고 싶다고 했다.

비서가 잠깐 기다리라고 하더니 사장을 바꾸어 주었다. 내가 다시 똑같은 말을 되풀이하자 사장은 비서에게 스케줄을 물어보고는 잠시 후 방문해도 좋다고 했다. 나는 약속시간에 맞춰 우리 제품의 샘플을 들고 찾아갔다.

'레카톤'이라는 회사는 오디오 비디오 인터폰 등을 취급하는 큰 규모의 회사였다. 사장은 예의를 갖춰 나를 친절하게 맞아 주었다. 나는 비록 서툰 영어였지만 우리회사와 제품을 진지하게 설명하면서 수입해주면 최선을 다하겠다는 의지를 보였다. 그러자 사장이 기대 이상의 반응을 보이면서 선뜻 그 자리에서 수입 계약을 맺고 놀랍게도 선금으로 3만달러를 지불하겠다고 약속했다.

"변 사장의 진지하고 열정적인 태도에 신뢰가 갑니다. 변사장을 믿고 수입을 하겠으니 잘 해봅시다." 그때의 감격을 나는 지금도 잊을 수 없다. 당시 3만달러는 상당히 큰 돈이었고, 우리회사의 자금 사정을 원활하게 할 수 있는 액수였다. 정말이지 '살다 보니 이런 일도 있구나' 싶었다.

또한 무엇보다도 중요한 것은 얼마든지 외국시장을 개척할 수 있다는 자신감을 갖게 된 점이었다. 비록 OEM이었지만 1973년 국내 최초로 인터폰을 미국에 수출한 것이다.

(매일경제, 2000년 10월 30일)

서툰 비즈니스 영어로 상담 망치기 일쑤

기업인에게 영어는 엄청난 무기다. 영어에 서투른 최고의 경영자와 재벌 총수는 세계 시장에서 따돌림을 당한다. 실무자가 영어를 못하면 당장 일이 안된다.

국내 어떤 그룹 총수는 영어에 능통하지 못해 항상 외국 기업인을 만나는데 자신이 없는 것으로 알려져 있다. 자신이 없으니 외국 기업인을 만나는 것을 자꾸 피한다.

지난해 봄에 이 그룹은 업무 제휴에 필요한 독일 10대 그룹에 드는 B그룹 회장과 그룹 총수간 회담을 주선하고 면담 약속을 잡았다. 재벌 총수끼리 만남인 만큼 적어도 두 달 전부터 만남을 위해 각종 준비작업에 들어갔고, 회담에 참석할 양측 임원도 면담에 맞추어 일정을 조절했다.

그러나 그룹 총수가 면담 하루 전에 약속을 일방적으로 취소하는 바람에 면담은 불발로 끝났다. 업무상 제휴도 역시 물건너 갔다. 대외적인 면담 취소 이유는 일정이 맞지 않아서였지만, 실제로는 영어로 진행될 면담에 회장이 부담을 느꼈기 때문으로 알려졌다.

일방적인 면담 취소에 화가 난 독일 B사 회장은 국내 기업에 정식으로 항의서한을 보냈으며, 그 뒤 이 그룹 총수는 독일 최고경영자들 사이에서 예의없는 기업인 리스트에 올랐다.

산업용 기계를 수출하는 A기업 사장은 서투른 영어로 수출 상담을 하다 완전히 깨진 아픈 상처를 갖고 있다. 그는 미국인 바이어와 첫 상담에서 '기계만 좋으면 수출이 잘 될 것'이라고 믿었던 것이 오산이었다. 미국인 바이어의 질문을 잘 못 알아듣고는 '아니오'라고 해야 할 때 '예'라고 하고, '예'

라고 해야 할 때 '아니오'라고 대답했다가, 바이어가 화가 나서 그 자리를 박차고 나갔다는 것이다. 그런 뒤에는 아예 출장갈 때마다 통역을 대동한다.

(주)대우 B대리(30)는 작년 11월 중순 미국 LA에 있는 미국인 바이어와 통화를 하다 단어 하나 잘못 선택한 탓에 낭패를 톡톡히 겪었다. 예정대로 선적이 잘 될 것이라는 말을 한다는 게 그만 "I am concerned that I am going to ship your order on schedule(내가 예정대로 물건을 선적할 것인지 걱정된다)"고 잘못 말했다. 순간 바이어는 "선편으로 안되면 항공기로 보내라. 항공기로 보내는 데 따른 추가비용도 당신네가 부담하라"고 흥분했다. 'concern'이란 단어를 '생각한다(관심을 갖고있다)'는 뜻으로 쓴 B대리는 한동안 고생했다.

한국식 영어와 엉뚱한 단어 때문에 오해를 사는 일도 심심치 않게 있다. 대우 연수원 진상열 이사는 "예전보다는 훨씬 영어실력이 좋아졌다지만, 미국인들이 비즈니스세계에서 사용하는 표현에 익숙지 못한 것이 문제" 라고 말한다.

C사 D과장은 지난해 4월 미국인 바이어와 수출상담 도중에 "According to our engineer…(우리회사 엔지니어에 따르면…)"라고 한 한마디 영어 때문에 두고 두고 고생을 했다. D과장은 바이어에게 신뢰감을 주기 위해 'According to our engineer'라는 말을 사용했는데, 바이어는 오히려 D과장에 대한 깊은 불신을 표시했다. 제품설명이 끝나기도 전에 이들은 대뜸 그 엔지니어의 연락처를 알려달라고 요구했고 결국 수출상담은 결론 없이 끝났다. 그러면 정답은 뭘까. "'제 3자에 따르면' 같은 표현을 절대 쓰지 말고, '우리는(We)'이라고 시작해야 했다는 것을 뒤늦게 알았다"고 했다.

KOTRA 취히리무역관의 과장은 "건축자재를 생산하는 중소기업 대표가 공항에서 다짜고짜 전화를 걸어 자기를 데려가 달라고 한 적이 있었다"고 전한다. 택시도 못 탈 정도로 한마디도 영어를 못했다는 것이다. 그는 "그 회사는 워낙 기술이 좋았지만 당시에는 하나도 수출계약을 못 맺었다"며, "나중에 5개 회사와 수출계약을 맺었지만 사장이나 직원이 영어를 조금만 잘했더라면 훨씬 많은 수출을 할 수 있었을 것"이라고 아쉬워했다.

비즈니스 세계에서 영어 발음 때문에 생기는 에피소드는 수도 없다. 전혀 엉뚱하게 듣는 사례도 있고, 미국식 발음과 한국식 발음이 달라 못 알아 듣기도 한다. E사 모 과장은 롯데호텔과 관련된 일화도 가지고 있다. 미국인의 'Lotte'(라디)발음을 도저히 알아들을 수 없었다는 것이다. 결국 철자를 종이에 써주고 문제가 해결 됐다.

현대 연수원 영어강사는 "토익 점수가 900점이 넘어도 비즈니스영어를 제대로 못하는 사람들이 대부분"이라며, "비즈니스 관용어를 체계적으로 교육하고 언어뿐 아니라 현지 관습까지 이해하려는 노력이 절실하다"고 말했다.

상사원들 미국식 개명

최근 국제화 열기의 확산과 함께 자신의 원래 이름 외에 'Chris 리' 'Kennedy 서' 'Eddie 천'과 같은 별도의 미국식 이름을 사용하는 회사원이 늘고 있다.

삼성물산 기계사업1부는 직원 60명중 외국인과 접촉이 많은 주범대리등 5명이 미국식 이름을 사용하고 있다. 또 여기에 관심을 갖는 사원들이 많아지면서 삼성물산 해외업무실은 업무성격과 담당지역에 적합한 외국이름을 지어주기 위한 작명상담까지 해주고 있다.

LG상사도 지난해부터 'Karl 박' 'Brian 김' 'Charles 김' 등 미국식 이름을 사용하는 사원들이 많아졌다. 미국식이름을 갖기에는 일반사원뿐만 아니라 임원들도 가세하고 있다. LG상사 장병자 전무는 'Bob 장', 삼성물산 김동호 상무는 'Peter 김'이라는 이름을 갖고 있다.

이처럼 미국식 이름갖기가 확산되는 이유는 한국이름을 그대로 영어로 옮기면 발음하기가 어렵거나 어감이 좋지 않은 경우가 많기 때문이다. 주범대리는 '범'의 영어발음이 바보스럽다는 뜻이 있기 때문에 외국인들을 상대로 사용하기가 곤란했다며 2년전부터 외국인들에게는 한국이름 대신 'Bruce 주'라는 이름을 사용하고 있다고 밝혔다.

이 같은 현상이 확산되면서 기업의 우편물 담당부서에서는 미국식이름이 수취인으로 된 우편물 주인 찾아주기가 새로운 고민거리로 등장했다. 삼성물산 문서수발실 안종영대리는 '올들어 미국식 이름이 수취인으로 된 우편물이 한달평균 20~30통씩 날아들고 있으나 이중 상당수가 부서 이름을 제대로 적지 않아 수취인을 찾기가 쉽지 않다'고 말했다.

이에 따라 삼성물산 전자게시판에는 'Chris 리'라는 미국식 이름을 사용하는 사원을 찾습니다'는 식의 이색공고가 수시로 나붙고 있다고 한다.

협상을 유리하게 이끌어내는 7가지 원칙

- 말을 꺼내기 쉽도록 분위기를 연출하라.
- 말하고 싶은 내용을 머릿속에 또렷하게 정리하라
- 상대방의 심리를 정확히 꿰뚫어 보라.
- 말할 순서를 정해 두고 근거와 이유를 명확히 해두라.
- 말할 시점을 잘 잡아 내라.
- 상대방이 귀를 기울여 줄 수 있는 '자리'를 마련하라.
- 자신의 감정을 조절하라.

(한양심역, 남 앞에서 떨지않고 협상하는 법, 국일미디어, 2003)

영문 명함 엉터리 표기 많다

국제 교류가 급증하면서 우리나라에서도 영문명함을 사용하는 사람들이 크게 늘고 있다. 그러나 국제적으로 통용되는 영문명함과는 표기법이 다른 엉터리가 많다고 전문가들은 지적한다.

최근에 모은 2백여개의 외국인 명함을 분석한 계명대학교 채수원교수는 '가장 기본적인 이름 표기부터 잘못하는 경우가 많다'고 말한다. 우리나라에서 흔히 쓰는 영문 명함의 이름 표기법은 크게 2가지 인데, 그중 이름(First name)이 먼저 나오고 성(Last name)을 쓰는 것이 미국, 유럽 등 서양에서 쓰는 방식이라고 채교수는 소개한다.

김갑돌을 예로 들면, 「Kap－dol Kim」「Kapdol Kim」「Kap Dol Kim」「Kap D. Kim」「K. D. Kim」등이 통용된다. 이중 서양인들 명함에서 앞의 4가지 방식은 많이 쓰지만 「K. D. Kim」은 거의 사용하지 않는다. Middle name만 약자로 쓰는 경우는 있어도 First name과 Middle name을 모두 약자로 쓰는 예는 찾아보기 힘들다는 것이다.

두 번째는 성을 쓴 다음에 쉼표를 찍고 이름을 쓰는 것이다. 「Kim, Kap－dol」「Kim, Kapdol」「Kim, Kap Dol」「Kim, Kap D」「Kim, K. D」 등이 그런 방식이다. 그러나 이들 역시 국내에선 자주 쓰지만 서양에선 잘 사용하지 않고 있다고 그는 말한다.

우리나라의 잘못된 영문 명함에는 「Kim Kap Dol」「Kim. Kap Dol」「Kap Dol, Kim」「Kim K. D」「Kim－Kap Dol」처럼 쉼표를 쓰거나 부호를 부적절하게 쓰는 경우도 많다.

서양인들이 이해하기 쉬운 우리나라 이름의 영문 명함은 First name과 Last name 2개로 크게 구분 되게 표기한 「Kap－dol Kim」「Kapdol Kim」 등의 방식이 무난하다는 것이다. 직책은 내외국인 대부분이 이름 아래에 기입한다. 박사의 경우 국내에선 「Dr.」를 이름 앞에 쓰는 일이 많은 반면, 외국에선 이름 끝에 「,」을 찍고 그 다음에 「Ph.D」「Ed, D」「M.D」「M.B.A」 등 학위 명칭을 넣는 경우가 많다고 한다.

한편 개인의 직책이나 직함 등이 여럿일 때 서양에선 주요직책 1개나 혹은 2개 정도만 쓰고 학위나 전문직함 등을 늘어놓는 명함은 드물다고 채교수는 충고했다.

(조선일보, 1994년 6월 27일)

‘길거리 지표’ 보면 경기 단번에 안다

“그린스펀은 브래지어가 얼마나 팔리는지 잘 지켜봐야 한다”. 영국의 경제전문 주간지 Economist는 최근호에서 브래지어의 판매동향이 경기동향을 읽는데 아주 유용한 지표라며 이같은 주장을 폈다.

Economist에 따르면 브래지어가 잘 팔리면 경기가 후퇴한다는 신호다. 여성들이 비싼 겉옷을 사기 어려워짐에 따라 상대적으로 값이 싼 속옷이라도 제대로 챙겨 입어 위안을 삼으려 한다는 이유에서다. 이처럼 경기변동에 민감한 상품의 매출상황은 공식적인 경기지표는 아니지만 비공식적으로 경기동향을 알아보는 자료로 제법 유용하다.

물론 기업 실사지수니 소비자 신뢰지수니 하는 각종 경기 선행지수들이 있긴 하지만 이같은 data가 놓치는 부분을 사람들이 피부로 느끼는 '체감지표'가 잡아내는 수도 있다. 보통 사람들로선 무엇보다도 이해하기가 쉬워서 좋다.

• **정책 입안에 활용되는 체감지표** : 앨런 그린스펀 미 연방준비제도이사회(FRB)의장은 경기동향을 파악하기 위해 1천여명의 연구원들이 분석·보고하는 1만4천여가지 통계를 꼼꼼히 챙기고 있지만 한편으로는 직접 세탁소를 기웃거리거나 택시 승객 수를 지켜보기도 한다. 예를 들어 세탁소에 옷을 맡기는 사람이 늘어나면 경기가 좋아 질 조짐이며, 집안에 있는 세탁기로 직접 빨래하는 사람이 많아지면 경기가 안좋을 거라는 신호라는 것이다.
  한국 재정경제부의 한 관계자는 "퇴근할 때 수시로 싸구려 술집이나 포장마차에 들러 사람들이 붐비는지 여부를 챙겨본다"고 말했다. 그는 "거리에서 만난 사람들의 옷 색상이 어두워지거나 머리가 길어지는지, 빈 택시가 많은지 등도 자주 살피는 포인트"라고 말했다. 이처럼 체감지표는 경제학자들이나 관료들까지도 경기판단을 위한 참고 자료로 활용된다.

• **이런 저런 체감지표** : 옷 매출은 경기에 가장 민감하기 때문에 체감지수로 자주 사용 된다.

(중앙일보, 2000년 12월 8일)

고객 구매심리 음악으로 조절

음악과 마케팅은 어떤 상관관계를 갖고 있을까. 서울 롯데백화점 본점 방송실에서 일하는 김영희씨는 이런 질문에 답할 수 있는 전문가다. 그녀는 음악을 통해 보이지 않는 속에서 고객의 발걸음 속도를 조절하고 고객이 기꺼이 물건을 사도록 유도한다.

소비자의 구매행동은 음악의 분위기와 빠르기, 악기의 종류, 소리 크기에 따라 크게 달라진다. 이 때문에 그녀는 시간대 날씨 고객의 적고 많음을 고려하여 세심하게 곡을 선택한다.

『너무 빠른 음악을 틀면 고객이 매장을 도는 속도가 빨라지지만 물건을 사지 않고 매장을 그냥 지나치는 횟수가 많아집니다. 반대로 너무 느린 음악을 틀면 매장에서는 오래 머물지만 음악에 취해 구매의욕이 떨어집니다. 이 때문에 고객이 많이 몰리는 바겐세일기간에는 매우 빠른 음악을, 평소에는 적당한 빠르기의 음악을 주로 들려줍니다.』

그녀는 『소리크기도 고객의 귀에 들릴 듯 말 듯하게 조절해야 가장 효과가 크다』고 말했다. 그녀의 일에서 음악이 차지하는 비중이 이처럼 크다보니 그녀는 입사한 뒤 피아노를 배우는 등 음악공부를 하는데 많은 시간을 쏟고 있다. 그녀가 좋아하는 곡은 모차르트나 쇼팽의 피아노곡이다. 바이올린곡은 매장에서는 절대로 금물이다.

피아노와 달리 바이올린은 감정의 기복이 심하고 인간내면의 고뇌를 건드리는 경우가 많기 때문이라는 것이 그녀의 설명이다. 음악을 내보내는 것이 그녀가 맡고 있는 일의 전부는 아니다. 일기예보도 하고 방송을 통해 사람을 찾아주기도 한다. 세일기간에는 1천명이 넘는 사람을 찾아준다.

설득의 법칙(Influence : Science and Practice)

다음은 Robert Cialdini교수가 쓴 「Influence」의 내용을 도표로 정리한 것이다. 협상을 성공적으로 이끌기 위한 기법들을 사례를 통하여 설명하고 있다. 한국에서는 '사람의 마음을 사로잡는 6가지 불변의 법칙'이라는 부제로 「설득의 심리학」으로 출판되었다.

설득의 법칙	구체적인 사례	유의점
상호성 (Reciprocation) 법칙	• 무작위로 보낸 성탄카드에 대한 많은 답신 • 음식점에서 계산서와 함께 사탕을 주면 팁이 늘어 남 • 시식회에 참여한 사람들의 상품 구입	• 호의와 술책을 구분할 수 있어야 한다
일관성 (Consistency) 법칙	• 일단 경마권을 사면 자신이 우승한다는 자신감이 커짐 • 다이어트계획을 공론화했을 때의 큰 효과	• 본능적인 거부감으로 행동할 것 • 처음 자신이 의도한 바를 기억한다
사회적증거 (Social proof) 법칙	• 자선 기부금 모금시 계속적으로 명단을 공개하는 것 • 바텐더가 팁을 눈에 보이는 곳에 두는 것 • 고객은 판매(원)전략 보다는 다른 이의 행동에 설득됨 • 충동적인 사교 집단의 자살	• 조작된 사회적 증거에는 반격을 한다 • 과정상의 오류를 점검한다
호감 (Liking) 법칙	• 예쁜 외모의 피의자를 범법자로 생각하려고 하지 않음 • 타파웨어 파티 • 예쁜 옷가게의 점원 • 창찬하는 사람을 선호한다	• 영향력을 역이용하는 것으로 자동차를 구입할 때 차 아닌 딜러를 좋아하는 것이 아닌지를 유념할 것

설득의 법칙	구체적인 사례	유의점
권위 (Authority) 법칙	• 의사의 처방전을 맹신함 • 마이클이 먹으면 따라 먹음 • 유명 대학교수의 표시 없는 논문의 탈락 • 고급차에 대한 관대함	• 전문가 여부의 확인 • 전문성과 트릭의 구분 필요
희귀성 (Scarcity) 법칙	• 재고가 없다는 점원의 판매 • 이제 곧 끝난다는 판매 점원 • 로미오와 줄리엣의 죽음 • 금지하면 더 하려는 심리	• 흥분하지 말 것 • 득실을 냉정히 따져 볼 것

부 록 협상용어 모음

부 록

협상용어 모음

- **관습법(慣習法)** : Customary law를 말하며 입법기관에서 제정한 것은 아니지만 사회생활속에 관행으로 존재하고 있으면서 법률과 같은 효력을 갖는 습관을 말한다.

- **권리소진(權利消盡)의 원칙** : First－sale doctrine이라 하여 적법하게 만들어진 복제본(특허물품 포함)을 판매하면 복제본의 권리는 원권리자의 독점적인 배척권에도 불구하고 재판매 또는 처분할 수 있는 원칙을 말한다. 제1의 판매로써 특허권, 저작권 등과 같은 권리는 소진(exhaustion doctrine)된다.

- **개입의지(commitment)** : 전략적 제휴(strategic alliance)를 위해서는 협상파트너의 선택이 중요하다. 여기에는 개입의지와 함께 양립성(compatibility), 능력(capability)이 중요하다. 개입의지(介入意志)는 핵심사업이나 제품계열과의 관련성에 관련한 것으로 관련성이 적거나 없을 경우 시간이나 자원을 투입하려 하지 않을 것이며 제휴가 만족치 않을 경우 쉽게 포기할 것이기 때문이다. 능력은 파트너의 SWOT 등을 말하는 것이며, 전략제휴에 대한 목적이 타당하더라도 서로간의 조화가 중요시 된다. 즉 서로 공

생공존하려는 양립 가능성을 통하여 win-win을 얻으려는 의지를 말하는 것이다.

- 긴급수입제한조치 : 1974년에 미국은 통상법 201조로 수입물품 급증에 따라 관련 미국 산업이 중대한 피해를 입거나 입을 염려가 있을 경우 발동할 수 있는 조치를 규정하였다. 수출행위의 공정성 여부에 관계없이 발동되며 대통령은 ITC의 요청에 따라 경쟁력을 회복할 수 있는 기간(최대 5년)동안 잠정적으로 상품수입을 제한하는 조치(safeguard measures)를 취할 수 있다.

- 낮은 공 기법 : 원래는 야구에서 투수의 공이 낮게 들어오다(lowball)가 갑자기 높아지는 것에서 유래한 것으로 비교적 부담이 덜 한 것에 동의하도록 유도를 하고 개입이 되면 부담의 양을 늘리는 것이다.

- 내부교섭(內部交涉) : 협상의 각 팀에는 타협자, 비타협자, 조정자가 있다. 이들의 입장은 쟁점에 따라 달라져야 진전이 있게 되므로 이에 대한 내부적인 교섭은 간부회의를 통하여 합의가 이뤄져야 한다.

- 단일협상안(single negotiating text) : 단일 국가간의 분쟁해소를 위한 조정기술이었으나 최근에는 새로운 형태의 중재도구로 사용되고 있다. 제3자가 합의 초안을 만들어 다른 당사자들에게 초안에 대한 비판을 요청하면서 평가나 수용은 허용치 않고 이에 기초한 합의초안을 수정하는 것이다.

- 대안분쟁해결 : ADR(Alternative Dispute Resolution)을 말하는 것으로 '대체적 분쟁해결' 또는 '소송에 갈음하는 분쟁해결방안'이라고도 한다. 당사자들의 이익을 만족시키고 신체적, 정신적 피해를 최소화하려는 것으로 사법부 구성원이나 법학자, 변호사들이 분쟁 당사자들의 이익을 고려하여 법원 밖에서 해결하고 소송절차에 수반되는 고비용과 절차 지연의 폐해를

줄여 법적 분쟁으로 발전하는 것을 막으려는 것이다. 특징은 첫째로 분쟁에서의 창조적 해결방안의 모색, 둘째로 신속·저렴·편리한 분쟁해결, 셋째로 절차의 비공개, 넷째로 분쟁 당사자들의 직접적인 절차 및 해결과정에서의 참여, 다섯째로 분쟁 당사자들의 지속적인 관계의 유지에 있다. 여기에는 간이심리(Mini－Trial), 모의배심심리(Summary Jury Trial), 특별보조재판관(Special Master Mediator), 사적 재판(Private Judgging), 사적 ADR 회사(Private ADR Firms), 중립적 조기평가절차(early Neutral Evaluator)), 감정인 사실인정(Neutral Expert Fact Finding) 등이 있다.

- **도덕적(道德的) 이반(離反)** : 영어의 Moral hazard로서 경제 또는 상도의(商道義)에 어긋나는 도덕적 해이(道德的 解弛)를 말한다.

- **로그롤링(logrolling)** : 협상 당사자가 자신에게는 낮은 우선순위(priority)에 있으나 상대방에게는 높은 순위에 있는 의제(agenda)를 양보함으로써 전체적인 효용을 극대화시키는 방법이다.

- **문간에 발 들여 놓기** : 일단 현관문에 첫 발을 들여 놓으면 거실에 들어가고 나중에는 소파에 앉게 되는 것으로 작은 요구에 응하면 더 큰 요구에 응하게 되는 협상기법(foot－in－the－door technique)이다. 반대로 처음에는 큰 요구를 하고 다음에는 작은 요구를 하는 '면전에서 문을 닫는 기법'(door－in－the face technique)도 있는데 이는 물건을 흥정할 때 처음에는 비싸게 부르고 점차로 낮은 가격을 제시하는 경우나 노사협상시 총파업이나 직장폐쇄 등으로 위협하여 극적으로 타협을 얻는 경우이다.

- **로 비** : 특정의 이익집단이 자신들의 정치·경제적인 이익을 성취하기 위하여 의사결정권자에게 직·간접적으로 영향력을 행사하는 것이다. 미국은 오래전부터 헌법의 청원권에 의하여 로비(lobby)를 합법화하였다.

- **분배적 협상** : 영어로 distributive negotiation라 한다. zero－sum game에서처럼 어느 한 쪽이 이익을 보면 다른 쪽은 손해를 보는 것으로 win－lose 협상이라고 하며 이런 경우 협조는 구하기 힘들게 된다.

- **브리징** : 관심 사항의 접목(bridging)을 말하는 것으로 협상의 양 당사자에게 최초의 요구를 충족시키지 않고 근원적으로 이해를 충족시킬 수 있는 새로운 대안의 개발을 말한다.

- **비공식교섭(shadow bargaining)** : 협상 테이블이나 공식 간부회의와는 달리 협상의 주요 당사자가 개인적으로 만나 합의에 이르게 하는 것이다. 협상을 쉽게 유도하는 장점이 있으나 신뢰가 손상될 수도 있어 합의의 도달에 장벽이 될 수 있다. 협상에는 수평교섭, 내부교섭, 수직교섭 및 비공식교섭 등의 유형이 있으므로 성공적인 협상을 이끌어 내기 위해서는 적절한 유형을 채택하여야 한다.

- **비타협자(destabilizer)** : 협상 테이블에 참여하지 않으려 하고 분열상을 보이면서 어떤 조건에도 선뜻 응하지 않는 협상자이다.

- **빽** : 영어의 back은 '배경' 또는 '연줄'이라는 의미로 한국사회에서 널리 사용되고 있다. 흔히 '빽'이 좋다고 할 경우 '뒤에서 돌 봐주는 사람이 있어 든든하다'는 뜻이다. 영어에서 'My back is good.'은 '허리가 든든하다'는 것이며, 우리말에서 의미하고 있는 '든든한 빽'에 해당하는 영어는 'connection'이다.

- **사자의 몫(Lion's share)** : 협상과정에서 자신의 몫을 극대화하기 위하여 투쟁의식을 갖고 임하는 것을 말한다.

- **설정효과(framing effect)** : 협상자들이 어떤 준거점(referent point)에 비교하여 특정의 대안을 검토하면서 대안이 잠재적 이득 또는 손실로 평가 되느냐에 따라 행동이 다르게 되는 것을 말한다.

- **수인의 딜레마(prisoner's dilema)** : 협상자들의 충분한 정보 교환이나 상대방을 고려하지 않은 의사결정은 협상자 개인으로는 합리적일지는 모르나 협상 그룹 전체로는 바람직하지 않은 결과를 가져오게 된다. 감옥에 수감된 죄수 2인이 서로간의 협력으로 자백을 통하여 1년의 경미한 형량을 받을 수 있음에도 불구하고 분리 심문으로 상대방의 선택을 알지 못하는 상황하에서 자백보다 오히려 배반(defect)을 선택하게 되어 둘다 적정 형량을 받는 결과를 가져오게 된다는 것이다.

- **수직적 교섭(vertical bargaining)** : 협상시에는 자체내의 교섭과 함께 자신의 위계, 선거구민, 유권자, 후원자 등의 이해관계자 또는 대표자들의 이해관계에 대한 조율이 필요하다. 특히 제안된 합의의 승인여부에 대한 투표시에는 매우 중요한 단계가 된다.

- **수퍼 301조** : 1988년의 개정으로 수퍼 301조와 스페셜 301조를 추가하였다. 전자는 미국 행정부가 전세계 국가들의 무역관행을 정기적으로 검토하여 상대 국가의 무역관행 제지로 수출이 증대될 경우 우선협상대상국으로 지정해야 한다는 것이다. 후자는 적용대상을 지적재산권보호와 관련된 각국의 조치에 한정하고 있다.

- **수평교섭(horizontal bargaining)** : 테이블에서 이뤄지는 협상으로 구조적이고 공식적인 경우가 많으며 정보교환, 태도형성, 교육, 연설, 감언이설(甘言利說), 위협 등을 위한 목적으로 이용된다. 실질절인 교섭은 간부회의와 같은 협상팀 내부에서 이뤄진다.

- **엽관제도(office-hunting)** : 엽관(獵官)은 야심을 가진 사람들이 벼슬을 하기 위하여 경쟁하는 것을 말한다. 미국에서는 선거결과에 따라 상위 직책이 정치적으로 주어지게 되는데 이때 정부의 의사결정은 임명권자의 영향력하에 있게 된다.

- **옐로우 독 계약** : 어느 한편에 일방적으로 유리한 계약을 말하는 것으로 영어에서는 yellow-dog contract이라고 한다.

- **위스키 앤 캐시(whisky & cash)** : 정상적이고 합법적인 접근방법에 의한 정공법(正攻法)이 아니라 술과 돈으로 해결 하려는 일종의 막후교섭(幕後交涉)방식이다.

- **일반 301조** : 미국의 국민들이 외국의 불공정 무역관행에 대하여 갖고 있는 불만을 대통령이 주의깊게 다루도록 한 통상확대법(Trade Expansion Act of 1962)에서 비롯되었으며 본격적인 입법은 1974년의 통상법에서 제정되었다.

- **정치적 타협** : 다자간무역협상은 관세인하 등의 공식화를 거친 정치적 타협(horse-trading)이나 제시 또는 요청의 단계를 거친 후에 양보의 교환(exchange od concession)과정을 갖게 된다.

- **조약(Treaty)** : 국가간에 서면에 의한 합의로 국제법의 규율을 받는 국제협정이다.

- **조정자(quasi-mediator)** : 협상의 성공자와 극단적 입장에서 실행불가능한 조건을 고수하는 비타협자의 중간입장에서 양자를 조정하는 협상을 말한다.

- **중재(仲裁)** : 무역분쟁이 발생하면 단순경고(Warning)-당사자간의 타협(Compromise)-조정 (Coalition)-중재(Arbitration)-소송(Litigation)의 단계를 거치며, 중재의 법률적 효력을 위해서는 계약서 등에 반드시 중재조항을 삽입하여야 한다.

- **직접로비** : 의사결정권자에게 직접적으로 접촉해 로비를 하는 것이다. 간접로비는 연합 전선(coalition)을 형성, 풀뿌리로비, 정치활동위원회의 결성 등이 해당된다.

• **청중효과(聽衆效果)** : 청중에게 영향을 주면서 부가적인 효과를 얻으려는 것으로 견해나 가치면에서 높이 평가하는 인물(salient audience)이 있는 경우 이들의 영향력은 극적으로 증대되는 경향이 있다.

• **초두효과(初頭效果)** : 먼저 받은 정보(primary effect)가 나중의 정보 보다 인상 형성에 더 크게 영향을 미치고 있음을 말한다. 이는 일관성있게 정보를 지각(知覺) 하려는 본능적인 것으로 이전과 일치하지 않는 정보는 일관성 유지를 위해 바꾸거나 제거하게 된다.

• **촉매단계** : 협상(協商)은 촉매단계(catalyststage) – 협상 전단계(pre – negotiation stage) – 협상 단계(negotiationstage) – 협상후단계(post – negotiationstage) – 재협상단계 (renegotiation stage)로 구분할 수 있다. 촉매단계(觸媒段階)는 협상의제에 대하여 의견을 교환하면서 상대방의 선호(選好)를 파악하여 자신의 선호를 알리는 것이다. 협상전단계는 협상전에 상호접촉을 통해 협상의 참가자, 의제(agenda), 방법, 계획, 선택안을 구체적으로 정하는 것이다. 협상단계는 구체적인 제안과 양보로 본격적인 협상이 진행되는 단계이고, 협상후 단계는 타결된 협상을 행정적·법률적으로 실행에 옮기는 것이다. 재협상은 타결된 이후라도 이를 바탕으로 하여 모두에게 나은 결과를 도출하려고 다시 협상하는 것이다.

• **최선의 대안(最善의 代案)** : 협상결과 협상 실패시의 결과보다 나아야 하므로 이에 대한 대안을 설정하는 것은 매우 중요하다. 따라서 협상자는 상대방에게 협상결렬시 입게 되는 결과가 더 나쁘다는 것을 주지시키면서 협상 시기를 앞당기거나 상대방이 갖고 있는 협상 이외의 최선의 대안(best alternative to negotiated agreement)을 낮추게 된다. 협상에 의한 합의 중단이나 다른 협상 상대방으로의 전환, 법원판결의 호소 또는 파업 등으로 합의가 불가능한 경우 협상 당사자가 취하게 되는 다른 대안을 말하는 것이다.

• **최소시장접근(最小市場接近)** : 농산물에 대한 협상에서 관세화된 품목이기는 하나 기존 수입이 전혀 없는 경우 국내 소비의 3－5%의 낮은 관세로 최소한의 수입(minimum market access)을 보장해 주는 것이다.

• **커뮤니케이션 네트워크** : A.Bavelas가 집단 구성원들간에 교환되는 언어 및 비언어적 흐름이 네트워크의 크기・용량・분포에 따라 문제해결, 만족도, 정보배분, 업무조직화에 영향을 미치고 있음을 연구한 것이다.
바퀴형은 중앙집중도, 의사・소통망・지도력은 대단히 높고 개인 만족범위도 높으나 평균 집단만족은 낮으며, Y형은 중앙집중도・지도력・개인만족은 높지만 의사 소통망과 평균 집단의 만족도가 낮고, 사슬형의 경우에는 모든 것들이 낮다. 원형은 중앙집중도・지도력・개인만족은 낮지만 의사 소통망과 평균 집단의 만족은 중간 정도에 머무르게 된다.

• **통합적 협상** : Integrative negotiatio라 하며 협조를 통한 협상결과에 따라 양쪽이 이익(win－win)을 얻으려고 협상 당사자들의 이익을 증대시키는 일(creating)과 자신의 몫을 크게 하려는 일(claiming)간에 조화가 모색된다.

• **피그말리온 효과** : 칭찬하면 할수록 더욱 잘 하는 동기를 부여한다는 효과(pygmalion effect)를 말한다. 칭찬의 남발은 정말 칭찬을 받을 일을 한 경우 효과를 얻을 수 없어 장기적으로는 부정적인 효과를 가져 올 수 있다.

• **함구효과(緘口效果)** : 나쁜 소식이나 정보를 전달하지 않으려는 것을 말한다. 정보의 내용이 개인적인 무능이나 약점을 나타낼 때는 물론 부정적인 정보속에 나타나 있는 문제들이 자신과 상관이 없을 때도 이를 전달하려고 하지 않는다. 부정적인 요소들이 전달자인 자신과 연결되는 것을 두려워하여 차라리 함구(mum)하려는 것이다.

- **협상의 4C** : 첫째는 Common interest로 협상을 해야 하는 것에 관련한 공통되는 이익이 있어야 할 것을 말하며, 둘째는 Conflicting interest로 서로 대상이 되는 것에 대한 상반(相反)되는 대상이 있어야 할 것, 셋째는 Compromise로 협상의 관점에 관련하여 서로 주고 받으면서 타협하는 것, 넷째는 Criterion으로서 협상의 목표 또는 협상에서의 달성 기준을 말한다.

- **협상의 제3자** : 협상의 양 당사자 이외의 당사자로서 협상조정자(協商調停者;facilitator), 화해자(和解者;conciliator), 알선자(斡旋者;good－office), 조정자(調停者;mediator), 사실규명자(事實糾明者;fact－finder), 중재자(仲裁者;arbitrator), 규정자(規定者;rule manipulator) 등이 있다.

- **협박(脅迫)** : 협상에 해(害)가 되는 것으로 상대방을 극단으로 몰아 도발하는 것 이외에는 다른 수단이 없도록 만들기 때문이다.

- **협약(Agreement)** : 협상의 당사자간에 협의를 거친 후에 맺는 약정(約定)을 말한다.

- **협의(consultation)** : 분쟁의 실제발생을 예견하여 분쟁발생에 앞서 당사자간의 분쟁을 사전에 예방하려는 것이며 분쟁 발생 후에는 당사자간에 직접교섭을 통하여 사후에 분쟁을 해결하는 것이다.

- **협정(Arrangement)** : 의논을 통하여 결정한 것으로 특히 국제간에 문서에 의한 합의를 말한다.

Gavin Kennedy, Everything is negotiable, __________ __________ .
Carolyn Blackman, Negotiating China, Allen & Unwin Pty Ltd., Sydney, 2000
Herb Cohen, You can negotiate anything, A Citadel Press, 1980, 1994
James Bovard, The Fair Trade Fraud, St. Martin press, 1993.10
Seoul National University, Seoul Journal of Business(Volume 3), Fall 1997
Rosabeth Moss Kanter, World Class, Simon & Schuster, New York, 1995

곽노성, 국제협상론, 경문사, 1995
김기홍, 한국인은 왜 항상 협상에서 지는가, 굿인포메이션, 2002
김병국, 협상기술, 더난, 2002
김성호, 미국의 시장개방압력배경과 대처방안에 관한 연구, 논문집』(제18집), 숙명여대, 1990.3
——, 현안 통상분쟁의 협상타결을 위한 한국의 통상행정조직에 관한 연구, 국제상학(제14권 제2호), 국제상학회, 1999.5
김성훈, 미국통상정책의 기만성, 비봉출판사, 1993.10
김완순 외, 세계경제와 국제통상, 무역경영사, 2000
김하림(역), 在中國談判, 에디터, 2000
나카타니 외(장인선역), 영문계약서 작성법, 조은문화사, 1996
대한무역진흥공사, 국제무역사기, 이렇게 대비하라, 1999
로저 도슨(이덕열역), 협상의 비법, 시아출판사, 2003
박준형, 글로벌 비즈니스 에티켓, 김영사, 2000
박지영, 유쾌한 심리학, 오름, 1998
서용현, WTO 분쟁해결제도의 운용상황, 통상법률, 법무부, 1996.12
劉　基, 百戰奇略, 文化文庫, 1994
왕상한, 자유무역규범과 미국의 통상규칙, 통상법률, 법무부, 1996.12
유석진, 한국의 통상협상, 세종연구소, 1997
유석진 · 정진영 · 김태현, 외교와 정치, 오름, 1998
윤동진 외(역), 월드 클래스, 한언, 1998.6
이달곤, 협상론, 법문사, 1995
이수철, 통상행정체제 개편에 관한 연구, 한국행정연구원, 1993.9
이은섭, 미국통상법, 법률행정연구원, 1996.8
이종구, 세계화시대의 저작권과 디지털 테크놀로지, 대학논총(제9호), 성공회대학, 1996.12
이　철 · 장대련, 국제마케팅, 학현사, 1998

이호열, 미국통상정책의 결정자들, 전경련, 1996.2－4
이호철, 미국과 일본의 통상정책 결정과정, 통상법률, 법무부, 1996.12
장대환, 국제기업협상, 학현사, 1998
전경수, 문화로 풀어보는 무역 방정식, 미래인력연구센터, 1996
치알디니(이현우역), 설득의 심리학, 21세기북스, 2002
허브코헨(강문희역), 협상의 법칙, 청년정신, 2001
홍준현 · 조진래, 미국의 연방정부조직, 한국행정연구원, 1997
국가정보원, 국제금융범죄 이렇게 막자, 2003
국회행정위원회, 역대 정부조직 변천 자료집, 1995.1
대외경제정책연구원, 블록화시대의 아 · 태 경제협력, 199
대한상공회의소, 중국인의 상관습과 협상요령, 1995
미국학 연구소, 미국의 통상정책 결정과정, 서울대학교 출판부, 1995.103
산업연구원, 통상백서, 1998.7
총무처, 대한민국 정부조직변천사, 1987
통상산업부, 통상산업 조직변화사, 1995.12
\-\-\-\-\-\-\-\-\-\-\-, 통상백서 1995－96
한국국제통상학회, 신정부 통상행정조직의 개편방향, 1998
한국무역학회, 한국무역학회 20년사, 1996.12
\-\-\-\-\-\-\-\-\-\-\-\-\-, 대외무역법령집, 1997.7
행정자치부, 정부기구도표, 1998

찾아보기

저자 소개

김성호 교수는 고려대학교에서 국제경영을 전공하여 박사학위(Ph.D)를 받은 후 협성대학교 경영대학에서 강의하고 있다. 대학에서는 학생처장, 경영대학장, 경영정보대학원장, 평생교육원장 등을 역임하였고, 한국국제경영학회(부회장), 한국국제경영관리학회(부회장), 한국로고스경영학회(상임이사)에서 활동하고 있다. 삼성과 현대, SK, 무역협회 등에서 특강을 하기도 했다. 그 동안 40여 편의 논문과 [Business Correspondence with Documents](법문사), [국제경영](학현사), [국제무역](학문사), [국제해상운송실무](박영사), [해상보험요론](역서, 학문사), [기업컨설팅 이렇게 한다](공역) 등 14권의 저서 및 번역서를 출간하였다.

글로벌 경쟁시대의 국제통상협상 – 개정판

초 판 발행 —— 2004년 7월 15일
개정판 1쇄 발행 —— 2011년 8월 5일
개정판 2쇄 발행 —— 2014년 8월 20일
지은이 —— 김 성 호
펴낸이 —— 전 두 표
펴낸데 —— 도서출판 **두남**
서울시 강동구 성내로6길 34-16 두남빌딩
신 고 : 제25100-1988-9호
TEL : 02) 478-2065, 2066, 2067, 2311
FAX : 02) 478-2068
E-mail : dunam1@unitel.co.kr
http://www.dunam.co.kr

정가 19,000원

ISBN 978-89-6414-230-1 93320